Consciência e má-fé no jovem Sartre

FUNDAÇÃO EDITORA DA UNESP

Presidente do Conselho Curador
Herman Voorwald

Diretor-Presidente
José Castilho Marques Neto

Editor Executivo
Jézio Hernani Bomfim Gutierre

Assessor Editorial
Antonio Celso Ferreira

Conselho Editorial Acadêmico
Alberto Tsuyoshi Ikeda
Célia Aparecida Ferreira Tolentino
Eda Maria Góes
Elisabeth Criscuolo Urbinati
Ildeberto Muniz de Almeida
Luiz Gonzaga Marchezan
Nilson Ghirardello
Paulo César Corrêa Borges
Sérgio Vicente Motta
Vicente Pleitez

Editores Assistentes
Anderson Nobara
Arlete Zebber
Jorge Pereira Filho

MALCOM GUIMARÃES RODRIGUES

Consciência e má-fé no jovem Sartre
A trajetória dos conceitos

© 2010 Editora UNESP

Direitos de publicação reservados à:
Fundação Editora da UNESP (FEU)

Praça da Sé, 108
01001-900 – São Paulo – SP
Tel.: (0xx11) 3242-7171
Fax: (0xx11) 3242-7172
www.editoraunesp.com.br
www.livraria.unesp.com.br
feu@editora.unesp.br

CIP – BRASIL. Catalogação na fonte
Sindicato Nacional dos Editores de Livros, RJ

R614c

Rodrigues, Malcom Guimarães
    Consciência e má-fé no jovem Sartre: a trajetória dos conceitos / Malcom Guimarães Rodrigues. – São Paulo : Ed. UNESP, 2010.

Inclui bibliografia
ISBN 978-85-393-0063-1

1. Sartre, Jean-Paul (1905-1980). 2. Consciência (Ética). 3. Reflexão (Filosofia). 4. Má-fé (Ética). 5. Psicanálise. 6. Ontologia. I. Título.

10-3840.
                                        CDD: 111
                                        CDU: 111.1

Este livro é publicado pelo projeto *Edição de Textos de Docentes e Pós-Graduados da UNESP* – Pró-Reitoria de Pós-Graduação da UNESP (PROPG) / Fundação Editora da UNESP (FEU)

Editora afiliada:

Asociación de Editoriales Universitarias
de América Latina y el Caribe

Associação Brasileira de
Editoras Universitárias

A Carmem Beatriz Milidoni, ou, como é conhecida pelos que têm o privilégio de desfrutar de sua doce companhia, simplesmente Bety.

AGRADECIMENTOS

Àqueles cujos destinos se cruzaram com o meu e fizeram minha curta experiência de graduação e mestrado na Unesp/Marília – experiência da qual provém este livro – inesquecível, afirmo que sou um crente obstinado do eterno retorno. Ainda assim, devo lembrar aqui: CNPq, Capes e Fapesp, por financiarem, respectivamente, minha pesquisa de iniciação científica, meu mestrado e parte da publicação deste livro; também, em ordem alfabética, exemplos daquilo que, se me permitirem, chamaria de uma atitude genuinamente filosófica, dentro ou fora da sala de aula: Bety, Bruni, Eunice, Franklin, Sinésio e Trajano; e, por fim, a dama mais extraordinária que conheci até hoje, Giovana Carmo Temple.

Neste ponto está algo de simples, de infinitamente simples, de tão extraordinariamente simples que o filósofo não conseguiu jamais exprimi-lo. Esta é a razão porque falou durante toda a sua vida. Não podia formular o que levava no espírito sem se sentir obrigado a corrigir sua fórmula, depois a corrigir sua correção; assim, de teoria em teoria, retificando-se quando acreditava completar-se, ele só fez, através de uma complicação que atraía a complicação e desenvolvimentos justapostos a desenvolvimentos, fornecer com aproximação crescente a simplicidade de sua intuição original.

(Bergson, *A intuição filosófica*)

SUMÁRIO

Introdução   13

Parte I
A consciência   21

1 A ontologia fenomenológica entre
   o idealismo e o realismo   23
2 O "percurso da nadificação"   39
3 A "totalidade homem-no-mundo"   55

Parte II
A má-fé   71

4 O problema   73
5 A resolução de Sartre   85
6 Margens a interpretações   97

Parte III
A trajetória dos conceitos   111

7 Psicologia fenomenológica
   da consciência   113
8 A consciência como "modo de ser"
   e as "estratégias" da má-fé   135
9 Consciência e má-fé da
   Psicologia à Ontologia   177

Considerações finais   229
Referências bibliográficas   241

Introdução

A julgar pela receptividade de seus escritos, sobretudo a partir dos anos 1960, dir-se-ia que, em suas postulações sobre uma absoluta liberdade, Sartre parece se revelar como um burguês inconformado. Decerto, diriam seus leitores mais exaltados, pode ser que, àqueles que não tiveram uma vida cerceada pelas mais severas contingências, seja fácil dizer que, tal como se lê nas páginas de *O ser e o nada*, "Não há acidentes em uma vida". Mas e quanto àqueles cujas vidas não foram poupadas do acidente? Diríamos que a vida lhes pregou uma peça, que foram tolos? Tolos não... – diria o autor da obra supracitada – já que, parafraseando Merleau-Ponty, "para Sartre, não pode haver tolos, apenas canalhas".

Nesses termos, o sujeito que se diz "comunista" e age em benefício de uma "coletividade" de meia dúzia de outros "comunistas", ou de apenas um, ele mesmo, não está cegado por sua tolice ideológica. Enclausura a liberdade não porque não percebe que, ao se autodenominar comunista, assume a tarefa impraticável de ser tal coisa, "incorporar" e assumir o Ser dessa coisa, tal como dizemos que uma escultura recém-acabada assumiu uma determinada feição; ou, porque não percebe que sua "coletividade", na verdade, se reduz a uma singela minoria. Ele tem consciência desses fatos, mas não quer "conhecê-los". Para tanto, bastará justificar-se: "Este mundo é burguês! Eu sou diferente...".

A Sartre, porém, a justificativa vem depois de uma escolha e sua razão é inventada, se assim quisermos dizer, precisamente no momento em que escolhemos. Aliás, é sempre possível uma permuta de justificativas (um gesto caridoso, na relação secreta com o Divino, é um tributo para o céu; mas, na esfera pública, torna-se um ato de reconhecimento comunista), embora seja sempre preferível adotar a mais digna.

De fato, perdemos um tempo para escolher e, não raro, um tempo ainda maior para caçarmos nossas desculpas. Às vezes, um sujeito descuidado se esquece de realizar esta última tarefa e, quando pego desprevenido com a famosa pergunta "por que você fez isso?", se vê, literalmente, "sem desculpas". A reação, então, é bem conhecida: um ligeiro momento de desconforto e, no segundo seguinte, ele restabelece sua calma, pois "lembra-se" de quem é e por quais e tais justificativas estava determinado a agir daquela forma. Para Sartre, porém, não há determinação, tão somente uma tentativa de mentir a si mesmo; e, se em sua situação angustiante o sujeito persiste nessa conduta é porque está de má-fé.

Inicialmente, intrigava-nos, sobretudo, essa condição "canalha" imposta por Sartre para que uma pessoa possa mentir a si mesma de má-fé: deve estar não apenas plenamente consciente do fato, mas necessariamente consciente. A nós, que partilhávamos da ideia de que o próprio Sartre, como "filósofo da consciência", defendia a concepção de um sujeito "transparente a si mesmo"; e que, de resto, possuíamos pouca familiaridade com a teoria freudiana, o bastante, porém, para sentir um desconforto nessa condição imposta por Sartre à situação de automentira; a nós impunha-se um objetivo principal de estudar apenas esse conceito de má-fé e desvendar seus paradoxos.

O capítulo de *O ser e o nada* intitulado por esse conceito mostrou-se, no entanto, denso; em certos momentos, enigmático. Aos poucos, em busca de mais esclarecimentos, fomos explorando outras partes da obra até que, quando nos demos conta, a leitura havia terminado e nossa conclusão fora apenas uma: o conceito de má-fé estava

CONSCIÊNCIA E MÁ-FÉ NO JOVEM SARTRE   15

atrelado aos propósitos fundamentais daquela obra, particularmente à noção de consciência tal como concebida por Sartre, e, em maior escala, nos remetia a outras obras do filósofo. E, sem embargo, a nós tal conclusão não deixa de ter suas implicações.

Em primeiro lugar, que a noção de "consciência" passa a fazer parte (ao lado da "má-fé") do rol de nossos objetivos principais. Por conseguinte, caberia analisar: 1) os conceitos fundamentais da ontologia fenomenológica de Sartre; 2) a extensão e a demarcação das influências (nítidas nessa ontologia) que exerceram seus interlocutores da história da filosofia; 3) finalmente, as obras sartrianas que antecedem a publicação de O ser e o nada, de caráter crítico-psicológico, pois podemos pressupor que é nessas obras que vai se desenvolvendo o conceito de "má-fé". Em segundo lugar, além de um esforço para analisarmos, distintamente, os dois conceitos de nosso objetivo principal, deveremos ainda nos esforçar para, em um terceiro momento, reunir as conclusões parciais e traçar uma trajetória dos conceitos, alicerçando suas bases nos propósitos do jovem Sartre, desde suas inquietações na Psicologia, passando pela Psicanálise e pela ontologia e chegando às suas inquietações éticas. Diante desses termos, este livro se divide em três partes.

Na Parte I nosso alvo será a consciência. No Capítulo 1, urge endereçar o leitor à atmosfera filosófica dos interlocutores históricos de Sartre, ante sua tentativa (tal como a elucidaremos na primeira seção) de "ontologizar" o problema do conhecimento, a fim de evitar alguns paradoxos insolúveis legados por uma tradição filosófica tributária de certo modo substancialista e causalista de pensar o humano. Mas, mais do que isso, é preciso tentar superar os dualismos herdados por essa tradição, desde o cartesiano (corpo x espírito) até o kantiano (fenômeno x coisa-em-si), sem apelar para argumentos materialistas ou idealistas. A fenomenologia husserliana terá papel fundamental (na segunda seção) para, digamos assim, deslocar a consciência do plano epistemológico ao plano ontológico e, aí, outorgar-lhe um Ser que ultrapasse leis fenomenais.

Segundo, contudo, a arguição sartriana (exposta na terceira seção), é preciso que o Ser do fenômeno não se reduza ao Ser da consciência,

16   MALCOM GUIMARÃES RODRIGUES

redução que, segundo Sartre, Husserl passa a defender a partir das *Ideen*.[1] E, embora isso acarrete uma crítica a Husserl, não obstante, argumenta Sartre, não quer dizer que tenhamos que abandonar o terreno da fenomenologia, pois é nesse terreno que se pode adotar a própria consciência como "prova ontológica" do Ser do fenômeno. Uma vez que se tenha mostrado a "transfenomenalidade" tanto do Ser da consciência quanto do Ser do fenômeno, caberá em uma quarta e última seção argumentar, de modo resumido, em que sentido as questões sartrianas podem abrir menos horizontes aos debates entre idealistas e materialistas na história da Filosofia do que a uma reflexão ética acerca da responsabilidade.

De todo modo, não há como compreendermos tais questões fora de seu contexto. O objeto de Sartre é o que ele chama "realidade humana", e essa realidade está "em situação", isso é, o homem aparece enquanto comprometido em um "mundo do imediato", cercado de exigências que só aparecem enquanto sua liberdade sem fundamento é nadificação deste mundo. Pois bem, será preciso, no Capítulo 2, refazer esse "percurso da nadificação". Assim, tentaremos entender (na primeira seção) como a consciência é um Nada, faz-se desagregação de si mesma, para (na segunda seção) mostrar como a liberdade parece pairar sobre essa nadificação. Por fim, introduziremos (na terceira seção) o conceito de angústia. Restaria, para o Capítulo 3, último desta Parte I, a reunião das informações para vislumbrarmos que noção de "consciência" é articulada na ontologia sartriana, noção que nos remete a outros conceitos, tais como o de "irrefletido", "temporalidade" e "presença a si", e de "reflexão pura" (abordados nas primeira, segunda e terceira seções, respectivamente).

Na Parte II, nosso alvo será apenas a conduta de má-fé. Trataremos, no Capítulo 4, dos dilemas dessa conduta. Na primeira seção, a exposição da questão principal: o que é e como pode haver a automentira na atitude de má-fé? Em seguida (na segunda seção), a exposição dos "instrumentos" que possibilitam essa atitude e, por

---

1 *Ideen zu einer reinen phänomenologie und phänomenologischer Philosophie*. Erstes Buch, Haag, M. Nijhoff, Husserliana, Bd. III, 1950.

CONSCIÊNCIA E MÁ-FÉ NO JOVEM SARTRE 17

último (na terceira seção), uma rápida análise acerca do ideal de since-ridade, supostamente tido como antítese da conduta de má-fé, porém, no fundo, mais um meio pelo qual esta conduta pode consumar-se. No Capítulo 5, na segunda seção, veremos como Sartre tenta definir o conceito de má-fé; todavia, antes, na primeira seção, é preciso "descartar" a hipótese freudiana do inconsciente. Mas, a despeito da arguição sartriana, a definição do conceito em questão permanece frágil e surge como porta de acesso a uma série de críticas que podem se voltar, até mesmo, contra toda a proposta de *O ser e o nada*. Assim, é preciso mostrar no Capítulo 6 que as palavras de Sartre estão sujeitas a interpretações, que se encontram e desencontram com algumas de suas afirmações centrais. Na primeira seção desse capítulo, escolhemos as críticas de Alexis Philonenko (1981) para representar as investidas contrárias a Sartre. Restou-nos, então, na segunda seção, arquitetar uma defesa das teses do filósofo e alguns parâmetros a uma caracterização coerente da má-fé.

A verdade é que a relação entre os conceitos de má-fé e cons-ciência, assim como seus significados e papéis na ontologia de Sartre ficarão mais claros apenas na Parte III deste livro, uma vez que dependem da análise de outros conceitos. No Capítulo 7 introdu-ziremos a ideia de "psicologia fenomenológica" tal como elaborada em *O imaginário* (1940/1996), o que pode ser feito em quatro etapas. Na primeira seção, uma análise acerca da importância da imaginação aos nossos propósitos. Na segunda, as consequências da aplicação da psicologia fenomenológica a uma terminologia que remonta a Descartes, Hume e Leibniz, e que até hoje resiste entre alguns psicó-logos e psicanalistas. Em terceiro, abordamos, de um ponto de vista psicológico, a noção de "intencionalidade" e seu papel à (noção de) consciência. Por último, na quarta seção, traçamos algumas notas que devem ser consideradas previamente pelo leitor do conjunto das obras do jovem Sartre, enumerando algumas diferenças concei-tuais e pontos em comum.

Chega, então, no Capítulo 8, o momento em que procuraremos, em cada uma dessas obras, perscrutar como os conceitos de cons-ciência e má-fé vão se desenvolvendo sob a pena sartriana, ainda que

18 MALCOM GUIMARÃES RODRIGUES

o termo "má-fé" não seja aí mencionado nominalmente. Para tanto, escolhemos alguns "modos de ser" da consciência, tal como problematizados por Sartre, e objetivamos entender como a má-fé pode deles fazer proveito para manter-se como tal. Assim, na primeira seção, com *A transcendência do ego* (1936-37/1994), estudaremos como a consciência, como "reflexão impura", posiciona um "Eu" como polo de atos, estados e, assim, de justificativas para suas escolhas. Na segunda seção, com o *Esboço de uma teoria das emoções* (1939/1965), entenderemos como um "mundo mágico" pode surgir em meio às emoções e nos livrar das exigências imediatas. Na terceira seção, tomaremos o mundo de *O imaginário* (1940/1996) para analisar como determinadas pessoas podem sempre procurar um refúgio no imaginário, chegando ao ápice de assumirem "patologias da imaginação". Finalmente, na quarta seção, retornaremos à noção de angústia para entender como, no "mundo do imediato", a má-fé vai esgueirando-se em meio aos modos de ser da consciência, fazendo desses modos suas próprias estratégias.

Restarão, para o Capítulo 9, as mais árduas e importantes questões que envolvem os conceitos de má-fé e consciência. Na primeira seção, reuniremos as bases da noção de liberdade para questionar qual é o seu "limite", tendo em vista que a consciência se define por liberdade, e que a má-fé não apenas desta depende para ser, quanto parece efetivar-se em sua limitação. Em seguida, na segunda seção, nosso alvo será a "escolha original", conceito fundamental para resolvermos o paradoxo da má-fé, qual seja, o fato de o agente da má-fé estar necessariamente consciente de sua automentira.

Na terceira seção, tentaremos visualizar os planos a partir dos quais Sartre vai concebendo e movendo seus conceitos, até "reduzilos" a uma ontologia. Finalmente, na quarta seção, por meio de alguns exemplos, tentaremos entender a situação concreta de uma escolha pela má-fé. Na última seção, que bem poderá parecer um "prólogo", trataremos sucintamente das relações de Sartre com a psicanálise, dentro e fora das determinações freudianas, buscando possíveis perspectivas que a ontologia pode prescrever aos métodos psicanalíticos, até mesmo levando em conta uma menção à psicanálise lacaniana.

O leitor perceberá que não nos pautamos nem pela ordem nem pelas metas a partir das quais Sartre escreve a obra de 1943. Tampouco serviram de base os debates desse filósofo com os pilares de seu pensamento, Hegel, Husserl e Heidegger. De fato, nossas intenções estão longe de um compromisso com uma cobertura historiográfica completa das influências de Sartre. Trata-se de um trabalho temático, e não de uma descrição da filosofia sartriana. Procuraremos, até mesmo, nos distanciar dos termos que poderiam nos enviar a outros filósofos e, de modo geral, evitar um vocabulário mais técnico que, não obstante, não deixa de ser muito usado para tratar daquela filosofia. Nós, ao contrário, assumimos os riscos de distender os termos técnicos, pois partimos do pressuposto de que, para compreender a trajetória dos conceitos sartrianos, seria preciso responder se e como eles apareciam de outras formas (nos termos de uma psicologia fenomenológica, por exemplo) nas primeiras obras de Sartre.

Convém salientar, aliás, que este trabalho de "distensão" dependeu, em momentos mais críticos ou decisivos, de uma interpretação um tanto despretensiosa. Daí mais uma razão para preferirmos falar em temas e não em descrição conceptual. Desse ponto de vista, no que tange aos nossos esforços, a análise dos conceitos de consciência e má-fé está longe de ser esgotada porque nos pautamos pelo tema da trajetória desses conceitos (nas obras do jovem Sartre) e não por sua análise pormenorizada. De modo que tais conceitos serviram como centro de referência de um percurso da filosofia sartriana que parte da Psicologia e da Psicanálise, mas extravasa esses planos, se situa em uma ontologia e nos leva à margem de um comprometimento ético.

Fica, então, para as "considerações finais", uma discussão sobre esse desfecho das arguições sartrianas em torno da ética. De fato, não poderia ser de outro modo, já que o tema da ética não é propriamente o objeto da ontologia de Sartre e, a nós, quaisquer afirmações feitas sobre esse tema deverão ser tomadas como interpretações da ontologia e, portanto, tomadas a título puramente conclusivo. Não obstante, levando em conta a vida e a obra de Sartre integralmente, não há dúvida de que o tema em questão não poderia ser evitado no mais simples trabalho sobre o filósofo. Aliás, esse aparente descompasso entre a obra de 1943 e a vida de Sartre como um todo foi, frequentemente, motivo de críticas severas de alguns de seus leitores mais ponderados. Não é à toa que, como pretendemos sugerir no início, Sartre é um incômodo. Se, por um lado, por razões que aqui não caberia enumerar, não há como evitar uma aguilhoada ao fim de cada uma de suas afirmações, por outro, em meio a essas, nos pegamos tentando achar uma brecha pela qual possamos provar que, em algum momento, sua argumentação está infundada. Até que, finalmente, nos damos conta de que não é Sartre que nos incomoda, e que não se trata de questionar sua arguição, e sim a situação, que é a nossa e que se encontra irremediavelmente infundada. Essa fenda, cuja abertura, uma vez feita, não nos deixa outra saída senão assumir a responsabilidade por escolhas que não raro mal compreendemos, é absoluta liberdade.

PARTE I
A consciência

1

A ONTOLOGIA FENOMENOLÓGICA ENTRE O IDEALISMO E O REALISMO

> *Há verdades tão óbvias para o espírito que ao homem basta abrir os olhos para vê-las. Entre elas muito importante é a de saber que todo o firmamento e as coisas da terra, numa palavra, todos os corpos de que se compõe a poderosa máquina do mundo não subsistem sem um espírito, e o seu ser é serem percebidas ou conhecidas; consequentemente, enquanto eu ou qualquer outro espírito criado não temos delas percepção atual, não tem existência ou subsistem na mente de algum Espírito eterno; sendo perfeitamente ininteligível e abrangendo todo o absurdo da abstração atribuir a uma parte delas existência independente do espírito. Para ver isto bem claramente, o leitor só precisa refletir e tentar separar no pensamento o ser de um objeto sensível do seu ser percebido.*
>
> (Berkeley, 1973, p.20)

A "ontologização" do problema do conhecimento

Grande parcela dos esforços de Sartre na "Introdução" (e, também, em boa parte) de sua obra *O ser e o nada* (de 1943) se

24   MALCOM GUIMARÃES RODRIGUES

concentra em "desconstruir" a primazia do conhecimento, segundo a qual se toma a Reflexão como o "fundamento que não requer fundamento" na Filosofia. Com a primazia do conhecimento, o mundo é concebido nos termos da dualidade sujeito-objeto e, desse modo, sempre que pretendemos conhecer esse sujeito (que conhece o objeto) somos remetidos a mais uma dualidade, já que esse sujeito torna-se agora o objeto de um terceiro sujeito, e assim sucessivamente. Em poucas palavras, submeter o Ser[1] à primazia do conhecimento exige um terceiro termo para que o sujeito cognoscente possa ser, por sua vez, conhecido; e isso nos remete a uma regressão ao infinito. Segundo Sartre, para desmistificar essa primazia, urge outorgar ao existente um Ser irredutível ao conhecimento que dele podemos ter, logo, irredutível à sua percepção.

Ora, o oposto disso, a fórmula para um Ser redutível ao conhecimento, o bispo G. Berkeley (1973)[2] já nos deu, é o famoso *esse est percipi*. Também já conhecemos o idealismo ao qual tal fórmula nos convida; mas é esse convite que Sartre recusa resolutamente. Isso porque, se afirmássemos que o Ser é o *percipi* (não só o Ser do existente quanto), o próprio Ser do conhecimento seria seu ser percebido, ou seja, o Ser do conhecimento seria sustentado pelo próprio conhecimento, o que implica um círculo vicioso que, nas palavras de Sartre, "desaba no nada". Assim, antes de qualquer coisa, seria preciso fundamentar o Ser do conhecimento se pretendêssemos reduzir o Ser à percepção que dele temos.

Ao contrário, para Sartre (1943, p.16), urge refutar o primado do conhecimento, o que requer uma discussão em "terreno ontológico",[3]

---

1 Convencionamos grafar com maiúscula o "Ser" quando se tratar apenas do substantivo, aquele que é objeto da ontologia; e com minúscula o "ser" como verbo, ou verbo e substantivo ao mesmo tempo. O mesmo procedimento foi adotado para o termo "Nada", grafado com maiúscula para denotar apenas o substantivo que se opõe ao Ser, e com minúscula para denotar o pronome indefinido ou pronome indefinido e substantivo ao mesmo tempo.

2 Ver também a *epígrafe* que antecede esta seção.

3 Não é o caso de uma análise léxica do termo "ontologia" (sobre tal análise, até mesmo acerca da comparação desse termo com o termo "metafísica", é bem esclarecedor o verbete "Metafísica" do *Dicionário de Filosofia* de Abbagnano

CONSCIÊNCIA E MÁ-FÉ NO JOVEM SARTRE 25

e não epistemológico; tal é o sentido das palavras: "Se toda metafísica, com efeito, presume uma teoria do conhecimento, em troca toda teoria do conhecimento presume uma metafísica". Nesses termos, em primeiro lugar, é preciso fundamentar o Ser do *percipi* e o Ser do *percipere* sem reduzi-los ao *percipiens*. Ou, dito da forma que aqui nos interessa, é preciso fundamentar o Ser da consciência e o Ser do fenômeno sem reduzi-los àquele que os conhece, a reflexão.[4] Por outro lado, argumentará Sartre, não se trata de conferir ao existente aquela "verdadeira natureza" numênica: não podemos, de antemão, incapacitar o sujeito de atingir a essência do existente. Para Sartre, não se trata de negar o idealismo de Berkeley para assumir o dualismo kantiano "fenômeno x coisa-em-si". Nós, porém, topamos com um problema.

Aqui, o que parece ser uma simples passagem demanda, de nossa parte, certa prudência historiográfica, prudência que o próprio Sartre (1943) parece, às vezes, ignorar. Sem embargo, convém não protelarmos esclarecimentos essenciais a um entendimento mínimo da interpretação e dos objetivos sartrianos perante sua herança filosófica. Referimo-nos às incursões do filósofo aos pilares do pensamento moderno, mormente, Descartes e Kant. A prudência de que falamos parece minguar-se, por exemplo, na "Introdução" de *O ser e o nada*, em uma passagem em que Sartre (1943, p.12-14) insinua uma singela comparação entre, de um lado, o "ser-em-si" kantiano e seu *Erscheinung* (fenômeno), e, de outro, uma dualidade entre um "real oculto" e sua aparência (ibidem).[5] Ainda que este não seja o momento para

---

[1998, p.660]), o que não descarta, todavia, um esclarecimento acerca da concepção de Sartre sobre o objeto de sua (e de toda) ontologia, o ser: "O existente é fenômeno, isso é, designa-se a si como conjunto organizado de qualidades. Designa-se a si mesmo, e não a seu ser. O ser é simplesmente a condição de todo desvelar: é ser-para-desvelar, e não ser desvelado". Voltaremos ao assunto.

4 Tomemos, por ora, o termo "reflexão" em seu sentido clássico, como conhecimento, ignorando, momentaneamente, o vespeiro ao qual ele nos remete na esteira das reflexões de Sartre.

5 Traduzindo a "coisa-em-si" kantiana por essa "realidade oculta" de que fala, Sartre poderia levar em consideração a afirmação de Kant (1963, p.226) de que o conceito em questão "não é de modo algum positivo e não significa um

26   MALCOM GUIMARÃES RODRIGUES

adentrarmos na filosofia kantiana, poderíamos cobrar de Sartre mais *déférence* ao lidar com um sistema filosófico cuja engenhosidade, como veremos à frente, foi por ele mesmo "usurpada".[6]

Sobre os mencionados esclarecimentos, pensando no mínimo que podemos sublinhar, deve-se ter em mente que, enquanto Descartes e Kant debruçam-se – o primeiro pela via de uma ontologia dogmática, o segundo por uma crítica da razão – sobre o problema do conhecimento, Sartre nega ambas as vias em nome de uma "ontologização" desse problema, não obstante fazendo ontologia a partir do cogito. É assim que o problema epistemológico acerca do conhecimento de si e das coisas é suplantado pelo problema ontológico acerca do Ser da consciência e do Ser do fenômeno.

O ser "transfenomenal" da consciência

Para resolver o primeiro problema, acerca do "conhecimento" do Ser da consciência, entram em cena as *Investigações lógicas* de Husserl, obra de grande influência no pensamento sartriano, cujo mérito principal, para Sartre, é a "intencionalidade": toda consciência é projeção ao objeto, é consciência de alguma coisa, e apenas uma coisa, enquanto consciência de si. Colocação aparentemente banal essa que, no entanto, acarretará grandes consequências, sobretudo, nas obras do jovem Sartre.

Para fins ilustrativos, podemos distinguir e sintetizar (nessas obras) dois grupos de implicações que se complementam: as ontológicas, que incidirão sobre o Ser da consciência (e sustentarão a hipótese para o problema há pouco colocado); e as psicológicas, que

---

conhecimento determinado de uma coisa qualquer" e, que o termo "realidade" é inapropriado para se referir a esta "coisa-em-si".

6 O termo "usurpado" seria descabido não fosse o hábito de Sartre, corrente em *O ser e o nada*, de adentrar nos domínios de seus interlocutores na história da Filosofia sem citar suas obras, ou mesmo sem mencionar seus nomes, como é o caso de Hegel, cujas ideias, ainda que citadas por Sartre (1943, p.291), não ganham o reconhecimento merecido dada sua influência em toda a obra sartriana.

CONSCIÊNCIA E MÁ-FÉ NO JOVEM SARTRE **27**

incidirão sobre os modos de ser da consciência (e implicarão em críticas ao uso de determinadas concepções clássicas em Psicologia e Psicanálise).

De um ponto de vista psicológico, assunto ao qual voltaremos adiante (na Parte III), o que quer que se chame de um "evento psíquico" não pode existir senão como consciência de si: um prazer, como exemplifica Sartre, não se distingue da consciência que tenho dele ou, tampouco, pode existir "antes" da consciência de prazer. Em última instância, isso implica rejeitar um "estado inconsciente" ou um "Eu" interno, já que tais coisas introduzem opacidade na consciência, obnubilando um fluxo absoluto, uma consciência primeira e irrefletida (da qual voltaremos a falar neste capítulo) a qual, de fato, não pode ser "barrada", enfim, da qual não há como "escapar". Esse fluxo caracteriza a consciência (de algo) enquanto existência consciente.

Essa consciência (de estar consciente), porém, passa, salvo por uma reflexão, sempre despercebida. Se eu atravesso a rua até o outro lado para chegar à padaria, não preciso me lembrar que todos os meus movimentos são executados por um "Eu"; e, se alguém me questiona "o que está fazendo?", aparentemente, não preciso me remeter a esse "Eu", desde que decidi comprar pão, para responder o que estou fazendo. Essa resposta é, para Sartre, ordinariamente tida como fruto de uma consciência instantânea: "Indo à padaria". No entanto, tal resposta só foi possível porque, embora não havendo um Ego transcendente, havia um fluxo consciente de minha ação. Antes e depois de refletir, para responder à questão, minha consciência era consciente de si.

O fato é que, no momento em que paramos uma atividade física, por exemplo, para refletir sobre algo, a impressão que temos é a de que, subitamente, houve uma instantânea tomada de consciência, como se estivéssemos "desligado" até então, como se não houvesse um "Eu". Ocorre que estávamos em uma espécie de consciência "irrefletida" (como chama Sartre), mas que não deixa de ser consciência de si e que, aliás, é necessária à reflexão na medida em que fornece a "unificação" de toda a consciência, mantém a "corrente" da consciência consciente de si mesma. Assim, conclui Sartre, "é a consciência não reflexiva que torna possível a reflexão: existe um cogito pré-reflexivo que é condição do cogito cartesiano".

Eis, então, a passagem do plano psicológico-fenomenológico ao ontológico-fenomenológico. O olhar fenomenológico sobre o cogito cartesiano revela a Sartre uma vivência irrefletida, um absoluto em relação ao qual tudo é relativo na medida em que, "antes" dele, nada há: trata-se do próprio Ser da consciência, Ser que não se reduz ao conhecimento, pois ele é a própria condição da consciência, não porque se duplique para conhecê-la, mas porque constitui a sua espontaneidade. Daí a dificuldade em descrever esse cogito pré-reflexivo: estamos habituados a distinguir, em um ato de conhecimento, sujeito e objeto; no entanto, quando se trata de compreender a relação entre a reflexão e esse irrefletido de que fala Sartre (1943, p.19, parênteses nossos), para usar suas palavras: "Se quisermos evitar regressão ao infinito, (aquela relação) tem de ser relação imediata e não cognitiva de si a si".

É em posse dessa consciência "primeira" que Sartre pode afirmar o que ele chama de "translucidez" da consciência, a característica desta de existir como consciente de si "de ponta a ponta". Porém, da mesma forma que é preciso distinguir consciência de si de conhecimento de si, também é preciso não confundir "translucidez" com "transparência". O fato de a consciência ser absolutamente consciente de si não implica sua absoluta transparência a si, e a ocorrência da má-fé está aí para prová-lo, como veremos à frente. Assim, se, nos termos do fluxo da consciência, se fala em conhecimento de si, não podemos entender um sujeito cujo olhar incide sobre seu objeto, o qual é sua própria consciência, conhecendo de forma transparente o seu "conteúdo", sob pena de introduzirmos a dualidade sujeito-objeto nessa relação e, como vimos, uma regressão ao infinito.[7]

---

7 O que, até mesmo, leva Sartre (1943, p.20) a dispor entre parênteses as palavras "de si", ou somente "de", quando se trata de discorrer acerca do conhecimento que a consciência possui de si mesma, ou quando se tratam dos objetos da consciência, uma vez que esses "des" implicam em dualidade na consciência ou na chamada "ilusão de imanência" (cf. a segunda seção do Capítulo 7).

CONSCIÊNCIA E MÁ-FÉ NO JOVEM SARTRE   29

Com efeito, o Ser da consciência não pode reduzir-se ao conhecimento, porque esse Ser é consciência de ser, é a própria condição do conhecimento: é, portanto, a condição do cogito cartesiano. Trata-se, na verdade, de um Ser que ultrapassa o conhecimento, porquanto ultrapassa as leis da aparição, uma vez que ele já está presente quando o fenômeno é questionado: trata-se de um ser "transfenomenal". Donde, uma vez que a "lei da consciência" é ser consciente, chegamos à "necessidade de fato" de que fala Husserl: a consciência não é possível antes de ser (fato). O que também nos conduz à célebre fórmula sartriana *a existência precede a essência* (Sartre, 1973).

O ser "transfenomenal" do fenômeno

Há pouco dizíamos que Sartre, "ontologizando" o clássico problema acerca da possibilidade do conhecimento, volta-se para a questão do Ser da consciência e do fenômeno. Vimos, muito resumidamente, que Husserl oferece os instrumentos dos quais Sartre, pupilo confesso da fenomenologia, fará uso para outorgar à consciência um Ser irredutível ao conhecimento. Porém, quando se tratar de fazer o mesmo com o Ser do fenômeno, Sartre voltar-se-á contra seu mestre. A alegação sartriana, e a de tantos outros intérpretes do pensamento husserliano, é a de que, depois de suas *Investigações lógicas*, o mestre da fenomenologia assumiu uma posição radicalmente idealista.

As acusações de Sartre, porém, vão além. Se Husserl dissolve o dualismo kantiano "fenômeno x coisa-em-si", ele introduz, argumenta Sartre, um novo dualismo, do "finito x infinito", já que a essência do existente é o próprio existente que, como tal, pode ser dado de infinitos pontos de vista e infinitas vezes. No fim, a leitura de *Ideias*[8] levará Sartre (1973) a acusar Husserl de trair seus princípios,

---

8 *Ideen zu einer reinen phänomenologie und phänomenologischer Philosophie*. Erstes Buch, Haag, M. Nijhoff, Husserliana, Bd. III, 1950.

e a afirmar que a *epoché*[9] husserliana reduz o Ser do fenômeno ao *percipi* de Berkeley. A partir daí, a recusa do idealismo transcendental husserliano dar-se-á nos moldes de uma recusa de "palavras novas para revestir o velho *esse est percipi* de Berkeley" (Sartre, 1943, p.16). Com efeito, antes que possamos arquitetar essa recusa e o modo como Sartre confere ao fenômeno um Ser irredutível ao conhecimento, convém sublinhar, em respeito a uma leitura mais ortodoxa das obras de Husserl, que pode haver um abismo colossal entre o idealismo transcendental husserliano e aquele idealismo expresso pela fórmula de Berkeley. É o que defende, por exemplo, Moura (1989, p.16), para o qual, a despeito de todo o "descompasso entre Husserl e a *Husserlsdeutung*",

> ao invés de procurar em que pontos a "redução" amarra o destino da fenomenologia ao "idealismo", seria melhor investigar, ao contrário, em que a redução transcendental distancia a fenomenologia dos "idealismos", tais como esses surgiram historicamente.

Nesses termos, afirmará Moura, a redução implicará não o idealismo clássico, nem qualquer doutrina que vem para se opor a algum realismo – já que, em ambos os casos, a Filosofia permaneceu refém de uma "atitude natural", atitude repudiada por Husserl –, e sim o problema da possibilidade do conhecimento: "A passagem à subjetividade transcendental não deseja conduzir-nos ao fundamento do mundo, mas sim ao 'fundamento radical de todas as funções de conhecimento'" (ibidem, p.37). Daí a necessidade de um retorno às coisas mesmas, um *"zun den Sachen selbst!"*, diametralmente oposto a uma "filosofia do ponto de vista" (ibidem, p.19); a um retorno ao

---

9 A "redução fenomenológica", pela qual "reduzo o meu eu humano natural e minha vida psíquica – domínio de minha experiência psicológica interna – a meu eu transcendental e fenomenológico" (Husserl, 1968, p.22). É, pois, tal "redução" que permite "ultrapassar" o fenômeno até a sua essência: "O transcendente (o não inclusamente imanente) não me é lícito utilizá-lo, por isso, *tenho de levar a cabo uma redução fenomenológica, uma exclusão de todas as posições transcendentes*" (Husserl, s. d. (c), p.24).

CONSCIÊNCIA E MÁ-FÉ NO JOVEM SARTRE **31**

"puramente simbólico" (ibidem, p.21); e, principalmente, a uma "fenomenologia do ser".[10]

Ora, como dissemos há pouco, é o próprio Sartre quem vai acusar Husserl de estabelecer um dualismo do finito e do infinito justamente em decorrência dos pontos de vista que podemos assumir perante o existente ("pontos de vista" que, como sublinhou Moura, são recusados explicitamente por Husserl), assim como também é Sartre quem vai "ontologizar" o problema do conhecimento por meio da fenomenologia husserliana, fenomenologia à qual, como acabamos de ver pelas palavras de Moura, o próprio Husserl não vê uma possibilidade efetiva de abordagem do Ser.

Vê-se, pois, em que medida está Sartre autorizado a ler Husserl à luz de Berkeley; quanto a nós, já alongamos o suficiente esse esclarecimento para fazer notar que há controvérsias acerca da interpretação sartriana do pensamento de Husserl. De modo que, para que não nos acusem de distorcer as palavras de Husserl, o melhor a fazer é tomar as críticas de Sartre como se fossem dirigidas somente ao idealismo clássico ou, no limite, a uma interpretação berkeleyana da redução fenomenológica de Husserl. Desse ponto de vista, veremos a recusa de Sartre ao idealismo solipsista[11] (e não ao idealismo transcendental husserliano) ao qual a fórmula *esse est percipi* nos encaminha.

O curioso é que, agora que se trata de refutar esse idealismo, a ontologia fenomenológica (Sartre, 1943, p.24-9) parece se apoiar em

---

10 Moura (1989, ver, por exemplo, p.22-5) nos oferece diversas passagens das obras de Husserl para destacar as diferenças, traçadas por este, entre ontologia e fenomenologia, de modo que, embora em um sentido "muito amplo" seja possível comparar a fenomenologia à ontologia, esta última "se define como um conhecimento de objetos, enquanto a fenomenologia está interessada não em saber como são as coisas, mas sim em elucidar como opera a *consciência de coisa*" (ibidem, p.23).

11 Como veremos (na terceira parte), Sartre (1994, p.81) supõe poder escapar ao solipsismo recusando um "Eu transcendental" husserliano "que estaria por detrás de cada consciência" (ibidem, p.46). Posteriormente, Sartre (1943, p.290-1) reformula sua opinião, afirmando que "embora continue convicto de que a hipótese de um sujeito transcendental é inútil e prejudicial, o fato de abandonarmos tal hipótese não faz avançar um só passo a questão da existência do outro".

32   MALCOM GUIMARÃES RODRIGUES

argumentos kantianos, muito embora Sartre (ibidem, p.29) prefira falar em Descartes, já que situa sua discussão no plano do Ser e não do conhecimento. Assim, será preciso mostrar que o Ser da consciência implica um outro Ser "não consciente e transfenomenal".

Eis, então, que chegamos ao outro problema ontológico, aquele do Ser do fenômeno, problema cuja solução será também obtida pelo fato de que toda consciência é transcendência: a consciência só "nasce" ante algo que ela não é, a partir do qual ela se "reconhece" como existência consciente. Assim, para que haja consciência, é preciso já existir o objeto a ser transcendido. Ora, uma vez que sabemos da existência da consciência, concluímos que aquele algo ante o qual ela "nasce", o fenômeno de ser, também existe e que seu Ser, o Ser do fenômeno, não depende dela. Logo, o Ser do cogito pré-reflexivo exige que o Ser do fenômeno seja irredutível ao conhecimento, pois antes que o sujeito possa conhecê-lo, o Ser do fenômeno precisa já estar dado de alguma forma. Por fim, a própria consciência torna-se a "prova ontológica" da existência do Ser do fenômeno.

Em outras palavras, se a consciência só é possível depois de ser fato, isso é, existência consciente; e se toda consciência é consciência de algo; é porque houve um Ser cuja revelação, o fenômeno, imbricou na consciência desse fenômeno de ser como existência consciente. Por conseguinte, o Ser desse fenômeno não poderia reduzir-se ao seu *percipi*: é preciso que o Ser do fenômeno seja, também, irredutível às leis da aparição, isso é, seja transfenomenal. Se não, vejamos.

Suponhamos, diz Sartre, que haja uma consciência que crie e mantenha o Ser do fenômeno. Nesse caso, a criação nunca se separa de seu criador, "reabsorve-se" nele, e o seu Ser "não é em si mesmo senão nada". O único modo de haver criação genuína, ressalva Sartre, se dá quando, uma vez criada, a criatura se separa de seu criador para "assumir em si" seu Ser. É o caso do exemplo de Sartre sobre o livro que, uma vez criado, passa a existir "contra" o seu autor, pois tem o seu Ser próprio. Trata-se de um exemplo bem esclarecedor: enquanto não termino minha obra, ela (o seu Ser) ainda pode ser alterada, está sujeita à minha existência e desta depende. Ao passo que, quando a

CONSCIÊNCIA E MÁ-FÉ NO JOVEM SARTRE 33

obra se finaliza, adquire início, meio e fim, então ela tem seu Ser próprio e pode até expressar um ponto de vista diferente do meu (existir contra meu ser) se o tempo se encarregou de mudar minha postura, por exemplo. Nestes termos:

> Ou bem não sou passivo em meu ser, e então converto-me em fundamento de minhas afecções, mesmo que não tenham se originado em mim – ou sou afetado de passividade até em minha existência mesmo, meu ser é um ser recebido, e então tudo desaba no nada. (Sartre, 1943, p.26)

De fato, argumenta Sartre, uma vez aceita tal passividade no Ser do fenômeno em relação à consciência, também esta se torna passiva em relação ao fenômeno, já que, pela lei de ação/reação, todo paciente é também, relativamente, agente. Ora, continua Sartre (ibidem, p.26), "que parte da passividade pode ser destinada à percepção, ao conhecimento? Ambos são pura atividade, pura espontaneidade". Vemos, pois, que a "subjetividade pura", tal como herdada do idealismo de Berkeley, contradiz as próprias leis da fenomenologia:

> Dizer que a consciência é consciência de alguma coisa significa que não existe ser para a consciência fora dessa necessidade precisa de ser intuição reveladora de alguma coisa, quer dizer, um ser transcendente. Não apenas a subjetividade pura, se dada previamente, não lograria transcender-se para colocar o objetivo, como também uma subjetividade "pura" iria desvanecer-se. O que se pode chamar de subjetividade é a consciência (de) consciência. Mas é preciso que esta consciência (de ser) consciência se qualifique de algum modo, e ela só pode qualificar-se como intuição reveladora, caso contrário, nada será. Ora uma intuição reveladora pressupõe algo revelado. A subjetividade absoluta só pode constituir-se frente a algo revelado, a imanência não pode se definir exceto na captação de algo transcendente. Parece que deparamos aqui com um eco da refutação kantiana do idealismo problemático. (ibidem, p.29)

Há nessas palavras, como diz Sartre, um "eco da refutação kantiana do idealismo problemático". Porém, nosso filósofo não reconhecerá efetivamente o "eco" kantiano preferindo falar de Descartes. Ora, pode ser que tenhamos uma ontologização do problema do conhecimento na esteira do cogito cartesiano, se assim quiser Sartre, mas, então, se lembrarmos da herança kantiana,[12] uma ontologização nos moldes da articulação kantiana acerca do problema da possibilidade do conhecimento. Digamos assim: Sartre aproveita "apenas" o *insight* kantiano.

Não temos, contudo, condições de nos alongar nessa difícil argumentação acerca do Ser do fenômeno nem da influência que a obra kantiana exerceu sobre Sartre, mesmo porque é o Ser da consciência, o cogito pré-reflexivo, que exigirá mais esclarecimentos, tendo em vista o nosso objetivo principal, a má-fé. Ainda assim, fica uma questão que clama por resposta. Diante dos esforços de Sartre para escapar dos "ismos" herdados pela tradição filosófica, a pergunta é: nosso filósofo obtém êxito em sua tentativa de escapar tanto do idealismo quanto do realismo?

A consciência como questão ética

Como insistimos em falar nesta seção, o que Sartre nos propõe em sua ontologia fenomenológica são questões acerca do "Ser em geral", o qual, como o filósofo procura expor na "Introdução" de *O ser e o nada*, compreende "duas regiões de ser radicalmente cindidas": o "ser-em-si" e o "ser-para-si". A partir daí, pergunta-se Sartre (1943, p.34) nas últimas linhas daquela Introdução:

---

12 Sabemos que, para Kant (1963, p.28), a refutação de um certo "idealismo psicológico" justifica-se porque "a realidade do senso externo está necessariamente ligada àquela do senso interno pela possibilidade de uma experiência em geral, isso é, que tenho tão seguramente consciência de que há fora de mim coisas que se relacionam a meu senso quanto tenho consciência eu mesmo de existir no mundo".

CONSCIÊNCIA E MÁ-FÉ NO JOVEM SARTRE   **35**

Qual o sentido do ser, na medida em que compreende essas duas regiões de ser radicalmente cindidas? Se o idealismo e o realismo fracassam na explicação das relações que unem de fato essas regiões incomunicáveis de direito, que solução podemos dar ao problema? E como o ser do fenômeno pode ser transfenomenal?

Eis aí algumas questões que são respondidas um tanto indiretamente, se é que o são. É só em sua "Conclusão" que Sartre voltará a abordar diretamente uma resposta. Porém, mesmo aí, o filósofo isentará as incumbências da ontologia perante certos problemas que, para Sartre, caberão a uma metafísica responder. Não obstante, a despeito das tentativas do filósofo de escapar aos "ismos" herdados da história da Filosofia, uma leitura mais afeiçoada a essa herança poderia perscrutar uma atmosfera idealista pairando sobre *O ser e o nada*. É o que parece ficar evidente em afirmações do tipo: "o para-si e o em-si estão reunidos em uma conexão sintética que nada mais é do que o próprio para-si" (ibidem, p.712); ou, "'há' ser porque o para-si é tal que faz com que haja ser" (ibidem, p.713). Nessa mesma obra, por sua vez, também se traçam as características do em-si que, ao contrário do para-si, não depende deste para existir: "o para-si está sempre em suspenso porque seu ser é um perpétuo suspenso...". "Assim", concluirá o filósofo, "o problema ontológico do conhecimento se resolve pela afirmação da primazia ontológica do em-si sobre o para-si. Mas isso faz surgir de imediato uma interrogação metafísica" (ibidem).

De nossa parte, não nos proporemos aqui a perpetuar essa difícil contenda; no entanto, se nos fosse requerido tomar partido, dificilmente concordaríamos com uma interpretação idealista dos estudos de Sartre (1943). Se, por falta de uma terminologia mais adequada, Sartre acaba descrevendo a "única aventura possível do em-si" em atmosfera idealista, não podemos nos esquecer que essa descrição está centrada em uma realidade concreta; é sobre situações mundanas, e até banais, que Sartre se apoia para descrever o para-si.

Nesses termos, não há dúvida de que Sartre está longe de ser um idealista. E, no fim das contas, há uma reflexão ética que, tal como pretendemos elucidar ao cabo deste trabalho, parece despontar das entrelinhas de *O ser e o nada*, fato que revela um compromisso concreto de Sartre com o que ele chama de "realidade humana". Decerto, se, por um lado, a ontologia de Sartre não se propõe, a rigor, a ser um trabalho sobre ética; por outro, ela realiza uma das tarefas de uma ética: debruça-se sobre a conduta questionando e desnudando o Ser da realidade humana, o qual se revela como sem fundamento, como incompleto e, assim, como um constante "fazer-se" (em busca de fundamento).

Fatalmente, todo esse esforço em direção ao Ser (ser bondoso, infeliz etc.) resulta em decepção, já que a consciência é desagregação, é seu próprio Nada. Assim, nos limites daquela ontologia, veremos que não é possível à consciência fixar-se a si mesma como "Eu-objeto", captar sua totalidade para conhecê-la e defini-la, pois o Ser da consciência é consciência de ser na temporalidade, ele está distante de si, separado de si por esse Nada que é. Logo, no fim das contas, Sartre não parece nos colocar nem na perspectiva idealista, nem na materialista, pois a consciência é um Nada. Ficamos, contudo, uma vez que a consciência é "fundamento sem fundamento" dos valores, com o problema ético da base desses valores e da assunção de sua responsabilidade. Mas, aqui, novamente, já estaríamos avançando além da conta.

Por ora, o que nos interessa é que alcançamos o que Sartre vai chamar de "transfenomenalidade" do Ser da consciência e do Ser do fenômeno, já que é nesses termos que veremos uma definição sartriana à noção de "consciência". Essa, como vimos, coloca-se diante do fenômeno, mas, tanto quanto o seu Ser não pode alcançar o Ser do fenômeno, da mesma forma, o Ser do fenômeno não pode "penetrá--la". Entre esses dois extremos situa-se o "fenômeno de ser", que se revela à consciência, mas não é fundamentado por ela.

Com efeito, segundo Sartre, embora a consciência nunca possa atingir o Ser do fenômeno, ela pode "ultrapassá-lo" até o fenômeno de ser, isso é, o objeto transcendente. Nessa ultrapassagem a consciência coloca em questão o seu Ser, isso é, "nasce" como existência consciente de si perante o objeto transcendente. Mas, ao mesmo

CONSCIÊNCIA E MÁ-FÉ NO JOVEM SARTRE   37

tempo, esse objeto implica o Ser do fenômeno, porquanto se fundamenta nesse Ser. Daí a definição de consciência: "um ser para o qual, em seu próprio ser, está em questão o seu ser enquanto este ser implica outro ser que não si mesmo".

Prestemos, pois, a devida atenção a essa primeira (e única) definição de consciência nos termos da ontologia de Sartre. Ainda não podemos tirar conclusões definitivas, embora isso não nos impeça de analisar essa definição. Comecemos pela última afirmação: "ser que implica outro ser que não si mesmo". O Ser implicado é o do fenômeno o qual, como foi dito, não pode ser alcançado, mas ultrapassado. Ora, se a consciência não "para" no Ser, mas ultrapassa-o, "onde" ela vai parar? A resposta, já podemos adiantar aqui, é o Nada; porém, antes de falarmos desse assunto, precisamos investigar a origem desse Nada, o que requer uma nova discussão.

Agora, voltemo-nos à primeira parte da definição: "um ser para o qual, em seu ser, está em questão seu ser". Em primeiro lugar, colocar em questão significa contestar, ou seja, presume algo a ser questionado e algo que questiona. Por conseguinte, podemos concluir, antes de uma análise, que se a consciência é unidade, então ela só pode sê-lo em forma de contestação ou, para usar as palavras de Sartre, de "desagregação". A questão é: o que leva a essa desagregação e como isso ocorre? Mais uma vez, já podemos adiantar a resposta: é pela "nadificação" que a consciência se questiona; e, mais uma vez, precisamos esclarecer como isso ocorre. Tentemos, então, embarcar no percurso da nadificação.

2

O "PERCURSO DA NADIFICAÇÃO"

> *'O puro ser e o nada são, portanto, o mesmo'.*
> *Esta frase de Hegel (Ciência da Lógica, Livro*
> *I, WW III, p. 74) enuncia algo de certo. Ser e*
> *nada copertencem, mas não porque ambos – vistos*
> *a partir da concepção hegeliana do pensamento –*
> *coincidem em sua determinação e imediatidade,*
> *mas porque o ser mesmo é finito em sua manifes-*
> *tação no ente (Wesen), e somente se manifesta na*
> *transcendência do ser-aí suspenso dentro do nada.*
>
> (Heidegger, 1984b, p.43)

A origem do Nada: a consciência como "desgarramento"

A sucinta exposição da arquitetura conceitual da ontologia fenomenológica sartriana intentada na seção anterior, malgrado sua
superficialidade, tinha uma única meta: fornecer-nos um mínimo
de familiaridade com o "diálogo" entre Sartre e os basilares da teoria
do conhecimento moderna e, por esse meio, nos autorizar a tratar
das relações ontológicas entre o para-si e o em-si sem se ocupar com
os parâmetros de sua sustentação teórica. Insistimos, porém, no
fato de que o nosso objetivo não é essa ontologia, mas os conceitos

de "má-fé" e "consciência" que, por sua vez, engendram-se em meio àquelas relações ontológicas, às quais podemos chamar de "realidade humana".

Agora, cumpre analisarmos essa concepção mais ampla de "realidade humana" sob uma perspectiva mais apurada, ou seja, é hora de analisarmos a consciência de existir como existência consciente no plano da conduta, "no mundo", pois é aí que veremos surgir a má-fé. Lembremos aqui o que foi dito em nossa "Introdução": passaremos à margem de passagens relevantes da argumentação de Sartre, como o seu "diálogo" com Hegel e Heidegger a respeito de suas respectivas concepções do conceito de "Nada". Para evitar desvios excessivos convém centrar os nossos esforços no "comportamento" cotidiano da consciência, tal como descrito por Sartre, ao qual chamaremos de "percurso da nadificação".

Com efeito, nesse cotidiano estamos cercados de "utensílios". O real nos oferece o em-si: pessoas, remédios, roupas, em suma, coisas do mundo. Nós, ao contrário, não "vemos" essas coisas; vemos aquela pessoa em particular de quem não gostamos, aquele remédio que precisamos tomar para viver bem, aquela roupa que nos deixará atraentes: estamos na transcendência. Esse é o "mundo do imediato", no qual situamo-nos em "ação", projetados no transcendente que se mostra como exigência do mundo. Embora "mediatamente" possamos pensar algo do tipo "quem somos?", de fato, é no cotidiano que podemos nos conhecer, a nós mesmos e ao mundo, no mesmo sentido em que (como já dissemos) a consciência "nasce" perante algo que ela não é. Nas palavras de Sartre (1943, p.76):

> Naquilo que denominamos mundo do imediato, que se dá à nossa consciência irrefletida, não aparecemos primeiro para sermos lançados depois a tal ou qual atividade. Nosso ser está imediatamente "em situação", ou seja, surge no meio dessas atividades e se conhece primeiramente na medida em que nelas se reflete.

Nesse plano, portanto, estamos compenetrados em nossas atividades, comprometidos com a nossa situação. Mas, tão logo devemos

CONSCIÊNCIA E MÁ-FÉ NO JOVEM SARTRE   41

tomar decisões, já esperamos as "respostas" do mundo. Se, por exemplo, "decidi procurar um emprego", saio pelas ruas apenas pensando em oferecer meus serviços, minhas habilidades. Contudo, se surge a pergunta "será que conseguirei?", a "imediatez" das exigências desse mundo é mediada por minha reflexão. Está feita a "interrogação"; mais do que isso: está lançada a possibilidade de resposta negativa. É fato que: "na verdade, não sei se conseguirei".

Antes de analisarmos a conduta posterior a essa postura, como aquele desconforto ligeiro seguido (ou não) pela acalentadora auto-afirmação "sim, conseguirei, por tais e tais razões", vejamos o que ela mesma implica na sua imediatez. Ora, a resposta já foi dita: a pergunta coloca a possibilidade do "não", melhor dito, do *não-ser*.

Assim, como afirma Sartre, "o não-ser surge sempre nos limites de uma espera humana". No entanto, argumenta o filósofo, o fato de que essa espera pressupõe o não-ser não significa que este seja sustentado pela realidade humana. Ou seja, é preciso mostrar que o não-ser, assim como o Ser do fenômeno, também é transfenomenal, isto é, também é irredutível à minha subjetividade.[1]

Para Sartre, a negação que nos desvenda o não-ser não é simplesmente uma invenção de nossa subjetividade, ou uma noção psicológica que somente expressa uma relação de ideias. A negação está presente objetivamente e, apesar de não nos darmos conta, não pode ser "construída" ou suprimida ao sabor de uma vontade.[2]

---

1 O primeiro esforço de Sartre é refutar uma concepção idealista do Nada, segundo a qual, uma vez que "todo firmamento e as coisas da terra (incluindo, portanto, o não-ser) não subsistem sem um espírito" (Berkeley, 1973, p. 20, parênteses nossos), então o Nada se reduz à minha subjetividade. A Sartre, na esteira desse raciocínio (idealista) também se incluem, se bem que de modos bem diferentes, as concepções de Kant e Husserl, as quais ele também procura rebater.

2 Para dar um exemplo, Sartre (1943, p.57) toma a noção de distância entre dois pontos A e B. À primeira vista, há uma certa negação entre os dois, a distância entre eles como o negativo que os separa, a qual parece poder ser suprimida: basta transformar esta distância em segmento, cujos limites seriam os pontos A e B. Contudo, a negação não desaparece, mas apenas se desloca: o segmento aparece em primeiro plano, cuja longitude é atributo positivo, e os pontos limites apresentam-se como a negação do segmento. Conclusão: "a negação é

Existem inúmeras condutas, além da interrogação, cuja negação é o meio de existência. "Experimentamos" a negação, ememo-la, esperamos por ela, e assim por diante. Sartre chama tais realidades de "negatividades", porquanto "em sua infraestrutura são habitadas pela negação como condição necessária de sua existência".

Vejamos, porém, melhor: na interrogação o homem não só interroga a si, "conseguirei *eu* vencer na vida?", como também interroga o ser transcendente: "será *esta vida* o palco de minha vitória?". Assim, a interrogação pressupõe um fato negativo objetivo "não, a vida não me concedeu a vitória".

É o caso do exemplo no qual, ante o fato de que o motor de meu carro parou, questiono se há algum problema e, em seguida, posso constatar o fato de que não havia nada de errado, ou constatar o fato de que meu motor se nega a funcionar. Trata-se, portanto, de constatações factuais e não subjetivas. Com efeito, há um modo mais "direto" de captarmos o não ser no seio da objetividade, isto é, no Ser. E, para ilustrar esse modo, Sartre retorna ao mundo do imediato e delineia, muito detalhadamente, um "encontro" com o Nada. Consideremos, convida-nos o filósofo, que marquei um encontro com Pedro no bar e cheguei atrasado. Entro no bar, olho à minha volta e digo: "não está". Que tipo de realidade está em questão nesse momento? E Sartre (1943, p.44) responde:

> Quando entro nesse bar em busca de Pedro, todos os objetos assumem uma organização sintética de fundo sobre a qual Pedro é dado como "devendo aparecer". E esta organização do bar em fundo é uma primeira nadificação. Cada elemento do lugar, pessoa, mesa, cadeira, tenta isolar-se, destacar-se sobre o fundo constituído pela totalidade dos outros objetos, e recai na indiferenciação desse fundo, diluindo-se nele.

---

o cimento que realiza a unidade". Na verdade, o exemplo da noção de distância é uma parte da refutação da concepção heideggeriana do *nada*, concepção que relega as negações a um Nada "extramundano" e que, nas palavras de Sartre, "suprime do nada toda negação concreta".

CONSCIÊNCIA E MÁ-FÉ NO JOVEM SARTRE   43

Eis a "intuição" do Nada; algo que, àqueles que acompanham a rica descrição de Sartre, se assemelha à sensação do Nada, se assim podemos chamar, na medida em que só entendemo-la (a intuição de que fala Sartre) porque já passamos por algo parecido. Mas não é só; a essa primeira nadificação (do bar), vem se acrescentar uma outra, a intuição da ausência de Pedro: a nadificação deste. E, novamente, as palavras de Sartre (1943, p.45) abarcam o fenômeno com lúcida descrição:

eu esperava ver Pedro, e minha espera fez chegar a ausência de Pedro como acontecimento real alusivo a este bar; agora, é fato objetivo que descobri tal ausência, que se mostra como relação sintética entre Pedro e o salão onde o procuro; Pedro ausente infesta este bar e é a condição de sua organização nadificadora como fundo. Ao contrário, juízos que posso formular como passatempo – "Wellington não está no bar, Paul Valéry tampouco, etc." – são meras significações abstratas, puras aplicações do princípio de negação, sem fundamento real nem eficácia, que não logram estabelecer relação real entre o bar, Wellington ou Valéry: nestes casos, a relação 'não está', é apenas pensada.

Conclui-se, portanto, que um juízo de negação não pode originar o não ser, mas, ao contrário, é este juízo possível somente pelo não ser: é o Nada que condiciona e fundamenta a negação. Mas, além disso, o Nada não pertence a uma realidade "extramundana", pois a negação é (usando uma expressão redundante) uma realidade objetiva; as negatividades implicam que o Nada está no "miolo" do ser, como afirma Sartre.

Tal como argumenta o filósofo, no entanto, esse Nada não pode se originar do em-si, já que este é plena positividade e nada mais. Se afirmarmos que o Nada invade o núcleo de ser do Ser, opomos Ser e Nada em um mesmo plano e os transformamos em duas categorias conceituais surgindo simultaneamente como termos limitativos de uma série lógica. Mas, para Sartre, o Ser não necessita do Nada para conceber-se e, portanto, precede o Nada que, por sua vez, "empresta"

44   MALCOM GUIMARÃES RODRIGUES

do Ser a sua existência. Nas palavras do filósofo: *"não há não-ser salvo na superfície do ser"*.[3] Revisemos, então.

Vimos que a interrogação pressupõe não só um "recuo nadificador" em relação a si, como também uma nadificação em relação ao fenômeno de ser, isto é, o objeto transcendido ou, simplesmente, o mundo.[4] Estamos, pois, diante do Nada. Mas este não pode existir fora do Ser ou, tampouco, ser produzido pelo em-si. Se o em-si não pode produzir o Nada, logo, também não pode perpetuá-lo. Em outras palavras, não cabe ao em-si nadificar o Nada. Mas, além disso, sabemos que o Nada não é; sendo puro não ser também não pode nadificar-se. De fato, como observa Sartre, para nadificar-se é preciso ser. Cumpre, então, que caminhemos ao lado do filósofo em busca da "origem" do Nada.

Em primeiro lugar, previne Sartre, o Ser que nadifica o Nada não pode ser passivo em relação a esse, ou seja, não pode recebê-lo "de fora", o que implicaria um terceiro Ser para nadificar esse Nada, e assim por diante ao infinito. Em segundo, e consequentemente, o Ser que nadifica não pode fazê-lo sem se "comprometer". Aqui, lembra Sartre, é preciso se desvencilhar da ideia de "causa" dos estoicos, a qual nos faria conceber um Ser que, em plena positividade, manteria o Nada fora de si. Pelo contrário, o Ser que nadifica deve sustentar o Nada em seu próprio ser.

Daí as palavras de Sartre (1943, p.58), "O Ser pelo qual o Nada vem ao mundo é um ser para o qual, em seu Ser, está em questão o Nada de seu ser: *o ser pelo qual o Nada vem ao mundo deve ser seu*

---

3   Mais uma passagem delicada na argumentação de Sartre. Agora, urge refutar a concepção hegeliana (?) do Nada. Para Hegel, como mostra Sartre, "o ser é pura indeterminação e vazio" e, por isso, é um conceito de mesmo conteúdo que o Nada, apenas uma antítese lógica do não-ser. Mas é impossível que tais conceitos sejam correlativos, já que, nas palavras de Sartre (1943, p.50) "se nego ao ser toda determinação e conteúdo só posso fazê-lo afirmando que o ser, pelo menos, é"; ao passo que o Nada não é. Obviamente o que aqui expomos é um resumo da crítica de Sartre à concepção hegeliana.

4   E, dado que a pergunta delimita uma resposta ("É assim e não de outro modo"), a interrogação implica uma terceira nadificação: o não ser limitador de uma verdade.

CONSCIÊNCIA E MÁ-FÉ NO JOVEM SARTRE   **45**

próprio Nada", às quais podemos somar o fato de que esse mesmo ser, na medida em que nadifica a si mesmo, deve poder "desgarrar--se" do ser.

A esse termo "desgarramento", muito usado por Sartre, retornaremos logo adiante. Primeiramente, já podemos adiantar que o Ser pelo qual o Nada vem ao mundo é o da realidade humana. E como poderia ser diferente, uma vez que a interrogação é um processo humano? É pela realidade humana que as coisas se organizam em forma de "complexos-utensílios", é pela possibilidade de negação que a "realidade" à nossa volta se organiza ou, em outras palavras, é pelas negatividades que as "massas de ser" vão se transformando em mundo. Mas, novamente, tudo isso só é possível porque a realidade humana é desgarramento do Ser. O que isso significa?

Nadificação libertadora

Se a realidade humana, e, portanto, a consciência, é desgarramento; e se cada "desgarrar-se" é um processo nadificador movido por si mesmo, então a sucessão de minhas consciências é, nas palavras de Sartre, "um perpétuo desengate do efeito com relação à causa". De fato, se minha consciência atual fosse um desdobramento incessante de minhas consciências anteriores, qualquer rompimento com o Ser estaria vedado para mim. Por conseguinte, não haveria nadificação.

Chegamos, então, a uma importante consequência de nossa argumentação. Vimos, no início, que o homem é o Ser pelo qual a negação vem ao mundo. Essa negação, destarte, está fundamentada pelo Nada e, assim, somos o fundamento do Nada. Mas, na medida em que a nadificação implica um desgarramento do Ser, um "desengate", como afirma Sartre, então, a cada nadificação separamo-nos de nossa "causa" e de nosso "efeito". Mas o que significa isso senão que separamo-nos daquilo que chamamos de nosso passado e de nosso futuro? Desse modo, pela nadificação, separamo-nos de nós mesmos, de nosso presente, mas também de nosso passado (não só

46 MALCOM GUIMARÃES RODRIGUES

aquele de anos atrás, mas o passado imediato ao nosso presente) e de nosso futuro, imediato ou não. Voltaremos a isso no próximo capítulo. Por enquanto, podemos nos ocupar da questão: o que significa para a realidade humana o seu desgarramento? Lembremos, para responder, que o Ser da consciência é consciência de ser. Daí que, se o Nada se constitui no Ser da consciência, a consciência é consciente de sua nadificação e, portanto, é o seu próprio desgarramento. Ora, se esse desgarramento implica uma ruptura com o passado imediato, por exemplo, e, destarte, com um determinismo universal, é preciso admitir que a consciência é consciente de sua ruptura com a "consciência anterior" e é a própria estrutura dessa ruptura. Ou seja, é preciso admitir que o desgarramento signifique que o ser do homem é a liberdade.

Donde, em primeiro lugar, o desgarrar-se impõe a ausência de um determinismo universal na realidade humana. Se houvesse tal determinismo, a consciência seria uma sequência causal indefinidamente continuada; mas, nesse caso, tal como sua causa e enquanto dependente dela, o Ser causado (no caso, a consciência) seria parte de uma sequência de positividade e nele não poderia haver nenhum sinal de nadificação. Porém, não foi isso que constatamos, e sim que a negação, mais do que diante de nossos olhos, é constitutiva de nosso ser. Em resumo, descobrimos que a própria consciência é o Nada. Logo, concluímos com Sartre (1943, p.64-5) que:

> O que separa o anterior do posterior é precisamente nada. E este nada é absolutamente intransponível, justamente por ser nada; porque, em todo obstáculo a transpor, há algo positivo que deve ser transposto. Mas, no caso que nos ocupa, seria inútil buscar uma resistência a vencer, um obstáculo a transpor. A consciência anterior acha-se sempre *aí* [...] e mantém sempre uma relação de interpretação com a consciência presente; mas, sobre o fundo dessa relação existencial, essa consciência anterior está fora de jogo.

Sem dúvida, é o que exprimem as palavras "a existência precede a essência". Uma vez que o ser da consciência é consciência de ser,

CONSCIÊNCIA E MÁ-FÉ NO JOVEM SARTRE   47

a existência de nossa consciência precede qualquer determinação que a ela possamos imputar. A consciência é, nesses termos, liberdade originária; e aqui é preciso não confundir essa liberdade com alguma propriedade, estado, substância: confusão essa que gerou interpretações errôneas, até de grandes filósofos, das palavras de Sartre. Entendamos, bem, então, o que esse filósofo tem a dizer sobre a liberdade: "O homem não é *primeiro* para ser livre *depois*: não há diferença entre o ser do homem e seu *ser-livre*".

Como se vê, partindo do Nada topamos com a liberdade. É claro que, como veremos com Sartre, falar em "liberdade" não significa apenas colocar uma "simples palavra". Aliás, não é por palavras que podemos explicitar o verdadeiro significado desse conceito, tal como concebido por Sartre, uma vez que tal significado já está perdido quando tentamos verbalizá-lo.[5] Não podemos nos limitar a conceitos: urge indagar o que significa, à realidade humana, a nadificação como condição da liberdade, do desgarramento. Todavia, sabemos que a questão da liberdade é uma das grandes questões de *O ser e o nada* e requer uma análise cuidadosa, a qual ainda não estamos prontos para realizar. Ainda assim, devemo-nos pautar pelo que temos até agora em busca de respostas à indagação proposta. Teremos mais sucesso em compreender tal argumentação se retornarmos ao "mundo do imediato".

O mundo do imediato e a angústia

Voltemos ao exemplo do sujeito que procura um emprego. Ele é "apreensão irrefletida" de seu mundo que, por sua vez, já lhe aparece como necessidade de trabalhar. Assim, de imediato, o sujeito não

---

5   É o que diz Sartre (1943, p.514): "descrever, comumente, é uma atividade de explicitação visando as estruturas de uma essência singular. Mas a liberdade não tem essência". E, mais à frente, completa: "Então, como descrever uma existência que se faz perpetuamente e nega-se a ser confinada em uma definição? A própria denominação de 'liberdade' é perigosa, caso subentendamos que a palavra remete a um conceito, como as palavras habitualmente fazem".

48 MALCOM GUIMARÃES RODRIGUES

"para para pensar"; apenas quer sair às ruas em busca de emprego. De fato, ele leu um anúncio de oferta de oportunidades no jornal: o emprego está lá, concreto, é o Ser. Mas, o Ser da consciência é consciência de ser, o que implica que esse indivíduo está obrigado a ter consciência de que ele próprio é essa necessidade (de trabalhar); em seguida, ele posiciona tal necessidade, nadificando-a; eis o distanciamento: o sujeito "ultrapassa" esse fato (a oferta de emprego) até as suas possibilidades. "Conseguirei?", pergunta ele a si mesmo e, em certo sentido, ao mundo. Eis a "ruptura"; tanto ele quanto o mundo não são mais o que eram, estão "em questão", segregados de um passado imediato: um Nada se sobrepõe entre ele e seu passado, e no seio deste mundo agora nadificado.

Nosso desempregado logo antevê que seu passado não pode determinar o que ele é, como agirá. Nada, absolutamente nada, garante ou justifica o seu sucesso, e, em sua liberdade, ele pode desistir a qualquer momento. Não demora, e o sujeito angustia-se diante desta liberdade: "é na angústia que o homem toma consciência de sua liberdade, ou, se se prefere, a angústia é o modo de ser da liberdade como consciência de ser; é na angústia que a liberdade está em seu ser colocando-se a si mesma em questão" (Sartre, 1943, p.66). A angústia é, nesses termos, a apreensão da liberdade por ela mesma. A nadificação implica, portanto, que somos essa angústia. Resta-nos, então, responder a uma pergunta: como se dá aquela apreensão?

Em primeiro lugar, há de se mostrar que angústia não é medo: "a angústia distingue-se do medo porque medo é medo dos seres do mundo, e angústia é angústia diante de mim mesmo" (ibidem). Na angústia, portanto, o desconforto é gerado pela indeterminação, precisamente, a indeterminação de minha reação às situações mundanas, indeterminação que incide diretamente sobre minha responsabilidade; no medo, ao contrário, são essas situações mundanas as responsáveis diretas pelo desconforto. Em suma, o medo é causado de "fora", a angústia vem de "dentro". Geralmente, o medo precede a angústia (embora ocorram situações nas quais a angústia aparece em "estado puro") e, ainda que os dois sejam mutuamente excludentes, ambos vão se revezando nas situações cotidianas.

CONSCIÊNCIA E MÁ-FÉ NO JOVEM SARTRE **49**

O que importa aqui, e sem dúvida estamos num ponto crucial de nosso trabalho, é o fato de que o medo é "apreensão irrefletida do transcendente", ao passo que a angústia se dá por uma "apreensão reflexiva de si". Mas, não se trata de uma reflexão *stricto sensu*. Imaginemos, ao lado de Sartre, que estamos a caminhar à beira de um precipício. Estou atento aos meus passos e, com músculos tensos, meu corpo está concentrado na trilha estreita, sem parapeito. Por alguns momentos, sequer dou-me conta de minha tensão e de meu medo ante a ameaça constante de morrer. Eis a apreensão irrefletida de que falamos, "que é captação de mim mesmo, a partir da situação, como transcendente destrutível em meio aos transcendentes, objeto que não tem em si a origem de sua futura desaparição" (ibidem, p.67).

Não demora, "acordo", dou-me conta de meu medo, posiciono-o. E, para repelir a ameaça que caracteriza esse medo, enumero certas condutas que substituem aquelas probabilidades transcendentes (o desabamento do chão, a terra escorregadia etc.) por possibilidades de escapar ileso: "prestarei atenção ao caminho". Entretanto, como argutamente observa Sartre, essas possibilidades, enquanto minhas, não existem senão como dependentes de meu Ser e, por si próprias, não têm existência suficiente e, mais: só existem a partir da consideração de todas as possibilidades. Ou seja, só penso em prestar atenção às pedras, por exemplo, sabendo que posso não prestar a devida atenção; sabendo, até mesmo, que nada me impede de atirar-me no precipício. Dito de outra forma, a condição necessária para que eu possa enumerar aquelas condutas que podem me salvar é que, ao mesmo tempo, eu enumere as condutas que podem ser a minha ruína. Como afirma Sartre (1943, p.68):

> O possível que converto em *meu* possível concreto só pode surgir destacando-se sobre o fundo do conjunto dos possíveis lógicos que a situação comporta. Mas estes possíveis recusados, por sua vez, não têm outro ser além de seu "ser-mantido"; sou eu quem os mantém no ser e, inversamente, seu não ser presente é um "não-dever-ser-mantido". Nenhuma causa exterior os separará.

Vemos, assim, que somos nós mesmos que postulamos os possíveis contrários aos nossos possíveis: somos nós que horrorizamos um mundo cujos objetos, por si só, existem em plena positividade. É o que acontece quando, diante de uma situação que exige uma atitude imediata, o pensamento de que tudo pode dar errado persiste à revelia de nossa vontade. O curioso é que, geralmente, não assumimos tal pensamento, mas, atribuímo-lo a algo que não nós mesmos com frases introspectivas do tipo "pare de pensar nisso!". A angústia se dá justamente nesses momentos em que me esforço por me acalmar e, a despeito de enumerar possíveis condutas que possam remediar uma situação angustiante, sei que tais condutas não são necessárias, mas tão somente possíveis, separadas de mim por um Nada.

Eis, pois, o Nada que me separa de meu devir. O que sou agora não pode causar o que serei, pois, precisamente, estou separado de meu futuro, por exemplo, ainda que o mais imediato, por um Nada. Porém, dado que "me vejo" lá adiante e estou disposto a ser o que projeto, sou o que serei ainda não o sendo: nas palavras de Sartre, sou o que serei à maneira de não sê-lo. Assim, Sartre definirá a angústia: "a consciência de ser seu próprio devir a maneira de não sê-lo". Voltaremos a isso.

Ainda há outro tipo de angústia. Se, no caso do exemplo no qual ando à beira do precipício, o "eu" que sou depende do "eu" que ainda não sou e, assim, me angustio perante meu devir, também pode ocorrer que o "eu" que sou dependa do "eu" que fui e, nesse caso, me angustio ante meu passado. É o caso do alcoolista que, ontem, decidiu parar de beber e, agora, vê sua decisão em xeque em presença de um novo trago. Ontem, quando a decisão fora tomada diante de sua esposa em lágrimas, por exemplo, o sujeito tinha a certeza de que não beberia mais. Hoje, porém, tal decisão não passa de recordação, consciência de um desejo petrificado, separado dele pelo Nada.

Assim, por todo lado estamos sitiados pelo Nada. E é em todas as nossas ações que esbarramos nesse Nada, tendo em vista que procuro motivos (no passado e no futuro) para agir e, não obstante, esses motivos não determinam minha ação. É, portanto, a ineficiência desses motivos em relação à minha ação que condiciona minha

CONSCIÊNCIA E MÁ-FÉ NO JOVEM SARTRE **51**

liberdade. E a consciência dessa ineficiência dá-se como angústia, por isso chamamo-la "consciência reflexiva", já que é consciência de liberdade, é um "posicionamento", para usar os termos da fenomenologia, mas, nesse caso, o que se posiciona é um vazio, por assim dizer, é a injustificável situação, a nadificação que constitui a consciência. Nas palavras de Sartre (1943, p.73): "Na angústia, a liberdade se angustia diante de si porque *nada* a solicita ou obstrui jamais".

Com efeito, após constatar que a liberdade é estrutura permanente do homem e que a angústia é o modo de apreensão dessa estrutura, a questão que Sartre levanta é: como explicar o fato de que, ao contrário do que se pode supor, a angústia é fenômeno muito raro? Em outras palavras, uma vez que o Ser do homem é a liberdade; que o Ser da consciência é consciência de ser; e que a consciência de liberdade se dá como angústia, então, é preciso que a angústia seja permanentemente vivida na realidade humana. No entanto, não parece ser isso o que observamos: por quê? Ora, uma vez que a angústia é apreensão reflexiva de minha liberdade, assim que nos entregamos irrefletidamente ao nosso cotidiano, o mundo que se nos revela neste cotidiano aparece como um conjunto de exigências inquestionáveis, demandantes de uma reação automática: no mundo imediato, enquanto estamos "mergulhados" em nossa ação, é difícil constatar a escolha que conferiu a sua urgência e, portanto, angustiar-se ante o fato de que essa escolha é por nós mantida. Mas, se as exigências deste mundo são mantidas por essa escolha, as coisas sobre as quais tais exigências são mantidas, em si mesmas, são pura positividade sem sentido: antes de uma escolha, pela qual se constitui este mundo de exigências, nada há a não ser a plenitude do em-si. É, pois, nessa positividade que nós pretendemos encontrar as determinações que convertem possibilidades em exigências inquestionáveis. E, enquanto comprometido em atos que revelam os possíveis, no instante mesmo em que estou agindo, não penso, ajo:

A consciência do homem *em ação* é consciência irrefletida. É consciência *de* alguma coisa, e o transcendente que a ela se revela é de natureza particular: é uma *estrutura de exigência* do mundo que,

52   MALCOM GUIMARÃES RODRIGUES

correlativamente, revela em si complexas relações de utensilidade. (ibidem, p.74)

Assim, no mundo do imediato, agimos antes de pensar sobre nossas possibilidades: descobrimos nossos possíveis apenas enquanto realizamo-los. Sem dúvida, a qualquer momento uma reflexão pode me colocar na constatação angustiante de minha liberdade; basta que eu me dê conta de que nada pode me coagir a realizar o possível que aparece como exigência. Por sua vez, tal constatação não é assim tão simples. Aqui, devemos tomar cuidado para não "banalizar" a noção de angústia: não há angústia, por exemplo, perante a indecisão entre escolher bomba de chocolate ou mil folhas, como vai ironizar Sartre (1973, p.22). Trata-se, sim, de um acontecimento raro, e frequentemente quase inexistente, no percurso da nadificação: sua aparição, geralmente, é instantânea, quase imperceptível, embora perfeitamente verificável.

Nesses termos, para usar um exemplo de Sartre (1943, p.75), enquanto não sou tomado pela angústia, a campainha do despertador que toca pela manhã não me lança em minha possibilidade de não trabalhar, mas, é imediatamente captada como "levantar-se"; não há tempo para raciocinar e, assim, não há tempo para a "angustiante intuição de que sou eu – eu e mais ninguém – quem confere ao despertador seu poder de exigir meu despertar". Ao contrário, no mundo do imediato, as razões para acordar são pensadas não como possíveis entre outros, e sim como necessidades, imposições de uma espécie de "força maior" à qual, aparentemente, não posso me opor. Assim, enquanto essa aparência de determinação não for questionada, estarei a salvo da constatação angustiante de que ela é mantida por minha livre escolha. A questão, então, é: e quando não estamos mergulhados no cotidiano, como evitamos a angústia? Como permanecer sempre à margem dessa? E, mesmo no cotidiano, é preciso perguntar como evitamos a angústia, pois, quem evita, evita alguma coisa e, portanto, sabe que evita, o que implica uma consciência reflexiva. Como, então, dar-se-á essa relação entre consciência reflexiva e irrefletida ante a angústia? Enfim, como fugir da angústia

CONSCIÊNCIA E MÁ-FÉ NO JOVEM SARTRE   53

se, como vimos, somos angústia? A resposta – já podemos adiantar – será obtida pela análise da má-fé.

Além das questões referentes à má-fé, no entanto, há certas passagens de nossa argumentação obsedadas por lacunas. Por exemplo, falamos da transcendência, mas deixamos de lado a consciência que permite isso: a "consciência perceptiva". Também "ignoramos" outros tipos de consciência, como a imaginativa ou a afetiva. Mas, em primeiro lugar, e para que possamos chegar à percepção, o que precisamos analisar é a consciência reflexiva, ou melhor, a relação dessa com o irrefletido. Afinal, o que é esse "irrefletido" e que tipo de unidade ele pode oferecer à consciência? Enfim, se somos esse Nada, como se dá a unificação da consciência; como posso afirmar "Eu"? Em segundo lugar, caberia perguntar, por exemplo: uma consciência reflexiva e uma "consciência perceptiva" seriam mutuamente excludentes? Por um lado, vimos que não pode haver, simultaneamente, dois objetos para a consciência, a consciência espontânea de perceber (os detalhes da mesa: "ela é marrom, pequena" etc.) e, no mesmo momento, a consciência reflexiva (um julgamento sobre esses detalhes: "esta cor não me agrada", "precisaria de uma mesa maior" etc.). Mas, por outro lado, de fato, essa consciência espontânea de perceber, imediata, é constitutiva da reflexão. Afinal, para julgar esta mesa, preciso estar consciente dela. Eis o que exprime a propriedade da consciência de ser "reveladora-revelada": ao mesmo tempo em que a consciência revela a mesa, ela revela a si mesma. Assim, se quisermos dar uma cobertura completa à nossa análise de consciência, urge que questionemos o estatuto do sujeito desta consciência que é Nada.

3
A "TOTALIDADE HOMEM-NO-MUNDO"

Interrogar a "experiência", como Kant, acerca de suas condições de possibilidade, ou efetuar uma redução fenomenológica, como Husserl, que reduzirá o mundo ao estado noemático da consciência, será começar deliberadamente pelo abstrato. Mas não se vai conseguir recuperar o concreto pela adição ou organização dos elementos abstraídos, tanto como não se pode, no sistema de Spinoza, chegar à substância pela soma infinita de seus modos. A relação entre as regiões de ser nasce de uma fonte primitiva, parte da própria estrutura desses seres [...]. Basta abrir os olhos e interrogar com toda ingenuidade a totalidade homem-no-mundo.

(Sartre, 1943, p.38)

O irrefletido

Falamos tanto sobre o "irrefletido" e, até agora, ainda não circunscrevemos os seus "domínios"; enfim, ainda não sabemos o que há de "palpável" nesse conceito. Afinal, o "cogito pré-reflexivo", a partir do qual Sartre pôde conceber toda sua ontologia fenomenológica (a despeito de tantas críticas que recebeu e ainda recebe por ter partido das reflexões cartesianas), nada mais é do que uma consciência sobre a qual não se formou nenhuma reflexão, uma "consciência irrefletida".

A primeira pergunta é: como chegamos a esse plano irrefletido? Pois bem, uma vez que se trata de uma consciência irrefletida, para captar esse irrefletido é condição necessária, embora paradoxal, que não haja reflexão. Voltemo-nos, então, a qualquer objeto transcendente e esperemos que por um descuido possamos flagrar esse irrefletido "desprevenido". Consideremos a leitura de um romance, por exemplo. Enquanto leio estou "projetado" nas personagens, na trama do romance; no segundo seguinte "volto" à reflexão: o que houve, "onde" estava o irrefletido?

Ora, vemos aí o problema já com esta pergunta "onde estava o irrefletido?"; há uma impossibilidade lógica de resposta: ordinariamente, não houve nada além da história que estava lendo. Durante a leitura "ignoramos" nossa existência, pois estamos absortos na trama romanesca, e a questão "onde estávamos?" não possui sentido porque não havia consciência de um "eu" que lia, tão somente do romance. Em verdade, o irrefletido não é "um lugar" e, se nos fosse exigido usar a metáfora espacial, diríamos que é "o" lugar da consciência, enquanto esta é consciência do mundo. Mas perguntar pelo "lugar" é estabelecer a distinção "sujeito-objeto", incabível na relação "consciência de si". Em resumo, projetada no transcendente a consciência não tem um olho nesse objeto (transcendente) e outro em si mesma. Se percebo a mesa, todas as minhas atividades, meus temores, em suma, tudo o que "sou" está na mesa. Nas palavras de Sartre (1943, p.18):

> Toda consciência é posicional na medida em que se transcende para alcançar um objeto, e ela esgota-se nesta posição mesma: tudo quanto há de intenção na minha consciência atual está dirigido para o exterior, para a mesa; todas as minhas atividades judicativas ou práticas, toda a minha afetividade do momento, transcendem-se, visam a mesa e nela se absorvem.

CONSCIÊNCIA E MÁ-FÉ NO JOVEM SARTRE **57**

O que acontece é que, tal como afirma Sartre, na transcendência a consciência é consciência de ser consciência do objeto. Ela sabe-se a si mesma, pois é limitada pela consciência de que é consciência. Daí o fato de ser o irrefletido um absoluto em relação ao qual os objetos são sempre relativos. Assim, talvez nem mesmo a palavra "constatação" seja adequada aqui, pois ordinariamente, no plano irrefletido, a consciência não é constatação de si (no sentido de posicionar-se a si mesma), mas apenas posicionamento do objeto transcendente. Portanto, pode-se dizer que o plano irrefletido é "intocável" porque é absolutamente presente; e, se desejamos flagrar esse irrefletido no transcendente, posicionamos a própria consciência e tornamo-nos reflexão.

Ainda assim, contudo, fica a impressão de um círculo vicioso no argumento. E, de fato, assumirá Sartre (1943, p.20), há um círculo, mas somente porque é da natureza da consciência "nascer" como um círculo. O grande problema para superarmos isso, repetindo o que já dissemos no primeiro capítulo, é a resignação da tradição filosófica perante a primazia do conhecimento, isso é, a insistência em fundamentar o conhecimento segundo a clássica distinção "sujeito-objeto".

Em 1947, tendo recebido críticas e questões acerca das ideias expostas em O ser e o nada, Sartre daria uma conferência intitulada "Consciência de si e conhecimento de si" cujo *leitmotiv* é afirmar a autonomia da consciência perante o conhecimento ou, melhor dito, a autonomia do irrefletido sobre a reflexão. Sem dúvida, essa era já a tese primordial de Sartre dez anos antes dessa conferência, quando, em sua primeira obra de envergadura filosófica, A transcendência do ego, Sartre (1994a, p.57) afirma que "a consciência irrefletida deve ser considerada autônoma. É uma totalidade que não tem necessidade nenhuma de ser completada...". Já na referida conferência, antes de responder às questões dos seus debatedores, Sartre faz um grande apanhado das ideias expostas em O ser e o nada, sintetizando-as na atmosfera mais ampla das concepções filosóficas de seus interlocutores na história da filosofia em torno das formulações ligadas ao cogito cartesiano. Vejamos, então, muito brevemente,

58   MALCOM GUIMARÃES RODRIGUES

como Sartre responde algumas das inquietações em torno da teoria do conhecimento.

Depois que Descartes nos legou o cogito, restava a tarefa de fundamentar o conhecimento sem o apelo à existência Divina, sem recair em solipsismo e sem perder a eficácia da reflexão. Assim, nos lembra Sartre (1994b, p.94), Kant fez do cogito um princípio formal de unificação da experiência e dividiu o conhecimento em fenômenos e coisas-em-si. Hegel, no entanto, apercebeu-se do fato de que o aparecer (do fenômeno) deve possuir ele próprio um Ser que não o ser-em-si kantiano. Mas, se dissermos que o fenômeno tem um Ser tal como dizemos que ele tem uma cor, por exemplo, somos enviados ao infinito, pois o Ser se transforma em qualidade e, novamente, precisamos perguntar pelo Ser dessa qualidade. Husserl, dirá Sartre (ibidem, p.95), poderia ter pensado que resolveu o problema afirmando que podemos passar dos objetos à sua essência, pela *"epoché"*. No entanto, a essência não é em relação ao objeto o que o fenômeno é em relação ao Ser: a essência é a "ligação sintética" dos fenômenos, a razão da série de suas aparições; já o Ser é o que faz com que cada objeto apareça, há um Ser em cada uma das aparições cuja síntese Husserl quer extrair uma essência.

O fato é que, para Sartre, todos esses teóricos do conhecimento pretenderam reduzir o Ser ao conhecimento que dele podemos ter ou, por outras palavras, colocaram-se em um plano epistemológico para resolver um problema que deveria caber à alçada da ontologia. Ora, argumentará Sartre, o próprio conhecimento é, logo, deve haver um Ser desse conhecimento que, sob pena de nos perdermos em regressões ao infinito, não se pode reduzir ao conhecimento que dele temos.

Com efeito, se abandonarmos o ponto de partida do cogito, cairemos em Hegel, para o qual é necessária uma totalidade "devinda" para se julgar sobre o que ele chamou de saber; assim, a verdade está no devir, é "deviniente". Sartre não se oporá diretamente a isso e considerará necessária uma verdade no devir; porém, também considerará necessários, inspirado pela preocupação heideggeriana com o ser-aí, com a realidade humana em situação, critérios para se julgar um fato presente. Nesses termos, argumenta Sartre, "como o devir

CONSCIÊNCIA E MÁ-FÉ NO JOVEM SARTRE   59

está em curso e não podemos saber nunca onde ele parará, como não podemos determinar se há um fim da história, remeteremos sempre a soma dos conhecimentos para calendas que não serão talvez nunca atingidas" (ibidem, p.94). Por conseguinte, ficarão abertas as portas para a assunção do ceticismo, já que o conhecimento atual se torna probabilidade.

Afinal, "Qual é, então, o Ser do conhecimento?", pergunta Sartre. E logo o responde: o Ser do conhecimento é o Ser do homem e, enquanto o idealismo não buscar fundamentação em uma ontologia, em um estudo do Ser, a teoria do conhecimento permanecerá "rigorosamente insuficiente". Daí a condução da questão para o cogito, conhecimento primeiro cujo objeto é o próprio homem.

Mesmo aí, todavia, pode-se subentender uma divisão sujeito-objeto se tomarmos o cogito como uma reflexão que, incidindo sobre si mesma, pretende fazer da consciência puro objeto refletido. Ainda assim, o que importa de início é que, nesse plano, se conheço é porque tenho consciência de conhecer: não pode haver, no cogito, conhecimento que não seja consciência de conhecimento. O cogito implica consciência de cogito e, sem embargo, essa consciência (de conhecimento) é indispensável para qualquer conhecimento. Sempre deve haver, portanto, uma consciência de si perpassando o posicionamento de um objeto, ainda que este objeto seja a própria consciência em forma de um "eu".

Ora, dirá Sartre (1994b, p.100), foi o próprio Husserl quem disse que "a característica de uma *Erlebnis*, quer dizer, em suma, de uma consciência vivida e refletida, é o fato de ela se dar como tendo já existido, como estando já aí". Essa consciência que "já estava aí" antes da reflexão é, ao contrário do conhecimento, suficiente para que haja Ser. Isso porque, nas palavras de Sartre (1994b, p.102):

não é suficiente que haja conhecimento para que haja ser. Se vós conheceis uma coisa ou uma verdade, sois reenviados, como o vimos, para um processo infinito, sendo apenas no seu termo que vós sabereis se o objeto era ser, pois podia tratar-se de um erro do princípio ao fim [...]. Mas, se tenho um prazer, se tenho consciência de ter

60 MALCOM GUIMARÃES RODRIGUES

um prazer, verificamos desde logo, primeiro, que é suficiente que eu tenha consciência de ter prazer para que eu o tenha como veraz...

Assim, conclui Sartre, somos remetidos ao plano ontológico e, neste, somos obrigados a afirmar uma consciência que precede e possibilita o cogito e que é, precisamente, o modo pelo qual certos "seres", que chamamos cólera, prazer etc., existem para si mesmos. Eis que situamo-nos no terreno irrefletido, que não se reduz ao conhecimento porque é a própria possibilidade do ser conhecido. Porém, se é preciso partir do cogito para se chegar ao cogito pré-reflexivo, há um preço a pagar para permanecer em seus limites cartesianos. Em primeiro lugar, é preciso abandonar os limites do cogito sob pena de nos limitarmos ao instante infinitesimal, como também de "substancializarmos" a consciência.[1] Ou seja, quando Descartes afirma "Eu penso, logo eu sou" poder-se-ia entender daí – ainda que o próprio Descartes não o tenha afirmado, como advoga Sartre (1994b, p.94) – que se substancializa um "eu", o qual, por estar na "raiz" do cogito, estaria como que por "detrás" da consciência, talvez como uma substância que habita o próprio irrefletido. Além disso, o cogito é supostamente afirmado em dado momento, o que deixa margem para inferir que é somente nesse momento que a existência seria verificável, limitando a consciência ao "instante".

Neste capítulo nos debruçaremos com mais afinco apenas sobre esta última questão, a qual nos remete a um rápido exame sobre a questão da temporalidade; ficando a questão da substancialização da consciência, ou melhor, da "transcendência do eu", aqui analisada apenas de passagem, já que ela terá tratamento especial mais à frente (na terceira parte).

---

1 Além disso, o cogito nos remete ao clássico problema do solipsismo que, por sua vez, nos remete à introdução da temática acerca do "ser-para-outro" na obra de Sartre (1943, ver, por exemplo, p.275-88), temática cuja complexidade nos impede de tratar da questão aqui. No entanto, é preciso ter em mente que o "problema" do outro é de vital importância à compreensão da proposta integral de *O ser e o nada*.

A "presença a si" na temporalidade original

Na verdade, falar de "temporalidade" segundo o texto de *O ser e o nada* (no qual Sartre dedica quase cem páginas ao assunto) requer muito mais detalhes e esclarecimentos do que a subsequente análise poderia nos incitar. Convém nos atermos, na medida do possível, apenas à temporalidade subjacente à reflexão ontológica de nossa duração, aquela temporalidade da qual a reflexão extrai seus direitos para além da instantaneidade, o que Sartre chamará de "temporalidade original".

Tendo em vista esse objetivo, o mais importante a frisar é que a temporalidade não poderia ser estudada como uma série de "agoras", mas como uma totalidade que domina e confere significação às suas estruturas, uma vez que, se dividida em momentos separados, o passado já não será nada, porque passou; do futuro também nada poderemos falar, porque ainda não é; e, finalmente, o presente seria o limite de uma divisão infinita, ponto inexistente de fato.

Do ponto de vista da totalidade, entretanto, o passado não é um passado isolado e metafísico ou, pelo contrário, algo que já não existe mais. Posso, sim, ser o meu passado e há uma sinceridade que pode ser afirmada em vista do que fui, porque o que já foi não pode ser mais mudado, é a própria necessidade de fato; o que Sartre chamará de "facticidade" do para-si. Porém só sou meu passado separado por um Nada, à maneira do "era"; ele é um em-si que eu sou à maneira do era porque, ao nadificá-lo, o vivencio e o nego no mesmo ato. Entretanto, o para-si não é somente enquanto "era", ou seja, atrás de si: ele é também enquanto "vir-a-ser", isso é, adiante de si. Assim, o futuro é o possível do para-si perante a presença ao Ser para além do ser. O que significa que o futuro não é em-si, e tampouco é uma série determinada de por-vir: o futuro é tão somente a possibilidade dos possíveis do para-si e, nesse sentido, o futuro não é, ele se "possibiliza".

Já o presente é o que sou, um nada que se faz presença a si e que está distante de si; e essa distância é precisamente o Nada. O presente é, portanto, o próprio para-si na busca de si, "si" que não deve

62   MALCOM GUIMARÃES RODRIGUES

nos remeter ao Em-si, no sentido de identidade, mas sim, para usar a metáfora de Sartre, a uma "descompressão" de ser no âmago da consciência. Na verdade, estamos diante de algo que, no momento em que é descrito, parece perder sua especificidade. Daí a necessidade de descrever essa relação da consciência com o "si" em termos metafóricos ou aparentemente contraditórios, uma característica típica da pena de Sartre (1997, p.125) em *O ser e o nada*:

> o si não pode ser apreendido como existente real: o sujeito não pode ser si, porque a coincidência consigo mesmo faz desaparecer o si, como vimos. Mas também não pode não ser si, já que o si é indicação do próprio sujeito. O si representa, portanto, uma distância ideal na imanência entre o sujeito e si mesmo, uma maneira de não ser sua própria coincidência, de escapar à identidade colocando-a como unidade; em suma, um modo de ser em equilíbrio perpetuamente instável entre a identidade enquanto coesão absoluta, sem traço de diversidade e a unidade enquanto síntese de uma multiplicidade. É o que chamamos de presença a si

É à luz dessas complicadas passagens que devemos entender aquilo que realmente nos interessa: a realidade humana não se reduz ao presente instantâneo dos metafísicos, ela está comprometida em seu presente, com seu passado e seu futuro, nessa temporalidade que se faz síntese de presente, passado e futuro simultaneamente.[2] Isso significa que o Ser da consciência só pode ser no decorrer do tempo, que a própria ideia de sucessão de "agoras" deve ser questionada, e que o cogito não se limita a um instante infinitesimal. Porém, urge fundamentar os direitos apodícticos do "penso, logo existo", em sua temporalidade, sem o apelo à existência de Deus ou a argumentos metafísicos. Ora, o Ser que se faz questão para si só pode ser na temporalidade, pois a dúvida compromete a totalidade

---

2 Será preciso ainda, segundo Sartre (1943, p.175), distinguir dois modos de abordar a temporalidade: segundo uma estática temporal e segundo uma dinâmica da temporalidade.

CONSCIÊNCIA E MÁ-FÉ NO JOVEM SARTRE   63

do ser humano, seu passado, seu presente e seu futuro. Nas palavras de Sartre (1943, p.203):

Descobrir-se duvidando já é estar adiante de si mesmo, no futuro (que encobre o objetivo, a cessação e a significação dessa dúvida), estar atrás de si, no passado (que oculta as motivações constituintes da dúvida e suas fases de desenvolvimento) e estar fora de si, no mundo (como presença ao objeto de que se duvida).

Eis por que a consciência só pode ser sob a forma de um desgarramento de si: é desagregação, *distância de si*, separada por um Nada do seu passado, do seu futuro e do mundo mesmo onde se compromete. Porém, essa separação não é realizada de fora, como se a consciência fosse exterior à realização de suas estruturas temporais, mas por meio de uma "negação interna". A consciência se faz temporal porque, sendo presente, passado e futuro ao mesmo tempo, ou "no mesmo tempo", existe somente enquanto negando aquilo que é (isso é, nadificando o passado para sê-lo) e sendo aquilo que não é (ou seja, nadificando o futuro para sê-lo), e essa negação constitui aquilo que sou à maneira de não ser (no presente). Vejamos o que isso significa.

Na negação "externa" estabeleço um nexo ideal entre dois seres em-si e, desse modo, não posso alterar sequer um traço de suas qualidades; tudo que faço é, por exemplo, uma comparação do tipo "esta mesa não é esta cadeira". Há, portanto, duas totalidades que não se encontram, das quais nada se retira e às quais nada se acrescenta: totalidades negadas "de fora". Já no caso da negação interna, há um nexo interno de ser porque aquilo que é negado constitui uma qualidade, ainda que como ausente, do que é negado. Assim, se digo "não mais sou o que era" e "retiro" algo de mim mesmo, fazendo-me outro em relação ao que fui, nem por isso deixo de afirmar em meu ser isto que nego. Afinal, para negar isto é preciso que eu o seja.

Eis, então, o tipo de relação que eu tenho com meu passado, por exemplo. Só posso dizer "não sou o que fui" se, de alguma forma, eu ainda o seja a distância de mim mesmo. Da mesma forma, a negação pode incidir sobre o futuro, tal quando digo "serei feliz", cuja possibilidade, da qual estou separado pelo Nada, coloco como minha negando o que sou para ser. Ou seja, a postulação da futura felicidade, colocando e negando a presente infelicidade, depende desta para ser. Assim, de certo ponto de vista, podemos dizer que é o surgimento do para-si que faz que, simultaneamente, haja passado, presente e futuro, uma vez que, em seu percurso de nadificação, essas estruturas temporais aparecem como uma só totalidade que destotaliza a si própria, na eterna distância de si.

A reflexão "pura"

Prestemos, pois, a devida atenção a esta expressão "distância de si". Ela nos aponta, na consciência, uma fenda, uma separação (de si), a despeito de a consciência mostrar-se como unidade. De fato, para um primeiro olhar, enquanto conhecimento de si, o cogito separaria a consciência do "si" na reflexão, em suma, separaria uma consciência reflexiva de uma consciência refletida. Contudo, já dissemos que a relação da consciência com esse "si" não é do tipo "sujeito-objeto". Se tentássemos separar duas consciências, afirma Sartre, seria preciso atribuir-lhes, a cada uma, um Ser; por essa feita, sobrariam dois todos isolados e independentes e o problema de suas relações, tal qual colocado e não resolvido pelo realismo ingênuo.

É preciso, então, estabelecer um nexo de ser entre reflexivo e refletido, ou seja, é preciso afirmar que a consciência reflexiva é a consciência refletida, mas, ao mesmo tempo, não pode haver identificação entre ambas, sob pena de suprimirmos de todo a reflexão. Daí a afirmação de que o reflexivo é e não é o refletido; eis aí o sentido preciso do que Sartre chamará de "negação interna".

É verdade que a reflexão poderá até ser uma dualidade; mas apenas enquanto ilusão: uma vez consumada, a reflexão tornar-se-á uma ilusão de conhecimento. É o que Sartre chamará de reflexão "impura", cuja efetividade, ao fim e ao cabo, resultará em decepção,

CONSCIÊNCIA E MÁ-FÉ NO JOVEM SARTRE   65

tendo em vista que o refletido nada é além de um reflexo do reflexivo, e não um objeto dele distinto na perspectiva "sujeito-objeto".
É o que afirma Sartre (1943, p.198-99):

> O refletido sabe que é visto; não poderíamos compará-lo melhor,
> para usar uma imagem concreta, do que a de um homem que escreve,
> inclinado sobre uma mesa, e que, enquanto escreve, sente-se obser-
> vado por alguém às suas costas. Portanto, já tem consciência (de) si
> mesmo como tendo um fora, ou melhor, o esboço de um fora; ou seja,
> faz-se a si mesmo objeto para..., de modo que seu sentido de ser o
> refletido é inseparável do sentido de ser o reflexivo, existe lá adiante,
> à distância de si, na consciência que o reflete

Isso, contudo, não significa que Sartre desqualifique qualquer conhecimento acerca de nosso ser, apesar de sugerir exatamente isso
em algumas passagens. Convém atentarmos ao sentido que o filósofo
outorga ao "verdadeiro conhecimento", se assim podemos dizê-lo: é
um tipo de relação que o para-si estabelece com o Ser e que só pode
se dar de forma clara e absoluta enquanto intuição: "não há outro
conhecimento a não ser o intuitivo" (ibidem, p.220), dirá Sartre um
pouco mais adiante. É nesses termos que devemos pensar no tipo de
conhecimento de si possível, o que o filósofo nomeará uma "reflexão
pura", simples presença à desagregação que fazemos de nosso ser,
uma intuição fulgurante. Entendamos.

Toda afirmação sobre si mesmo, como dissemos, é condicionada
por uma negação interna, já que negar esse objeto (tal quando se diz
"não sou egoísta") é, de certa forma, afirmar que somos esse objeto
fazendo-nos já outro distinto daquilo que éramos. Nas palavras
de Sartre: "Conhecer-se é *fazer-se* outro" (ibidem, p.202). Mas a
reflexão não pode distinguir-se plenamente do refletido, não pode
separar-se dele a ponto de tomá-lo sob determinado ponto de vista
externo. Assim, o único e "puro" conhecimento acerca de nosso ser
que uma reflexão pode nos oferecer é, novamente pelas palavras de
Sartre (ibidem),

uma intuição fulgurante e sem relevo, sem ponto de partida ou de chegada. Tudo é dado ao mesmo tempo, em uma espécie de proximidade absoluta. Aquilo que comumente denominamos conhecer presume relevos, planos, uma ordem, uma hierarquia [...]. Mas a reflexão que nos entrega o refletido, não como algo dado, mas como o ser que temos-de-ser, em uma indistinção sem ponto de vista, é um conhecimento transbordado por si mesmo e sem explicação. Ao mesmo tempo, é um conhecimento que jamais se surpreende consigo mesmo, nada nos ensina, simplesmente posiciona. [...] A reflexão é mais reconhecimento do que conhecimento.

E o que reconhece essa reflexão senão nada mais do que a necessidade fatal da consciência, qual seja, de que *ser é fazer-se*, é processo e, nesse plano, não há como fixar objetos? Eis, então, a reflexão pura, o situar-se como pura presença à desagregação que fazemos de nosso Ser. Ora, uma vez que nessa reflexão "estamos" na desagregação e reconhecemo-la, tal reflexão só pode nos oferecer aquele jogo reflexo-refletidor, só pode nos dar o refletido enquanto reflexivo e vice-versa, em suma, o Ser que é o que não é e que não é o que é comprometido em sua própria temporalidade. A reflexão pura é, nesses termos, um "quase-conhecimento", porquanto capta nada mais do que um "quase-objeto": a consciência refletida sendo "quase" a própria reflexão.

Eis aí uma "intuição filosófica" ao estilo bergsoniano que, a nós, desponta nas entrelinhas de *O ser e o nada*: essa reflexão pura. Embora tentemos descrevê-la conceitualmente, assim como qualquer intuição, essa é também inominável, indescritível; o máximo que podemos afirmar dela, embora já estejamos nos arriscando a ser traídos pelas palavras, é que se trata do "olhar" que flagra o ser "em movimento" da realidade humana, desgarrando-se de si mesmo, e que, assim, ilumina seus possíveis. Note-se, com efeito, que nesse "olhar" não há (1) nenhuma causalidade: o olhar não causa a desagregação, esta não é efeito de um "estado" de consciência, por exemplo; e (2) nem relativismo: não é um terceiro que, do exterior, observa o movimento, o próprio olhar presencia o incompleto enquanto se faz incompleto e, portanto, aberto ao possível.

CONSCIÊNCIA E MÁ-FÉ NO JOVEM SARTRE   67

Nós bem que poderíamos tentar descrever esse olhar mediante alguns termos conhecidos, não fosse pelo fato de que todos eles nos remeteriam a interpretações "tendenciosas"[3] e, novamente, estaríamos na descrição conceitual de algo que não pode ser apenas descrito, já que a intuição é mais "ek-istida"[4] do que conhecida, efetiva-se enquanto ato, enquanto processo "atualizante" em situação. De fato, a revelação dessa presença, ou o situar-se como pura desagregação, se opõe à simples dualidade "consciência reflexiva – consciência refletida". Na reflexão, dizíamos, a consciência tenta posicionar-se e, sem dúvida, em um primeiro momento é o que acontece; tornamo-nos nosso próprio objeto de juízo ou, como dizíamos há pouco, iludimo-nos como sendo o objeto de nosso próprio conhecimento. Pois bem, se essa reflexão impura é uma ilusão, então é uma ilusão em que queremos e precisamos acreditar.

Quando "paramos" para nos captar como unidade de sucessão, não encontramos essa totalidade sintética que se reúne sob forma diaspórica revelada por uma reflexão pura. Quando, por exemplo, penso sobre "o que sou" posso ser encaminhado para o meu passado ("o que fui") e ao meu futuro ("o que serei") e tento "recuperar" meu Ser, esse "si mesmo" que, como dissemos, está sempre distante. Captamos, então, aquela "alegria" que fomos ontem e essa "tristeza" que somos hoje como uma sucessão de estados de consciência dados como formas temporais interligadas "de fora" por uma reflexão. Dizemos, então, "antes" daquele ódio eu era só alegria. "Assim", conclui Sartre (ibidem, p.205),

---

3 Por exemplo, poderíamos tentar descrever tal intuição pelo termo "olhar fenomenológico", mas sem tender para Husserl (1985), ou pelo termo "olhar nadificador", mas sem tender para Heidegger (1984a), ou pelo termo "olhar dialético", dessa vez, sem tender para Hegel (2001).

4 O termo "ek-istida" denomina, nas palavras de Leopoldo e Silva (2003, p.45), "o ente que tem o seu ser fora de si, o ente que caminha na direção de sua *entidade*, sempre separado dela e sempre tendendo para ela sem nunca alcançá-la. O ente que existe sem ser, no sentido de viver a ausência de sua plenitude...".

a consciência reflexiva do homem-no-mundo encontra-se, em sua existência cotidiana, frente a objetos psíquicos que são o que são, aparecem na trama contínua de nossa temporalidade como desenhos e motivos em uma tapeçaria, e se sucedem à maneira das coisas do mundo no tempo universal, ou seja, substituindo-se uns aos outros, sem manter entre si relações além daquelas puramente externas de sucessão. Falamos da alegria que tenho ou tive; diz-se que é minha alegria, como se eu fosse seu suporte e ela se destacasse em mim tal qual os modos finitos de Spinoza destacam-se sobre o fundo do atributo.

Eis o que Sartre chamará de "temporalidade psíquica", na qual posicionamos uma consciência refletida e nomeamo-la como a um estado, como se este viesse de fora, de um "tempo universal", imprimir-se no meu ser. Trata-se de simples ilusionismo? De forma alguma, dirá Sartre; é ao nível desses "estados de consciência" que muitos psicólogos costumam explicar as relações concretas da realidade humana. É, portanto, uma reflexão impura que nos enviará a essa temporalidade psíquica e, no fim das contas, como dizíamos nos termos do cogito, a um habitante da consciência que chamamos de "eu".

É aqui que percebemos por que a reflexão pura é capaz de libertar o único conhecimento de si possível. Se me tomo "impuramente" como objeto, vislumbro apenas uma sequência causal de atos e fatos a serem realizados, assim, não me permito "ver" meus possíveis porque, suponho, tudo já está dado, já sei como reagir a todas as situações, possuo absoluto conhecimento de meu ser. Sequer haverá a questão a si, "o que sei de mim?", e a possível busca da resposta. Caso contrário, uma vez desnudado como falta que se atualiza, todo um desconhecimento de si surge para ser desvendado: resta à realidade humana buscar compreender-se, escolher como vai completar-se e, podemos acrescentar, responsabilizar-se por essa escolha. Mas esse já é outro assunto. De fato, há ainda muitas questões a serem esclarecidas sobre a reflexão, mas, por enquanto, a principal delas parece ser: por que a consciência "opta" por tomar-se como objeto em-si, isso é, tomar-se "impuramente"?

Ora, se na reflexão pura limitamo-nos a presenciar essa desagregação que fazemos de nosso ser, a reflexão impura será a eterna busca pelo si mesmo do qual estamos separados para que, finalmente, possamos sê-lo. Em termos psicológicos, adiantando o assunto que será tratado na terceira parte, podemos dizer que a finalidade dessa busca pelo "si" efetiva-se na constituição de um "eu". Há, no entanto, como também pretendemos mostrar na última parte deste trabalho, uma finalidade que pode ser descrita em termos ontológicos. De qualquer forma, a conclusão a que chegamos é a de que o comportamento reflexivo impuro só pode ser uma atitude de fuga, uma fuga de si mesmo e, logo, uma fuga do que, de fato, não se pode fugir.

PARTE II
A MÁ-FÉ

4
O PROBLEMA

> *Cada mente é dotada também de potencial de mentira para si próprio (self-deception), que é fonte permanente de erros e de ilusões. O egocentrismo, a necessidade de autojustificativa, a tendência a projetar sobre o outro a causa do mal com que cada um minta para si próprio, sem detectar esta mentira da qual, contudo, é o autor.*
>
> (Morin, 2001)

A "automentira"

Há uma palavra de ordem àqueles que se aventuram pela primeira vez no capítulo de *O ser e o nada* em que Sartre introduz o conceito de má-fé: resignação. Não há dúvida de que precisamos de muito mais do que resignação para compreender toda a obra de Sartre e, especialmente, as complicadas passagens do capítulo sobre a má-fé: uma atenção redobrada em certas passagens sutis, por exemplo, é imprescindível. Não obstante, acima de tudo, é preciso resignação para que um número significativo de leituras de uma mesma afirmação possa, afinal, fazer algum sentido.

Se, para tornar menos difícil o entendimento deste capítulo, nos fosse permitida uma comparação um tanto grosseira, diríamos que a compreensão da má-fé, tal como analisada por Sartre no capítulo em questão, é equiparável à compreensão dos mecanismos que regem o funcionamento de um grande relógio. Obviamente, com a exceção primordial de que o relógio, como coisa do mundo, é movido segundo leis do tipo causais, ao passo que na consciência seria absurdo pensarmos da mesma forma, já que, a despeito de algumas metáforas, não se pode falar em lei de consciência, apenas consciência de lei. Tentemos ainda assim uma comparação.

Em primeiro lugar, tal como os ponteiros do relógio indicam as horas e os minutos sem expor o grande emaranhado de engrenagens (umas maiores e facilmente visíveis, outras menores e cuja visão fica comprometida em decorrência das primeiras) que funcionam todas ao mesmo tempo; também uma certa conduta indica a má-fé sem expor as sutilezas que estão, simultaneamente, em jogo nos "bastidores". Em segundo lugar, da mesma forma que não há como entender o funcionamento do relógio como um todo a não ser que este esteja em funcionamento; também não podemos compreender a má-fé fora de um contexto humano, isso é, caso tomemo-la por meio de uma análise puramente teórica e conceptual.

Por último, no relógio, uma visão afastada e superficial destaca o andamento das grandes engrenagens e pode dar a impressão de que estas são as únicas responsáveis pelo funcionamento do conjunto; também na má-fé aquela visão pode nos dar um panorama superficial caso comparemos esse panorama com um ponto de vista mais aproximado; e aproximação aqui significa que devemos "descer" até o nível ontológico. De tudo isso, depreende-se que devemos caminhar por partes sem ignorar que, no final, será preciso um esforço considerável para aglutinar todos os passos da arguição que se segue como dados em um só momento.

Pois bem, dissemos, em primeiro lugar, que uma certa conduta indica a má-fé sem expor as sutilezas em jogo. Se devemos nomear essa conduta, chamemo-la, então, de "automentira". Notemos: não se trata de uma simples mentira interpessoal, de esconder a verdade ao outro; também não é o caso de dissimulação perante o outro, daquela intenção fingida de dizer a verdade. Como argumenta Sartre,

CONSCIÊNCIA E MÁ-FÉ NO JOVEM SARTRE   75

nos casos em que o termo "mentira" é comumente usado a negação recai sobre um objeto transcendente, e não sobre a consciência: o que é negado não é a consciência do mentiroso, mas um fato exterior cuja verdade pode ser ocultada cinicamente graças à dualidade existente entre a consciência do enganador e a consciência do enganado.

Quando falamos de "automentira", contudo, não se deve entender que o sujeito inventa uma mentira em que depois acredita; embora essa pareça ser a explicação àquele que mente a si mesmo, veremos que é esse termo "acreditar" que está no cerne do problema da má-fé. No entanto – e logo de início já vislumbramos a "raiz" desse problema –, também não se deve pensar que na automentira haja duas instâncias independentes; não pode haver a dualidade da mentira interpessoal, ainda que essa dualidade seja restabelecida pela hipótese do inconsciente (como veremos mais à frente), já que a má-fé implica a unidade de uma mesma consciência. Ora, se assumimos essa unidade é necessário que, como vimos anteriormente (na primeira parte), a consciência não sofra a má-fé, que esta não seja um estado, em suma, que não imputemos à consciência a passividade dos objetos do mundo. Daí que, para Sartre (1943, p.87-8), a única explicação possível é que:

> A consciência se afeta a si mesma de má-fé. São necessários uma intenção primordial e um projeto de má-fé; esse projeto encerra uma compreensão da má-fé como tal e uma apreensão pré-reflexiva [da] consciência, afetando-se de má-fé. Segue-se primeiramente que aquele a quem se mente e aquele que mente são uma só e mesma pessoa, e isso significa que eu, enquanto enganador, devo saber a verdade que é-me disfarçada enquanto enganado. Melhor dito, devo saber precisamente essa verdade, para poder ocultá-la com o maior cuidado – e isso não se dá em dois momentos diferentes da temporalidade – o que, a rigor, permitiria restabelecer um semblante de dualidade – mas na estrutura unitária de um só projeto.

A presente citação parece comprimir em algumas palavras os problemas lógicos, ontológicos e até epistemológicos aos quais a noção de má-fé nos encaminha. De fato, não há lógica (aristotélica, pelo menos) em um conceito que, na mesma unidade e ao mesmo tempo, implica "A" e "não A". Além disso, de um ponto de vista ontológico, até mesmo levando em conta a ontologia sartriana, se o Ser da consciência é consciência de ser, aquele que se afeta de má-fé deveria ter consciência de sua má-fé, fato que parece destruir a estrutura do conceito. Mesmo de um ponto de vista epistemológico, que não é propriamente cabível neste estudo, poder-se-ia perguntar: como posso (re)conhecer a má-fé se sou enganado por ela? Todas essas questões são colocadas e respondidas, ainda que um tanto tangencialmente, por Sartre. Porém, antes de irmos diretamente a esses esclarecimentos, o melhor a fazer é trabalharmos a partir de um exemplo.

Consideremos, então, o exemplo da mulher no primeiro encontro com um pretendente, convida-nos Sartre (ibidem, p.94). Embora ela saiba quais são as mais íntimas intenções de seu interlocutor, a jovem *coquette* "atém-se apenas ao que de respeitoso e discreto oferece a atitude do companheiro". Em suma, a mulher não quer pensar nas possibilidades futuras daquele encontro – na decisão que precisará tomar em relação às pretensões do sujeito que se apresenta, às suas palavras e gestos reais –, mas apenas quer ater-se a um presente "eterno", àquele momento único de romance e sonho. É verdade que ela não desconhece o desejo que inspira no homem à sua frente: as palavras desse homem remetem a uma situação futura. Todavia, assumir essa situação, com seu desejo "nu e cru", causar-lhe-ia angústia e humilhação.

"Mas eis que lhe seguram a mão", continua Sartre (ibidem, p.95). A súbita atitude do companheiro requer uma reação imediata da mulher. Não há tempo para pensar: se ela tira a mão, estraga o momento; se ela deixa, aceita o flerte e os desejos íntimos por detrás deste. Com efeito, se a mulher deseja manter aquele momento sublime de respeito e, ao mesmo tempo, romance, ela precisa retardar sua decisão. Mas como fazê-lo se é a sua própria mão que jaz ali a sentir o calor do gesto de seu pretendente? "O que acontece então", responde Sartre, "é conhecido: a jovem abandona a mão, mas não *percebe* que a abandona" (ibidem). Eis o primeiro passo à conduta de

CONSCIÊNCIA E MÁ-FÉ NO JOVEM SARTRE **77**

má-fé: a automentira está consumada no momento em que a jovem finge para si que não percebeu o toque de seu interlocutor.

Transcendência e facticidade

Antes que vejamos os passos subsequentes dessa conduta, precisamos entender como é possível "abandonar a mão sem perceber". É claro que esse "perceber" não deve ser tomado ao pé da letra; ela, de fato, teve a percepção da mão de seu interlocutor e, aliás, sucedeu-se nesse momento a conduta de má-fé. Trata-se, então, de uma metáfora para representar o momento decisivo dessa conduta: a "separação" entre corpo e espírito que, para o nosso entendimento, deve significar a separação entre consciência de si e consciência do mundo. Ao "abandonar" sua mão a jovem torna-se puro espírito, porquanto abandona (a consciência de) seu corpo, ou seja, para continuarmos nas metáforas, ela se arremessa no transcendente, deixa-se levar pelo fluxo do mundo e, por fim, faz-se "consumida" pelo Ser: torna-se uma coisa.

De um ponto de vista psicológico, se assim podemos arriscar falar, esse "tornar-se puro espírito" implica um estado corporal de tranquila passividade, de relaxamento. No caso do exemplo em questão, isso é obtido quando a mulher, para livrar-se de uma tensão que lhe incomodava, fala sem parar, "conduz seu interlocutor às regiões mais elevadas da especulação sentimental", como diz Sartre (ibidem, p.95). Acontece que tais atitudes possuem um significado especial. Ao empreendê-las, a mulher pode contemplar-se como coisa, coisa sobre a qual certos fatos dos quais não há controle podem sobrevir: uma "coisa-consciência", pura passividade. Mas não é só. Esse lançar-se ao transcendente não é uma simples consciência irrefletida de si e posicional do objeto transcendente. É uma transcendência "estática", "congelada", na medida em que não capta seus possíveis. Expliquemo-lo.

O desejo de seu interlocutor, por exemplo, que é um fato explícito (ao menos para a jovem) após o encontro das mãos, foi transcendido

78 MALCOM GUIMARÃES RODRIGUES

com o "abandono" dessas mãos. Mas trata-se de uma transcendência que não coloca nenhuma possibilidade real e imediata, não traz nenhuma implicação (do tipo "o fato de eu me deixar tocar implica que eu consinto em ser apenas um objeto sexual para ele"). Por conseguinte, o desejo do interlocutor perde sua implicação fatídica porque a transcendência ocorre como um sonho eterno, por assim dizer, do qual não se quer acordar. Assim, diz Sartre, "ela se permite desfrutar do desejo, na medida em que o apreenda como não sendo o que é" (ibidem, p.95).

Para que os fatos passem ao plano do sonho, é preciso que, ao mesmo tempo, aquilo que era o sonho da mulher, o respeito e o romance que ela esperava ver na atitude de seu companheiro, passe ao plano dos fatos. É verdade que, uma vez que seu companheiro parece já ter demonstrado suas possíveis intenções com seu gesto, o romance deveria extirpar-se. Porém, a má-fé mantém aquele mundo transcendente (o sonhado romance) sempre que o fato indesejável (no caso, o gesto do sujeito) vem se impor sobre a transcendência. Assim, agora que alguns fatos viraram sonhos e outros sonhos viraram fatos, o desejo nada tem de humilhante, sequer se faz desejo para si, embora possa ser desfrutado tal como um brinquedo. Nas palavras de Sartre: "ela detém a transcendência nesse ponto, empastando-a com toda a facticidade do presente: o respeito não é mais que respeito, transcender coagulado que já não se transcende para nada" (ibidem, p.97).

Vemos, portanto, um dos instrumentos básicos da má-fé nesse exemplo: afirmar a transcendência (o sonho do romance) como facticidade e, ao mesmo tempo, a facticidade (o gesto do interlocutor) como transcendência. Em suma, aqui a má-fé se caracteriza pela arte de formar conceitos contraditórios, a partir das próprias propriedades da realidade humana que, segundo Sartre (ibidem, p.95), não deveriam se confundir: facticidade e transcendência. Porém, na má-fé "é preciso afirmar a facticidade como *sendo* transcendência e a transcendência como *sendo* facticidade, de modo que se possa, no momento em que captamos uma, deparar bruscamente com a outra".

Por último, essa arte de que falamos (de formar conceitos contraditórios) constitui apenas um dos instrumentos da má-fé. Há outros

CONSCIÊNCIA E MÁ-FÉ NO JOVEM SARTRE   79

instrumentos, sobre os quais Sartre não se prolongará (ao menos no seu capítulo dedicado à má-fé), que se valerão de outros aspectos da realidade humana. Ainda assim, a despeito de que não entraremos nos detalhes desses aspectos, convém sublinhar que todos aqueles "instrumentos da má-fé" desdobram-se a partir do fato de que, como afirma Sartre (ibidem, p.97), o para-si permite: (1) uma "síntese perpetuamente desagregadora e perpétuo jogo de evasão entre para-si e para-outro"; (2) um jogo de evasão que nos liberta de nossas reais possibilidades por meio de um salto de nosso "ser-no-mundo" para o nosso "ser-no-meio-do-mundo"; e finalmente, (3) "sínteses embaraçadoras que jogam com a ambiguidade nadificante dos três ek-stases temporais".

O que precisamos entender é a função desses instrumentos: "mascarar uma verdade desagradável" ou "apresentar como verdade um erro agradável". É a partir daqui que começamos a vislumbrar o paradoxo da má-fé, o fato de precisarmos acreditar em algo que sabemos ser falso. Uma vez que essa tentativa de "automentira" efetiva-se também pela formação de contradições (transcendência como facticidade e vice-versa) no âmago da realidade humana, e dado que essas contradições implicam a unidade de uma consciência, a conduta de má-fé só será possível pela fuga do que ela mesma é, uma vez que, nessa conduta, consciência e má-fé são uma só e mesma coisa, tal como mostra o exemplo em que a jovem é fuga de seu próprio desejo.

Ora, na primeira parte deste trabalho definimos a consciência como uma unidade que é dualidade, como separação de si; mas é o termo "desagregação de si" que melhor se encaixa aqui. É esse termo que bem representa o jogo de palavras "ser-o-que-não-é" e "não-ser--o-que-é", e é esse jogo de palavras que pode permitir uma tentativa de mentir a si mesmo. É somente a um Ser em desagregação; e que, ao mesmo tempo, é o próprio autor dessa desagregação e "se refaz" por ela; é somente a um tal Ser que será possível a fuga de si. De fato, se a consciência fosse um ser "uno", por assim dizer, se fosse o que fosse, então, ser-lhe-ia impossível fazer-se; consequentemente, qualquer projeto de má-fé, de se ver como "não sendo o que se é", lhe estaria vedado. Nesse caso, seria impossível que tentássemos mentir a nós mesmos tendo consciência dessa mentira.

Assim, a má-fé só é possível para um Ser que é consciência de ser e que, por isso, é a sua própria desagregação. Ora, se enquanto desagregação o Ser da consciência permite a má-fé, quer dizer, se a possibilidade da má-fé se dá por um Ser que é o que não é e não é o que é, então deve haver uma conduta que escape dessa desagregação, uma "antítese" da má-fé, enfim, uma conduta pela qual o Ser (da consciência) seja o que é. É o que se costuma chamar de "ideal da sinceridade" nos comportamentos efetivos. Vejamos, então, a análise de Sartre acerca desta noção para que possamos, aos poucos, entender melhor a má-fé.

A sinceridade

"O que significa ser sincero?", pergunta-nos Sartre. Quando exigimos a sinceridade exigimos que a pessoa seja, consigo e conosco, "ela mesma", que seja nada mais nada menos do que é em si mesma. Ora, conclui o filósofo, trata-se de imputar ao para-si um ideal de ser-em-si, ou seja, pretende-se que a consciência seja idêntica a si mesma. Porém, como será isso possível se o nosso Ser está em constante fazer-se e, portanto, não pode coincidir consigo mesmo? Vê-se, pois, que o ideal da sinceridade é tarefa irrealizável na medida em que entra em contradição com a estrutura da consciência. Se não, vejamos.

O marido que diz ser fiel, sinceramente, pode realmente acreditar ser o que é, ser fiel em si. De fato, ele empenha-se em encadear seus atos como atos fiéis, seus pensamentos como pensamentos fiéis; em suma, para usar os termos de Sartre, assim como em um "jogo", o sujeito segue as regras: em seu papel de marido fiel ele assume a fidelidade e "brinca" de ser fiel, toma todas as precauções para não perder seu jogo. E, enfim, afirma a si: "devo ser fiel". Contudo, precisamente porque "deve", ele não é. O dever implica que, no máximo, o marido pode representar para si e para os outros um homem fiel. Não porque esteja agindo cinicamente, ou porque não queira ser fiel

CONSCIÊNCIA E MÁ-FÉ NO JOVEM SARTRE   **81**

ou porque, de fato, não o seja; mas porque há um Nada que o separa de seu papel, um Nada que lhe permite tão somente julgar ser fiel.

Em verdade, ele pode refletir sobre seus atos e dizer: "sim, minha fidelidade causou meu comportamento fiel". Assim, ele reflete sobre ser fiel, imagina ser fiel e até fica emocionado (seu rosto se ruboriza, seu coração se acelera etc.) quando ele se "sente" fiel. Em certo sentido, ele é esse marido fiel que quer ser. Não obstante, tem uma "compreensão pré-judicativa" de que não pode ser integralmente esse marido fiel e, por isso mesmo, precisa constantemente afirmar "sinceramente": "sou fiel". Essa compreensão pode tornar-se incômoda, especialmente quando, desprevenido, talvez porque uma linda mulher passe à sua frente, ele percebe que depende dele, e somente dele, manter o que agora se afigura como um "espetáculo" da fidelidade, tal como depende de um ator que interpreta Hamlet manter o espetáculo shakespeariano. É nesse sentido que o termo "brincadeira" será usado por Sartre, já que o homem não consegue ser em si mesmo fiel, pois não há uma essência da qual emanem seus atos de fidelidade: tão somente ele pode se "aventurar" nesse jogo de fidelidade. Conclui-se, pois, aquilo que já havíamos constatado antes (na primeira parte): o homem só pode ser à maneira de não ser.

Mas eis que nosso fiel marido se diz triste, talvez porque não sente de sua amada o mesmo amor incondicional que a ela jurou; e dir-se-á: ele está sinceramente triste. Ora, lembra Sartre[1] (1943, p.100), "ser-triste não é um ser já feito que me dou", isso é, estamos porque fazemo-nos, porque, na medida em que o ser da consciência é consciência de ser, é preciso recriar e sustentar a tristeza a cada passo dela própria. Contudo, não há dúvidas de que se nos afetamos de tristeza é porque estamos melancólicos: estar triste não é agir de má-fé. Só que o nosso fiel esposo tentará ser triste em-si, tal como vê a tristeza estampada na face de uma estátua: sofrerá essa tristeza como coisa.

---

1 Nesta passagem, Sartre (1965) faz referência ao seu *Esboço de uma Teoria das Emoções,* em evidente reconhecimento (tardio) da importância da caracterização da má-fé na análise das emoções. De fato, como teremos a oportunidade de ver (na Parte III), o que poderíamos chamar de uma "automentira" já aparece nesse "*Esboço*", embora ainda sem a caracterização de má-fé.

Aí é a afirmação "estou triste" que constitui a sua tristeza; são suas atitudes tristes que o "fazem" triste; enfim, é ele quem confere aos seus motivos o valor cuja universalidade ele não contesta, e, na conduta de má-fé, a tristeza deverá vir precisamente para que não se dê conta de todos esses fatos, ou fardos, que não obstante o sujeito carrega atônito. Está consumada aquela conduta; mas, para aí permanecer, ele tomará suas precauções.

Considerar-se-á o "campeão da sinceridade" e não hesitará: não apenas confessará sinceramente que, por um instante, foi vítima da sedução alheia, como também exigirá de sua mulher a sinceridade absoluta: exige desta que se faça objeto para que, ao cancelar sua liberdade em um só golpe, possa devolver-lhe essa liberdade "tal como o soberano faz com seu vassalo". Ou seja, pretende usurpar a liberdade do outro, transformando-o em seu objeto submisso, e, em troca, ficar de consciência tranquila, dado que ele "fez o seu trabalho", agiu como qualquer homem "realmente" sincero agiria. Mas, além disso, ele confessa ser mau, isto é, constitui-se como coisa. Assim, ele afirmará ser aquele ato (de traição). Na verdade, sente-se bem com sua sinceridade, já que, depois da confissão, tudo lhe é permitido. Por sua vez, se a culpa por não cumprir o "dever da verdade", ou o medo em assumir o que é "em-si", for insuportável, ele poderá negar essa determinação imposta pelo ideal de sinceridade. Porém, a necessidade dessa negação impor-se-á diante de sua sombra, diante dessa sentença perpétua que ele já deu a si próprio ("devo assumir: sou um mal caráter"), para, no fim, tentar escapar ileso afirmando não ser nenhum de seus atos.

Há, portanto, um "peso" do qual o nosso campeão da sinceridade quer se livrar quando se diz ser nada mais do que é. Ao idealizar a sinceridade ele se liberta de si mesmo, assume, de uma vez por todas, como sendo "o" culpado, mas somente para extrair um mérito de sua sinceridade, uma "consciência tranquila": assume-se como culpado para deixar de sê-lo, enfim, para tornar-se inocente.

Com efeito, da análise da noção de sinceridade há uma conclusão inevitável da qual Sartre não nos deixa escapatória: o ideal da sinceridade prenuncia, no fundo, um ato mesmo da má-fé. Em todos os casos em que se idealiza a sinceridade caímos em uma conduta que introduz certa passividade na consciência, empastando-a com a densidade da coisa, do em-si, e, logo, determinada por algum tipo de relação causal e, o mais importante: tal conduta tem a finalidade de fuga, no caso da sinceridade, de fugir da desagregação, tornando a consciência um Ser que "é o que é". Por conseguinte, a possibilidade da má-fé depende da impossibilidade da sinceridade: somente porque me é impossível coincidir com meu ser que eu posso, pela má-fé, visar ser à maneira de não ser. Ou, ficando no exemplo do fiel esposo: somente porque ele é e não é um canalha, na unidade de uma mesma consciência, que ele pode tentar fugir, pela sinceridade, desta condição angustiantemente desagregadora visando se constituir como objeto passivo diante dessa canalhice que ele faz "invadir" seu ser.

O que tanto má-fé quanto sinceridade querem é, portanto, estabelecer, de uma vez por todas, um determinismo no âmbito da realidade humana. A má-fé o faz forçando uma "cristalização" da desagregação da consciência (não sou o que sou) visando fazer-se coisa; a sinceridade, com o mesmo propósito, o faz forçando uma coincidência entre os "momentos" dessa desagregação (sou o que sou). Em todo caso, daqui em diante falaremos apenas de má-fé, já que o ideal da sinceridade é, no fundo, e por mais paradoxal que nos pareça, uma forma de automentira e, por conseguinte, uma conduta de má-fé. Ora, sabemos que há uma teoria que dá conta desse paradoxo da automentira mantendo a dualidade do "enganador-enganado" no mesmo sujeito. Falamos da teoria psicanalítica freudiana e, uma vez que esta teoria é alvo das críticas de Sartre, nosso próximo passo será entender como ela foi analisada e descartada pelo filósofo. Só depois poderemos nos concentrar na dissolução dos paradoxos da automentira.

5

A RESOLUÇÃO DE SARTRE

A teoria freudiana é realmente herdeira do roman-
tismo e de uma filosofia da liberdade crítica,
proveniente de Kant e do Iluminismo. Pois ela é
a única [...] a instaurar o primado de um sujeito
habitado pela consciência de seu próprio inconsciente *[...].*

(Roudinesco, 2000, p.70)

Freud e a "mitologia coisificante"

No início do capítulo anterior distinguimos o que comumente chamamos de mentira interpessoal da automentira envolvida na má-fé: esta não supõe a dualidade do enganador-enganado, isto é, a cisão entre duas "estruturas" dentre as quais uma esconde a verdade da outra. Essa, então, se tornava uma de nossas principais dificuldades em compreender a má-fé, uma vez que a ocorrência desta implica que eu "devo saber precisamente a verdade para ocultá-la de mim mesmo". O fato é que, como se sabe, esse problema da dualidade poderia ser facilmente esmiuçado à luz da hipótese psicanalítica de Freud, segundo a qual, *grosso modo*, o indivíduo é cindido em duas instâncias principais, a consciência e o inconsciente. No entanto, Sartre vê com reservas essa hipótese. Comecemos, pois,

86   MALCOM GUIMARÃES RODRIGUES

pela interpretação sartriana de Freud, ficando para depois uma análise dessa interpretação e alguns comentários sobre sua plausibilidade. Façamos, então, nossas as palavras de Sartre (1943, p.89, parênteses nossos):

> Com efeito, pela distinção entre o "ça" e o "moi" (o "id" e o "eu", respectivamente), Freud cindiu em dois a massa psíquica. *Sou eu, mas não sou o id.* Eu não tenho posição privilegiada com relação a meu psiquismo não consciente. Sou meus próprios fenômenos psíquicos, na medida em que os constato em sua realidade consciente [...]. Mas não sou esses fatos psíquicos na medida em que os recebo passivamente e sou obrigado a erguer hipóteses sobre sua origem e verdadeira significação.

Segundo Sartre, na teoria de Freud, o "instinto" (isto é, "as tendências primordiais e os complexos de tendências constituídos por nossa história individual") representa a realidade. Isso significa que ele não é nem verdadeiro nem falso; tão somente real. De modo que tudo aquilo que representa simbolicamente o instinto na consciência, a saber, atos falhos, sonhos, sintomas, tais elementos existem realmente como fatos de consciência concretos. Porém, afirma Sartre, "o sujeito está diante desses fenômenos como o enganado frente às condutas do enganador: constata-os na sua realidade e deve interpretá-los" (ibidem, p.89). De modo que é o próprio sujeito que resiste à verdade desses fenômenos, e não um outro que lhe engana: estamos diante de uma conduta de automentira.

Pergunta, porém, Sartre, que parte do sujeito pode resistir àquela verdade? Não pode ser o "eu", se levarmos em conta que esse "eu" representa o conjunto dos fatos conscientes. Nesse sentido (que Sartre atribui ao termo "*Ich*" freudiano), esse "eu" não pode sequer suspeitar que verdade é essa e como pode ser alcançada, já que, segundo a interpretação sartriana da teoria de Freud, o indivíduo está situado em oposição àquela verdade e, aliás, é exatamente por isso que ele precisa recorrer ao psicanalista, pois somente um outro é capacitado a realizar uma síntese entre inconsciente e consciente.

CONSCIÊNCIA E MÁ-FÉ NO JOVEM SARTRE 87

No máximo, diz Sartre, aquele "eu" poderá apreciar objetivamente a probabilidade das hipóteses de seu psicanalista, porquanto tais hipóteses nunca terão a certeza dada pela intuição, dada a separação efetiva entre consciência e inconsciente. Tampouco as resistências podem advir do complexo inconsciente que se busca esclarecer. Afinal, como dissemos, os complexos são seres em-si e, como tais, enquanto surgem "camuflados" nos atos falhos, sonhos e sintomas, são até colaboradores do psicanalista.

Há, no entanto, uma instância que realiza esse trabalho de "camuflagem", a chamada "censura", a mesma que impõe as resistências e restrições aos elementos inconscientes. É, pois, somente a essa instância que podemos atribuir a responsabilidade pela automentira, bem como pelo comportamento "esquivo" que o paciente apresenta quando o psicanalista vai se acercando da verdade.

Ora, afirma Sartre, os complexos não podem ser coisas em-si, como (supostamente) Freud quer, pois a coisa é indiferente às conjecturas que dela fazemos; por sua vez, os complexos vão se modificando para furar as barreiras da censura. Esta, por sua vez, concomitantemente às hipóteses do psicanalista e à pressão dos complexos por alguma forma de eclodirem, vai alterando suas "táticas" de resistência entre atos falhos, sonhos e sintomas. Logo, também a censura vai se modificando. E, sem embargo, é exatamente pelo fato de a censura apresentar uma dinâmica de diferentes formas de resistência que caracteriza, para Sartre, a "brecha" pela qual podemos desarmar a teoria de Freud. Todavia, não é tanto de "dinâmica" que Sartre (1943, p.91) fala, mas sim de "discernimento" e "saber":

> Se, com efeito, rejeitarmos a linguagem e a mitologia coisificante da psicanálise, veremos que a censura, para agir com discernimento, deve saber o que reprime. Se renunciarmos a todas as metáforas que representam a repressão como choque de forças cegas, será preciso admitir que a censura deve escolher e, para escolher, deve representar-se. Não fosse assim, como poderia liberar impulsos sexuais lícitos e permitir que necessidades (fome, sede, sono) viessem a se expressar na forma clara? E como explicar que possa relaxar sua

vigilância e até ser enganada pelos disfarces do instinto? Mas não basta que distinga as tendências malignas; é necessário, além disso, que as apreenda como algo que *deve ser reprimido*, o que subentende, ao menos, uma representação da própria atividade. Em suma, como a censura poderia discernir impulsos reprimíveis sem ter consciência de discerni-los?

Vê-se, pois, que Sartre leva a teoria de Freud a uma redução ao absurdo. Se, por um lado, a censura não sabe como e qual conteúdo deve reprimir, então, não é possível que distinga as atividades que lhe cabem; por outro lado, caso afirmemos que a censura sabe o que reprime, então ela tem consciência disso. Ora, neste caso, aplica-se a norma básica da fenomenologia: o Ser da consciência é consciência de ser. Mas então isso quer dizer que a censura pode ser consciente de si enquanto consciente do complexo que precisa reprimir, ao passo que este complexo deveria ser inconsciente, justamente porque deve ser censurado. A censura, conclui Sartre, deve enganar a si própria para que todo o sistema não desabe no nada, enfim, deve agir de má-fé:

> como será essa consciência (de) si da censura? É preciso que seja consciência (de) ser consciência da tendência a reprimir, mas para não ser consciência disso. E o que nós diremos senão que a censura deve ser de má-fé? Nada ganhamos com a psicanálise, porque ela, para suprimir a má-fé, estabeleceu entre inconsciente e consciência uma consciência autônoma e de má-fé. [...]. Como a tendência reprimida pode "disfarçar-se" já que não contém: 1º a consciência de ser reprimida, 2º a consciência de ter sido rechaçada por ser o que é, 3º um projeto de disfarce? (ibidem, p.90)

O problema central, dirá Sartre, é a supressão da unidade da consciência cujos processos, agora que ocorrem em estruturas completamente distintas, devem ser regidos por mágica. Mas Sartre (ibidem, p.93) não para por aí: ele recorre à *La femme frigide*, de Stekel, para provar que no fundo de todo processo supostamente inconsciente há uma "má-fé patológica de que o freudismo não daria conta".

Segundo Sartre, Stekel descreve casos clínicos de mulheres cuja decepção conjugal as fez temer, negar e, por fim, mascarar o prazer no ato sexual. Quando interrogadas pelo médico, tais mulheres negavam sentir prazer, ocupando-se mentalmente de afazeres cotidianos durante o ato sexual, muito embora seus maridos afirmassem que elas davam sinais objetivos de prazer. Porém, questiona Sartre, será que elas não sentiam prazer por pensarem em outras coisas, ou será que elas pensavam nestas coisas justamente para não sentir prazer? Se todo ato tem uma intenção, naqueles comportamentos de frigidez, afirma Sartre: "Trata-se de atividade de desprendimento" (ibidem, p.93). Ou seja, aquelas mulheres, frequentemente infelizes em seus casamentos, mas negando-se a encarar essa realidade, quase sem perceber, faziam de tudo para alhear sua consciência do ato sexual. A questão é:

> Como é possível falar aqui em inconsciente? Mas se a mulher frígida desprende sua consciência do prazer que experimenta, não faz isso cinicamente e de pleno acordo consigo mesma, mas *para provar a si* ser frígida. Estamos sem dúvida ante um fenômeno de má-fé, porque os esforços tentados para não aderir ao prazer experimentado pressupõem o reconhecimento de que o prazer foi experimentado e que, precisamente, esses esforços o implicam *para negá-lo*. Mas não estamos mais no terreno da psicanálise. (ibidem, p.93)

Vemos nessas palavras uma boa indicação do que consiste a má-fé. Notemos que a "mulher frígida" não é frígida de "pleno acordo consigo", mas somente enquanto procura realizar seu objetivo de não aderir ao prazer: foge do que é. É como se o seu "transtorno" fosse uma consequência não esperada, enquanto não conhecida por si, e esse parece ser o objetivo da má-fé. No entanto, há um "reconhecimento", o que implica algum tipo de intenção consciente em agir de má-fé. Mas que intenção será essa? Ou, melhor dito, que tipo de "fé" é essa pela qual tento acreditar no que sei ser falso e, enfim,

90   MALCOM GUIMARÃES RODRIGUES

como posso ter uma fé cuja consciência é de má-fé? Voltamos, então, ao ponto inicial, pois, segundo Sartre, uma hipótese do inconsciente só dificulta as resoluções, como veremos à frente.

A fé da boa-fé e da má-fé: um lugar para toda crença impossível

O cerne das questões está no fato de que, como afirma Sartre, "O verdadeiro problema da má-fé decorre, evidentemente, de que a má-fé é fé" (ibidem, p.108). Ora, se é preciso que eu minta a mim mesmo, então é preciso que eu queira acreditar nessa mentira. Logo, "a má-fé é crença, e o problema essencial da má-fé é um problema de crença". Novamente, então, somos confrontados com a questão mais pertinente e que ainda não foi satisfatoriamente respondida: como posso acreditar em conceitos que produzi para me persuadir de minha própria mentira? Antes de respondermos vejamos as implicações que, segundo Sartre, estão contidas na noção de "crença".

Em primeiro lugar, a crença se distingue da evidência. Nesta última, estamos diante do objeto do qual falamos: seja por um cálculo matemático, seja por uma experiência, na evidência estamos em posse intuitiva do objeto. Na crença, ao contrário, não há certeza sobre o objeto, pois este não está dado ou é dado indistintamente: o objeto não se presta à intuição. Afinal, se o objeto está diante de mim não digo que "acredito" nele, mas que "sei" dele. É por isso que se costuma dizer que toda crença é crença de boa fé, pois só existe enquanto uma boa vontade nela depositar a sua fé, tal como afirma Sartre:

> Creio que meu amigo Pedro tem amizade por mim. Creio de *boa-fé*. Creio e não tenho intuição acompanhada de evidência, pois o próprio objeto, por natureza, não se presta à intuição. *Creio*, ou seja, deixo-me levar por impulsos de confiança, decido acreditar neles e ater-me a tal decisão, conduzo-me, enfim, como se estivesse certo disso – e tudo na unidade sintética de uma mesma atitude. (ibidem, p.109)

O objeto que "não se presta à intuição" é o que Pedro pensa a meu respeito: objeto o qual não posso experimentar intuitivamente. Nesses termos, continua Sartre, a boa-fé de que se fala é a mesma da qual fala Hegel, quando esse menciona a "fé do carvoeiro". Esta, embora não tenhamos nos aprofundado sobre o tema na filosofia hegeliana, é a fé cega e ingênua, por assim dizer, a crença que não ousa nunca se questionar e que, em suma, representa o momento imediato da crença. Porém, da mesma forma que o imediato atrai a mediação, dirá Sartre mimetizando Hegel, a crença atrai a consciência de crença fazendo-se "crença para si". Com efeito, se posiciono minha crença, então nadifico-a, pois todo Ser da consciência está em questão para si. Desse modo, seguindo as palavras antes citadas, se em um primeiro momento "deixo-me levar por impulsos de confiança, decido acreditar neles [...] como se estivesse certo disso", em um segundo momento já penso sobre essa amizade e constato que a crença me surge como pura determinação subjetiva, que sou eu quem lhe confere sua suposta certeza.

Ora, se tenho consciência de crer, então tenho consciência de que não tenho certeza. Ou seja: "não sei se Pedro é meu amigo: creio que sim". Assim, se cabe uma metáfora, diríamos que o feitiço se volta contra o feiticeiro: essa crença que parecia me tranquilizar representando um "substituto" da certeza, digamos assim, torna-se, na mediação, uma estrutura frágil que, ao final, se autodestrói. Até aqui, nada haveria de errado se, reconhecendo a instabilidade da crença, eu não ignorasse a sua fragilidade.

Recordando, no entanto, o que já vimos (na primeira parte), sabemos que esse reconhecimento se dá como angústia, pois trata-se de uma forma pela qual confrontamo-nos com nossa liberdade: cabe a mim sustentar a amizade. Assim, para escapar da angústia, insistimos na crença. Mas agora sabemos: a crença é não crença, pois seu objetivo (de "substituir" a evidência) é nulo. Logo, será preciso que eu já tenha decidido anteriormente que "me convenço facilmente" para que a estrutura instável da crença não ultrapasse os limites da fé cega. É por isso que a má-fé tem de ser uma decisão sobre minha fé. Dito sem rodeios, a decisão da má-fé é a de ser uma fé mal convencida e, sem dúvida, não poderia ser de outra forma, já que a má-fé, enquanto fuga de si mesma, não pode ser claramente evidente. Em outras palavras, para que eu insista em minha crença é preciso que não me "faça" completamente convencido, caso contrário, eu a abandonaria. Essa é a decisão de má-fé e esse é o ponto que nos interessa: em princípio, essa decisão não pode ser uma decisão reflexiva, já que, se eu posicionasse minha intenção de agir de má-fé logo de início, eu estaria sendo cínico. Chega, finalmente, o momento em que Sartre tenta nos explicar como podemos nos enganar sem termos conhecimento desse engano:

> Com a má-fé aparecem uma verdade, um método de pensar, um tipo de ser dos objetos; e esse mundo de má-fé, que de pronto cerca o sujeito, tem por característica ontológica o fato de que, nele, o ser é o que não é e não é o que é. Em consequência, surge um tipo singular de evidência: a evidência *não persuasiva*. (ibidem, p.109)

Por essas palavras, vemos que o conhecimento da má-fé é "nebuloso" porque ela já havia decidido o que pode ser um conhecimento: a não persuasão. Segundo Sartre, é porque a má-fé determina o que é uma verdade que não podemos encontrar a sua verdade. A "verdade" da má-fé, como vemos, é "um mundo que cerca o sujeito", é um "método de pensar", é, por fim, a evasão: será aquela verdade que se obtém "às pressas", que se contenta em não pedir demais, que abre mão da análise crítica. Em síntese, o ato primeiro[2] de má-fé nos revela um nosso constante ímpeto de racionalizar, cristalizar, definir, da maneira a mais supérflua possível, mediante uma "evidência não persuasiva", a essência do que, de fato, não pode ser racionalizado, cristalizado ou definido: a essência de nossa existência.

---

2 Veremos (na última parte) que esse "ato primeiro" de má-fé possui outras conotações: de um ponto de vista ontológico, como um lançar-se ao Ser em busca de fundamento; de um ponto de vista psicanalítico-existencial, constituindo-se como o que Sartre chama de "escolha original".

CONSCIÊNCIA E MÁ-FÉ NO JOVEM SARTRE   **93**

Para isso, será mais vantajoso manter-se no imediato (embora a má-fé possa, subsequentemente, perpetuar-se pela reflexão impura), na ação, nos objetos externos; e não é outra coisa que, retomando o exemplo passado, a jovem *coquette* em seu encontro fazia: mantinha--se "fora" de seu corpo, no mundo, tagarelando sem parar para não "perceber" que sua mão, ao ser tocada e permanecer inerte, já consentia com o flerte e com o desejo de seu interlocutor. Desse modo, a consciência da jovem não posicionava a evidência do gesto desse interlocutor, mas apenas objetos inertes do mundo: é como se ela realmente não percebesse que estava sendo tocada, pois, fazendo-se de má-fé, sua consciência crítica "adormecia". De modo semelhante, se quisermos seguir Sartre, era o mesmo procedimento (embora em uma situação completamente distinta) que adotavam as mulheres frígidas de Stekel: mantinham-se "fora de si" no ato sexual, faziam cálculos, pensavam nos deveres domésticos etc. Nas palavras de Sartre:

> Entendamos bem que não se trata de uma decisão reflexiva e voluntária, e sim de uma determinação espontânea de nosso ser. Fazemo-nos de má-fé como quem adormece e somos de má-fé como quem sonha. Uma vez realizado este modo de ser, é tão difícil sair dele quanto alguém despertar a si próprio: a má-fé é um tipo de ser no mundo, como a vigília ou o sonho, e tende por si a perpetuar-se, embora sua estrutura seja do tipo *metaestável*. (ibidem, p.108)

Daí que a decisão de má-fé, dirá Sartre, "não ousa dizer seu nome, acredita-se e não se acredita de má-fé", pois sua estrutura é "meta-estável", "evanescente"; não obstante, será possível viver na má-fé. Para tanto, deverá haver a atualização constante de uma escolha sobre minha fé: a escolha de uma fé que se persuade com facilidade. Segundo Sartre, é porque na má-fé determina-se o que é uma verdade que não podemos encontrar a sua verdade, qual seja, a de "um mundo que cerca o sujeito" (ibidem, p.109), dada por uma apreensão evasiva de si. Em suma, será aquela verdade que se obtém às pressas, pois, de imediato, é "transparente". Ora, para que se possa viver na

94 MALCOM GUIMARÃES RODRIGUES

má-fé, será preciso uma conduta que introduza no âmago de uma mesma unidade consciente o ser e o não ser, constante e simultaneamente. Eis a pertinência da crença.

É aqui que temos condições de responder à questão inicial que motivou a análise da noção de crença: como posso acreditar em conceitos que produzi para me persuadir de minha própria mentira? Segundo as palavras de Sartre, a má-fé estava já dada quando decidi acreditar em algo, uma vez que, a despeito de minha "fé do carvoeiro" aparentar uma inquebrantável firmeza, toda crença é não crença na unidade de uma mesma consciência (de crença). E esta é, precisamente, a função da crença: permitir que minha incapacidade de ter certeza de algo não me aborreça. Assim, se nenhuma crença me faz ser o que sou, a má-fé aproveitar-se-á dessa incapacidade de crer que sou (e, portanto, me fazer ser) corajoso, por exemplo, visando me "suspender" na passiva desagregação de meu Ser, para que finalmente eu possa ficar de "consciência limpa".

Aqui e sempre a crença torna-se a própria ferramenta da má-fé, pois esta última se aproveita dessa impossibilidade da crença, dada na desagregação do humano, para refugiar-se nessa desagregação aceitando passivamente esse "não-crer-no-que-se-crê". A evidência não persuasiva da má-fé será, então, a evidência da crença cujo objeto não se presta à intuição. Isso porque, como afirma Sartre, "crer é já não crer, porque nada mais é senão crer" (ibidem, p.110). "Vê-se a razão disso", continua Sartre:

> o ser da consciência consiste em existir por si, logo, em fazer-se ser e, com isso, superar-se. Nesse sentido, a consciência é perpetuamente fuga a si, a crença se converte em não crença, o imediato em mediação, o absoluto em relativo e o relativo em absoluto. O ideal da boa-fé (crer no se crê) é, tal como o da sinceridade (ser o que se é), um ideal de ser-em-si. Toda crença é crença insuficiente: não se crê jamais naquilo que se crê. E, por conseguinte o projeto primitivo da má-fé não passa da utilização dessa autodestruição do fato da consciência. Se toda crença de boa-fé é uma impossível crença, há agora lugar para toda crença impossível. Minha incapacidade de crer que

CONSCIÊNCIA E MÁ-FÉ NO JOVEM SARTRE   95

sou corajoso já não me aborrecerá, pois, justamente, nenhuma crença pode crer jamais o suficiente. (ibidem)

Vejamos detalhadamente essa complicada passagem para que sua compreensão esteja clara. Em primeiro lugar, é preciso entender que, se a crença se torna posse intuitiva do objeto, isto é, se não há mais essa ausência de evidência que faz que eu acredite em algo, então não é preciso mais crer. Em resumo: a crença desaparece com a evidência. Daí que é a própria ausência do objeto em que se crê que alimenta minha crença e, se creio, é porque o objeto está ausente. Assim, se a crença é a ausência do objeto e o objeto está, de fato, ausente, então é a crença que alimenta a si mesma, e nunca chegará a saciar-se, pois sua existência depende disso. Por conseguinte, toda crença é crença insuficiente: "É sempre preciso ter mais fé", costuma-se dizer. Daí as palavras de Sartre: "nenhuma crença pode crer jamais o suficiente".

Em segundo lugar, é exatamente por isso que, se toda crença é uma crença impossível, então há lugar para toda impossível crença. Isso porque crer é ter consciência da ausência do objeto em que se crê e, assim, é estar impossibilitado de "ser", "ter", "fazer" etc. esse objeto, fato que deveria me convencer de que não posso querer algo cuja evidência não é dada. Mas é justamente porque o objeto está ausente que nele quero crer, ou seja, é a impossibilidade de "ser", "ter", "fazer" algo que me faz crer que posso "ser", "ter" ou "fazer" esse algo. Assim, a ausência do objeto alimenta minha crença: é a impossibilidade de crer que sustentará uma crença impossível. O fato é que, porquanto toda crença é consciência de crença, de certa forma, estou ciente desta impossibilidade: daí que "minha incapacidade de crer que sou corajoso já não me aborrecerá".

Resta a pergunta: sempre que digo "creio" estou de má-fé? Vejamos. Se a má-fé é fuga na desagregação do meu ser, como dissemos, ela só será possível no momento fatídico em que eu afirmar essa desagregação, o que acontece quando digo "creio". Mas isso não significa que toda afirmação "creio" implique em uma conduta de má-fé, e sim que a estrutura daquela seja idêntica à da má-fé.

Ora, isso não resolve os nossos problemas, ao contrário: multiplica-os. De fato, em primeiro lugar, ainda não está claro como podemos escapar da conduta de má-fé se, no fim das contas, até pela crença de boa-fé podemos incorrer nessa conduta. Mas, além disso, levantam-se também uma série de outras questões que devem ser claramente formuladas e respondidas.

6
MARGENS A INTERPRETAÇÕES

A bem conhecida frase de Marx, de que os filósofos
apenas interpretaram o mundo e de que é necessário
agora transformá-lo, pode, com certas reservas,
ser aplicada também ao pensamento de Sartre.

(Bornhein, 2000, p.121)

Nenhum filósofo da história foi, como Sartre,
romancista, dramaturgo, crítico literário, crítico
de arte, jornalista, militante político – e, talvez
por essa atividade múltipla, ele teve a escutá-lo
a audiência mais vasta que um pensador conheceu
em vida.

(Perdigão, 1995, p.17)

Uma exposição obtusa

Tudo o que dissemos até agora sobre a conduta de má-fé leva-nos a perguntar, tragicomicamente: essa conduta se acerca do projeto de qualquer fé, isto é, de toda crença de boa-fé, fazendo de qualquer tentativa de acreditar em algo uma conduta de má-fé? O lado cômico dessa pergunta é que, a despeito de levantar uma questão sobre crença, ficamos tentados a respondê-la afirmando: "acreditamos que não". O lado trágico é que, seja qual for a resposta, Sartre parece sair com saldo negativo. Isso porque, em caso de resposta negativa, toda a argumentação sartriana em torno da má-fé "desaba no nada", para usar uma expressão ao gosto do filósofo. Ao passo que, em caso de resposta positiva, temos a impressão de que a própria proposta de Sartre, sobre a liberdade absoluta, é que desaba no nada. De qualquer forma, trata-se de uma questão perturbadora cuja resposta relutamos em pensar, afinal, não parece possível que em todos os momentos que acreditamos em algo fazemo-lo de má-fé. Mas será que nossa relutância para responder a esta questão já não é de má-fé?

Parece, então, que somos conduzidos a um beco sem saída, pois, ou estamos de má-fé e não sabemos, e nesse caso corremos o risco de postular um inconsciente que nos transforma em autômatos e destrói a argumentação de Sartre, ou a má-fé é um comportamento tão comum que não se pode distingui-la de outras condutas e, quiçá, chamá-la de uma fé má. O fato é que se nos voltamos para o texto de *O ser e o nada* em busca de uma definição concisa, clara e satisfatória, é difícil não nos decepcionarmos. Vejamos, por exemplo, o que Sartre (1943, p.110) tem a dizer no último parágrafo do capítulo sobre a má-fé, quando ele finaliza suas considerações e chega a uma conclusão:

A boa-fé busca escapar à desagregação íntima de meu ser rumo ao em-si que deveria ser e não é. A má-fé procura fugir do em-si refugiando-se na desagregação íntima de meu ser. Mas essa própria desagregação é por ela negada tal como nega ser ela mesma de má-fé. Ao fugir pelo "não-ser-o-que-se-é" do em-si que não sou à maneira de ser o que não se é, a má-fé, que se nega como má-fé, visa o em-si que não sou à maneira do "não-ser-o-que-não-se-é".

Há de convir que nosso filósofo poderia tentar ser um pouco mais claro para evitar, entre seus leitores, críticas e maus entendimentos que, aliás, ocorreram e serão objetos de nossa análise. É particularmente sintomático o fato de que Sartre escreve o capítulo inteiro sobre a má-fé sem sequer mencionar algo em relação à conduta que nos

CONSCIÊNCIA E MÁ-FÉ NO JOVEM SARTRE **99**

permitiria evitar a má-fé. Na verdade – façamos justiça – logo que termina o último trecho citado, o filósofo anexa uma singela nota de rodapé sobre o assunto; poucas palavras as quais, em razão de sua relevância, vale citarmos aqui:

> Embora seja indiferente ser de boa ou má-fé, porque a má-fé alcança a boa-fé e desliza pela própria origem de seu projeto, não significa que não se possa escapar radicalmente da má-fé. Mas isso pressupõe uma reassunção do ser deteriorado por si mesmo, reassunção que denominaremos autenticidade e cuja descrição não cabe aqui. (ibidem)

Ora, é lamentável que Sartre deixe para outro momento a descrição dessa "autenticidade", uma vez que é a única forma de escaparmos radicalmente da conduta de má-fé e de entendermos com clareza no que consiste essa conduta. Não há dúvidas de que chegamos a um momento de nossa argumentação em que, em meio a tantas minúcias, ficamos perdidos. Acima de tudo, falta uma definição livre de paradoxos para a conduta de má-fé. Por fim, e talvez de maior importância, se a má-fé existe e é realmente uma fé má, então precisamos identificar e analisar a conduta que realize o seu oposto, não como a sinceridade, mas como uma forma de escapar--lhe radicalmente.

Um conceito contraditório: a interpretação de Alexis Philonenko

Não é só na aparência que a má-fé se mostra como um conceito contraditório. A prova cabal disso é o fato de que, após despendermos tantas linhas para descrevê-la, parece que não conseguimos responder satisfatoriamente às perguntas mais importantes. Por exemplo: como é possível a tentativa de automentira que a constitui se, para Sartre, a consciência é "translúcida" a si mesma? Como preservar algum tipo de autenticidade se a antítese lógica da má-fé, a sinceridade, pode ser ela mesma de má-fé? Como, enfim, falar de liberdade e de engajamento se a má-fé, como afirma o filósofo, se acerca de qualquer ideal de boa-fé? A dificuldade em responder tais questões, cuja imbricação aos propósitos fundamentais de *O ser e o nada* é patente, pode ser atribuída à própria pena sartriana que, frequentemente, as incita sem lhes rematar simples e diretamente.

A pena sartriana, porém, nos inquieta, e diríamos que chega a inconformar alguns filósofos não apenas por seu hermetismo: ela também parece deixar propositadamente reticências para nós dirigirmos, de "mãos sujas", a sua errante trajetória. Esse parece ser, ao menos, o diagnóstico de Alexis Philonenko (1981), o qual, em seu artigo, "Liberté et mauvaise foi chez Sartre" ["Liberdade e má-fé em Sartre"], está disposto a levar às últimas consequências esse "ardil" satriano. O desfecho do referido artigo é sintomático: um longo elogio à obra e, sobretudo, à vida de Sartre, em gesto deferente, como que se remindo da crítica implacável que lhe imputara há algumas páginas. A nós, nem é preciso abordar em detalhe todos os seus argumentos; alguns deles já possuem, aos nossos propósitos, um "potencial destrutivo" suficiente.

Tal potencial está localizado na "parte IV" de seu artigo, na qual Philonenko retoma uma palavra bastante usada por Sartre para aludir ao modo como se pode dar a conduta de má-fé: *"jeu"*. O termo, que pode ser traduzido por jogo ou brincadeira, quando utilizado por Sartre significa a arte de representar, em situação, aquilo que queremos ser. Assim, afirma Sartre (1943, p.98), o garçom do café "brinca" de ser garçom e esse jogo o faz ser aquilo que ele pretende ser: um garçom. Porém, continua Sartre, enquanto "brinca" de ser garçom, seus gestos são um tanto precisos demais (*"un peu trop"*), sua presteza é um pouco demasiadamente exagerada: de fato, nos termos da "ek-sistência" do para-si, o garçom tão somente representa um sujeito que deve ser e, de fato, não é.

A reação de Philonenko a esse jogo de palavras e significados, que tal como usadas por Sartre expressam a condição inconsistente de nosso ser, beira o inconformismo: somos amaldiçoados, afirma Philonenko, por esta comédia *"un peu trop"* trágica na qual estamos

CONSCIÊNCIA E MÁ-FÉ NO JOVEM SARTRE   101

condenados a viver. É essa vida – se pergunta ele indignado – na qual não apenas os doentes (tal como aqueles analisados por Stekel e citados por Sartre [1943, p.93]) estão brincando, como também nós "brincamos" seriamente de ser outra coisa que já somos, é isso que fazemos até a morte?

A questão, porém, não se opõe tanto ao jogo de palavras de Sartre, e sim ao que esse jogo de palavras parece implicar: a ausência de uma "marca" pessoal dos indivíduos, a qual Philonenko chamará de "estilo", cuja evidência é preservada por um dado empírico e se opõe à indeterminação absoluta que Sartre pretende imprimir ao humano quando afirma: "não sou nenhuma de minhas condutas". É àquela intransponível distância de si que a condição humana expressa em sua eterna tentativa lúdica de ser o que não é; a essa vida incontornavelmente "mascarada": é a esse destino tragicamente irônico da realidade humana que o crítico de Sartre parece se opor inicialmente.

O ponto nevrálgico dessa crítica é a polêmica sobre a ideia de sinceridade. Comecemos pelo lado mais brando da crítica: se a má-fé desliza até a boa-fé e faz do projeto de qualquer sinceridade uma conduta de má-fé, então, de duas uma: ou toda fé é uma fé má e, nesse caso, a liberdade de que tanto fala Sartre é, tal como afirma Philonenko (1981, p.157), uma "liberdade para o mal"; ou não há mais lugar para uma fé "má", afinal, uma vez que a boa-fé é, também, má-fé, então não faz sentido falarmos no mal de uma fé. Nas palavras de Philonenko (1981, p.158): "Se o Polo Sul não existe, não há nenhum sentido em falar do Polo Norte". Por fim, a má-fé, abolindo as noções de bem e de mal, opor-se-á à própria bandeira humanista de Sartre, em nome de uma filosofia angustiante:

> Perante o problema do mal radical a filosofia sartriana, que não pode mais usar a palavra "mal" a não ser de uma forma elíptica, porque o bem não tem sentido, está acuada, desde suas primeiras páginas, a declarar-se ela mesma como uma filosofia do mal-estar. (ibidem)

Isso, porém, não é tudo. Para Philonenko, ao colocar no mesmo plano o ideal de identidade e a objetividade das coisas, Sartre fará de

102 MALCOM GUIMARÃES RODRIGUES

qualquer tentativa de estabelecer uma "coerência moral", no plano da conduta humana, uma tentativa fadada ao fracasso. Como leitor de Fichte, insinua Philonenko, Sartre deveria saber que a identidade que se revela no "eu" não pode e nem deve ser a identidade das coisas; contudo, o conceito (de identidade) seria salvo se falássemos de uma justificação plenamente leal da coesão do estilo de um sujeito no plano de suas ações. Assim, dirá Philonenko (1981, p.157):

> É estranho que Sartre não tenha visto que a identidade que se revela na unidade do Eu puro visa menos a unidade inerte da coisa do que a conceito ético fundamental de coerência (*cohérence*). A unidade ética não é de forma alguma o A=A que nos reconduz às coisas, mas esta coerência que, em sua coesão, é a raiz da evidência irrecusável do estilo [...] se Sartre, ao menos em O *ser e o nada*, não desvendou o conceito de coesão, ele foi em sua vida o homem da coerência.

Estas últimas palavras deferem o golpe de misericórdia na argumentação de base da má-fé e, ao fim e ao cabo, na própria postura de Sartre como um filósofo da liberdade absoluta. Se não há algo que restabeleça uma unidade ética do "eu"; se "eu não sou livre para existir, mas somente para jogar"; em suma, se (como afirma Philonenko, citando incansavelmente as palavras sartrianas) "eu não sou jamais nenhuma de minhas atitudes, nenhuma de minhas condutas", então só haverá espaço para uma liberdade total e, ao mesmo tempo, inautêntica. Segundo Philonenko (1981, p.158, parênteses nosso): "Sem dúvida nós diremos que o ato é livre e, para Sartre, injustificável na mesma medida onde, livre, ele é *grundlos* (do alemão: infundado)".

Ora, questionará o crítico de Sartre, se esse filósofo assumiu para si a postura do engajamento, como pode ele sustentá-la a não ser de má-fé? De fato, o próprio Philonenko (1981, p.157) já havia respondido: "Entre a impossível sinceridade e a por demais real má-fé se revela o abismo insondável da vida ou, se preferirmos, sua obstinação absurda". Nesses termos, não haveria nada o que fazer com essa liberdade da qual fala Sartre, e no fim das contas com um projeto de resistência que sua vida parece refletir, pois somos livres apenas

CONSCIÊNCIA E MÁ-FÉ NO JOVEM SARTRE   103

para agir de má-fé e nossa improvável pretensão de resistir se torna absurda em um mundo de máscaras. Daí, encerra Philonenko (1981, p. 159, parênteses nosso):

> Nós descobrimos aqui a dualidade imanente ao pensamento de Sartre. De um lado ele se vê humanista e o é, com efeito, na medida em que só quer falar do homem e nada compreender que não seja humano. Mas, por outro lado, ele não pode se impedir de realizar um julgamento severo que, no fim, se volta para atingir a ele mesmo [...]. Eu sou, se isto é inteligível, uma liberdade cujo destino e a finalidade é a máscara [...]. A liberdade é a liberdade-para-a-máscara e aqui se funda a filosofia do mal-estar (*la philosophie du malaise*).

Paremos por aqui, porquanto tais palavras não demandam mais comentários: trata-se, a despeito dos elogios que seu autor tecerá a Sartre ao fim de seu artigo, de um ataque maciço e feroz sobre a filosofia sartriana. Caberia notar, por último, uma interpretação deste termo *"malaise"* usado para definir essa filosofia. Trata-se de, ao que nos parece, conferir-lha um caráter de inconformismo, de gratuidade moral: tanto faz ser de boa ou má-fé, porque não há nada a se fazer com a liberdade (sartriana) a não ser negá-la pela má-fé; em resumo, porque, ao fim e ao cabo, a ontologia de Sartre, a despeito de seu comentado engajamento, parece nos conduzir à recusa dos valores e, neste sentido, a um niilismo.

Um "outro" ponto de vista

Sob certo ponto de vista, podemos dizer que a crítica de Philonenko ao pensamento sartriano é motivada, basicamente, por uma tentativa de recuperar não tanto a ideia de sinceridade, mas, essencialmente, a intuição, que geralmente acompanha essa ideia, de que pode haver algo na realidade humana além da estrutura instável da má-fé. Philonenko chama esse algo de "coerência do estilo". No entanto, não é somente para preservar uma sinceridade sustentada na noção de "coerência" que a má-fé é recusada; mas, também, porque esta última parece não nos deixar escapatória, fazendo da liberdade sartriana um conceito, no mínimo, vazio e inautêntico e, desse modo, obnubilando a visão de um caminho seguro para a fundamentação de uma ética.

E, de fato, não é exagero repetir que, sobretudo no capítulo sobre a má-fé, Sartre não parece se esforçar muito para provar o contrário. Decerto, sobretudo no capítulo de *O ser e o nada* que trata da má-fé, trata-se de um momento em que o hermetismo do texto sartriano nos convida a tomar um ponto de vista externo, isso é, tecer comentários e críticas sem se colocar no movimento das ideias de Sartre. Talvez essa tenha sido a via percorrida por Philonenko. Porém, parece-nos que há outra alternativa: perscrutar esclarecimentos em outras passagens de *O ser e o nada* e, no limite, preparar-se para interpretar tais passagens visando esclarecer os propósitos fundamentais dessa obra.

Desse ponto de vista, a situação parece um pouco diferente daquela diagnosticada por Philonenko, especialmente porque, considerando aqueles propósitos, é preciso tomar na leitura dos textos sartrianos uma prévia precaução, à qual Philonenko parece não ter dado a devida atenção, a saber: distinguir (pelo menos) dois planos em que se articulam os argumentos de Sartre, a despeito de este último não estabelecer claramente essa distinção. Tratam-se dos planos moral e ontológico. Essa distinção, bem como o equívoco em que podemos incorrer caso a ignoremos, ficará mais clara na próxima e última parte deste trabalho e, também, será retomada em nossas considerações finais. Por ora, podemos nos concentrar especificamente na análise moral da má-fé.

Como vimos algumas páginas antes, Philonenko cobra de Sartre, quando este nega a ideia de sinceridade, um comprometimento com a noção fichteana de identidade, cuja base é a "coerência irrecusável do estilo" e não a identidade das coisas. De fato, é verdade que Sartre (1943), como fica claro por meio de raras citações, foi leitor de Fichte e nós não temos condições de investigar o assunto específico dessa leitura ou o respeito às ideias fichteanas. Há, porém,

CONSCIÊNCIA E MÁ-FÉ NO JOVEM SARTRE   105

alguns argumentos que podemos desenvolver em defesa de Sartre sem levar em conta as ideias de outros filósofos, mas apenas o que foi por ele dito.

Em primeiro lugar, é preciso notar que toda "coerência" só o é em vista do que já foi; ou seja, a ideia de coerência nos remete ao passado, pois só podemos ser coerentes em virtude daquilo que já fomos. Consequentemente, e em segundo lugar, a sinceridade será, sim, possível, mas apenas se nos remetermos aos atos que já foram praticados, àquela pessoa que fomos ontem, por exemplo. Ora, Sartre (1943, p.106) não negará uma sinceridade possível, aquela que se refere ao passado, quando afirmamos ter "tido" sinceramente uma intenção, por exemplo.

É por isso que esse filósofo, quando questiona a noção de sinceridade, fala de um "ideal" de sinceridade, ou seja, de uma sinceridade que se dirige para o futuro. É aí que se pode idealizar o "ser o que se é" ou o A=A, e é aí que a má-fé aparece. É verdade, cabe observar, que também podemos ser de má-fé em relação ao nosso passado, ao se afirmar que somos aquilo que fomos à maneira do em-si; uma vez que (como vimos na primeira parte), na verdade, estamos separados de nosso passado por um Nada e só podemos ser esse passado à maneira do "não-ser-o-que-se-é". Daí que, se Philonenko se refere a uma identidade em relação ao passado, se ele exige que sejamos o que fomos à maneira de ser do em-si; enfim, se ele está em busca do "caráter", então ele advoga em nome da má-fé.

É evidente, entretanto, que Philonenko vai além disso. Tracemos um aspecto essencial de sua insatisfação: ele considera que, sendo a coerência do estilo um elemento indispensável para resguardar a autenticidade, a afirmação sartriana, segundo a qual "eu não sou jamais nenhuma de minhas condutas, nenhuma de minhas atitudes", limita a liberdade na qual está fundada ao horizonte de uma maliciosa dissimulação. Quanto a nós, pretendemos argumentar em favor de, ao menos, três imprecisões aí.

Em primeiro, a citada afirmação de Sartre foi mal interpretada. Mas, em segundo, se essa interpretação está correta – e nós é que equivocadamente interpretamos Philonenko –, supondo que

106 MALCOM GUIMARÃES RODRIGUES

o estilo seja indispensável à autenticidade, ainda assim a liberdade sartriana não pode ser "para o mal" (ou para o bem), pois ela se caracteriza, em termos ontológicos, como o próprio ser da realidade humana "em situação", e não em termos morais, cristalizada por um olhar atento sobre si ou sobre o outro, e julgada como boa ou má. Por fim, pretendemos concluir que, em uma possível conduta autêntica, a derrocada da má-fé não apenas prescinde do amparo a uma coerência do estilo, como também pressupõe o reconhecimento angustiante de sua gratuidade. Nesta seção, nos ocuparemos apenas com as duas primeiras imprecisões, ficando a última paras as nossas "considerações finais", uma vez que sua formulação e sua dissolução estão consideravelmente sujeitas a uma interpretação despretensiosa do pensamento de Sartre.

Com efeito, como dissemos no início do parágrafo anterior, ao recorrermos às palavras de Sartre, constatamos que a frase "eu não sou jamais nenhuma de minhas condutas...", tal como citada pelo seu crítico, foi mal interpretada: está incompleta. Aliás, é curioso que o olhar criterioso de um historiador da filosofia como Philonenko tenha destacado uma afirmação que, para dizer a verdade, não condiz com um contexto no qual ela pode ser compreendida. Tomemos o exemplo do rotulado homossexual cuja conduta, em um primeiro momento, não seria de má-fé. Assim, segundo as palavras de Sartre (1943, p.104, parênteses nosso), o homossexual:

> Teria razão (isso é, não estaria de má-fé) realmente se entendesse a frase "não sou pederasta" no sentido de que "não sou o que sou", ou seja, se declarasse: "Na medida em que uma série de condutas se define como condutas de pederasta e que assumi tais condutas, sou pederasta. Na medida em que a realidade humana escapa a toda definição por condutas, não o sou".

Vê-se, pois, que a afirmação "a realidade humana escapa a toda definição por condutas" só possui sentido nessa cadeia argumentativa de Sartre se precedida pela outra: "uma série de condutas se define...". Isso significa que, respeitando o contexto da citação, se

CONSCIÊNCIA E MÁ-FÉ NO JOVEM SARTRE   107

"eu não sou nenhuma de minhas condutas", ao mesmo tempo, eu também "devo me definir por uma série de condutas". Ao contrário, afirmar apenas "eu sou este ato" ou "eu não sou nenhum destes atos" significa encerrar a liberdade, na identidade ou na relatividade absolutas, respectivamente. Porém, como dissemos, o ser da realidade humana é um fazer-se: de onde, se Sartre tivesse tomado como baluarte de sua filosofia a afirmação citada (diversas vezes, diga-se) pelo seu crítico, então ele estaria incorrendo no erro denunciado por sua própria argumentação, inclusive porque esta afirmação abre precedentes à má-fé.

Então, compreendamos. Em primeiro lugar, devemos ter em mente que a má-fé não pode ser entendida como conceito ou formulação teórica, mas apenas "em situação". Aí a má-fé ocorrerá quando, por exemplo, eu me capte apreensivo e, após uma introspecção, assuma que "sou um covarde" e, por fim, queira fugir dessa covardia em-si que determinei a meu ser. Mas, em segundo lugar, não sou em-si covarde ou corajoso porque esse modo de ser de forma "exteriorizada" pertence ao ser dos objetos; ao passo que meu ser está em questão para si mesmo, a título de uma negação interna de si. Não existem pessoas corajosas ou covardes: apenas atos. Assim, a coragem que eu quero ser só "aparecerá" depois de um ato. Logo, em terceiro lugar, antes de agir não sou essa coragem da qual eu espero o porvir de minha conduta. Por fim, angustiado perante minha incapacidade de "ser-em-si" corajoso, preciso eliminar a negatividade que a constitui para me deixar sorver pela positividade e a determinação do em-si: eis o "processo" da má-fé.

Damo-nos por satisfeitos então? Absolutamente, pois subestimar as críticas de Philonenko não nos faz avançar além da imprudência. Há de atentar a que afirmar "eu sou..." não pode implicar, por si só, uma liberdade que só existe para fazer-se, na esteira de uma identidade coisificante, de má-fé. Caso contrário, tal como afirma Philonenko, toda liberdade seria de má-fé. Ora, até aí não há discordância com Sartre: este não afirma que a liberdade de afirmar "eu não sou nenhuma de minhas condutas", ou "eu sou..." só pode ser de má-fé, mas, sim, que essa liberdade pode ser negada para si mesma se com essa afirmação o sujeito se esquiva da responsabilidade pelas escolhas que ele remete a esse "eu".

Consideremos aquele sujeito que, pelo ato do matrimônio, converteu-se no marido fiel "até que a morte os separe". Ele encerra a sua liberdade no momento em que afirma: "eu sou este ato, eu sou casado". Porém, mais do que encerrar sua liberdade, ele estará negando-a para si mesmo se tentar se convencer de que, em situação, seus atos fluirão naturalmente da sua essência de "homem de família". Está aí o precedente à má-fé: quando, desprevenido, talvez diante do olhar de uma linda mulher, ele sente culpa por não ser em-si o homem fiel que ele jurou ser; ou quando ignora a amarga constatação de que a fidelidade não percorrerá seu corpo inerte após o chute inicial e, para escapar de sua culpa, se ressente com sua esposa para depois justificar-se com mil desculpas.

Notemos: nesse caso, a má-fé só se consuma nas afirmações "eu sou..." ou "eu não sou", mas porque o sujeito procura se livrar da culpa que acossa este "eu". Ou seja, de alguma forma, ele compreende as implicações de seus atos (e isto é o que o incomoda), não obstante, agindo de má-fé, ele tenta ignorar essa compreensão por meio da identidade e da relatividade eternas. De modo que, a partir de tais "cristalizações" do ser da realidade humana, isto é, a partir do momento em que se desvia do sentido da palavra "ser", entendendo-a como "ser em si" ou "ser e não ser em si", e se tenta imprimir a passividade das coisas ao humano, cujas ações deixam de ser escolhidas e passam a ser determinadas, então o sujeito pode tentar convencer a si de que a responsabilidade pelas consequências de tais escolhas não lhe cabe: eis a tentativa de mentira da má-fé.

Esse parece ser um ponto fundamental que passou despercebido por Philonenko: a má-fé não se efetiva na liberdade do ato, embora essa liberdade seja a sua condição, mas pela não assunção das implicações desse ato. A finalidade da má-fé é escapar da responsabilidade pela compreensão "pré-judicativa", como diria Sartre, daquelas implicações. Se há um mal nesse ato, não será na liberdade que o encontraremos: no que concerne ao julgamento moral da má-fé, de uma "liberdade que só existe para o mal", o primordial é a responsabilidade, e não a liberdade.

Eis, portanto, o que nos parece ser mais uma imprecisão da crítica de Philonenko. A má-fé se concretiza depois que os dados foram lançados, quando a responsabilidade pelas consequências da jogada é ignorada: não se trata de julgar uma liberdade que existe para o mal e sim de julgar uma responsabilidade que deve ser assumida quando aquela liberdade já se encerrou a si própria. Voltaremos ao assunto na última parte (e em nossas considerações finais), momento em que teremos mais condições de explorar tais questões e vislumbrar sua dissolução.

PARTE III
A TRAJETÓRIA DOS CONCEITOS

7

PSICOLOGIA FENOMENOLÓGICA DA CONSCIÊNCIA

[...] ao vermos o retrato de um amigo ausente, nossa ideia dele é incontestavelmente vivificada pela semelhança e que toda paixão que acompanha essa ideia, seja de alegria ou de pesar, adquire nova força e vigor. Na produção desse efeito concorrem, ao mesmo tempo, uma relação e uma impressão presente.

(Hume, 1973, p.149)

O legado da imaginação

Na primeira parte deste estudo, nosso objetivo era reunir os principais argumentos de Sartre que sustentam a noção de "consciência", tal como engendrada em *O ser e o nada*, uma vez que a compreensão dessa noção é condição necessária para uma primeira análise da má-fé. Assim, na primeira seção (da Parte I) desenvolvemos resumidamente os argumentos fundadores da ontologia da consciência, a qual, logo depois (na segunda seção), foi abordada de um ponto de vista existencial, por assim dizer, "inserida" no mundo, e para a qual, finalmente (na terceira seção), tentamos traçar os atributos e as noções gerais que a caracterizam.

Agora, para completar esse primeiro passo acerca da noção de consciência, decidimos abordar tal conceito de um ponto de vista psicológico para que, no fim, possamos delinear algumas características sobre os "modos de ser" da consciência (emoção, imaginação e reflexão) e deixar livre o caminho para uma análise mais apurada da má-fé. O fato é que tal abordagem (psicológica da consciência) requer alguma familiaridade com uma certa "psicologia fenomenológica" de Sartre; ao passo que em *O ser e o nada* temos muito mais uma ontologia do que uma psicologia, isso é, uma preocupação muito maior com o Ser da consciência do que com as "maneiras de ser" desse Ser.

Quanto ao Ser da consciência, não queremos (pelo menos por enquanto) nos ocupar. Sabemos que tanto esse Ser quanto a relação que ele mantém com o Ser do fenômeno foram "descobertos" por uma ontologia fenomenológica. Agora, com base no que foi exposto (na Parte I), podemos inferir que tanto a imaginação quanto a percepção devem ter seus lugares garantidos em uma psicologia fenomenológica. É, pois, na obra *O imaginário* que Sartre (1996) tratou, de forma mais detida, do que aqui chamamos de "maneiras de ser da consciência", dentre as quais podemos destacar, por exemplo, a "consciência imaginante". Para desvendá-la, o método é aquele que já conhecemos:

> É necessário repetir aqui o que se sabe desde Descartes: uma consciência reflexiva nos entrega dados absolutamente certos; o homem que, num ato de reflexão, toma consciência de "ter uma imagem" não poderia se enganar. [...] O ato de reflexão possui, portanto, um conteúdo imediatamente certo que chamaremos a essência da imagem. Essa essência é a mesma para qualquer homem; a primeira tarefa do psicólogo é explicitá-la, descrevê-la, fixá-la. (Sartre, 1996, p.15)

Com efeito, como afirma incansavelmente Sartre em *O imaginário*,[1] parece que muitos psicólogos não souberam realizar a primeira

---

1 A crítica de Sartre à Psicologia começa na obra *L'imagination* (Sartre, 1936) e aí está centrada, basicamente, na insistência de psicólogos como Taine e Spaier

CONSCIÊNCIA E MÁ-FÉ NO JOVEM SARTRE   **115**

tarefa apontada (na citação) por ele ou, quando o fizeram, partiram de falsos pressupostos, como um associacionismo que nos reenvia a D. Hume[2] e acarreta a concepção de uma consciência passiva, palco de estados e/ou "ideias fracas" que nela e sobre ela agem. Sartre se utiliza de diversos flancos (que não abordaremos em detalhe aqui) para derrubar essa concepção, a qual, segundo ele, está arraigada na chamada "ilusão da imanência".

Sob a influência (assumida ou não) do associacionismo, as vítimas dessa ilusão passam a confundir a relação que se estabelece com os objetos da imaginação com a relação que se estabelece com os objetos da percepção. Assim, tendem a conceber a consciência em termos espaciais, ou seja, conferem aos "objetos" da consciência as mesmas determinações espaciais que os objetos reais possuem. Ora, argumenta Sartre, além do absurdo que isso implica ("construir" o objeto da percepção "dentro" da consciência, inventariar seu conteúdo material, introduzir a opacidade de cada detalhe do real no Nada do qual se constitui a consciência), pensar a consciência em termos espaciais significa transformá-la em palco passivo de relações causais. Porém, já vimos (na Parte I) que pela nadificação a consciência não só se define como ausente de conteúdo, como também "rompe" com o seu passado, presente e futuro, e, dessa maneira, com qualquer sequência causal de "fatos de consciência".

Com efeito, se não pode haver coisas dentro, então os objetos da consciência têm de estar fora dela. No caso da percepção, não há tanta dificuldade em conceber isso: o real está "lá fora", no mundo. Assim, a caneta que seguro em minha mão dá-se como um tipo de consciência do qual a caneta é o objeto: a caneta continua "fora", o que

---

em colocar, de saída, a imagem como uma espécie de "percepção renascente", o que vai torná-la indistinguível das verdadeiras percepções. Como mostra Sartre nessa obra, tal insistência está inspirada nas metafísicas de Descartes, Leibniz e Hume, filósofos que também serão alvo das críticas sartrianas.

2 Cf. *Tratado da natureza humana*, obra na qual Hume, segundo Sartre, confere às ideias as mesmas determinações (de quantidade e qualidade) que os objetos materiais possuem, tal como fica patente em afirmações como esta: "Parece mais ou menos incontestável que todas as nossas ideias são simples cópias de nossas impressões" (Hume, 1973, p.153).

está "dentro" (abusando de expressões que não cabem na terminologia de Sartre) é uma consciência inteiramente voltada para o objeto da percepção e que coloca tal objeto como existente; uma "consciência perceptiva" irrefletida enquanto posicionada nesse objeto. Da mesma forma, se quisermos evitar a ilusão da imanência, também os objetos da imaginação não podem "povoar" a consciência. Assim, Sartre define a imaginação pela negação do objeto, o qual, quando imaginado, dá-se como consciência de ausência:[3] "vemos" o objeto como não estando aí. Com efeito, pela imaginação colocamo-nos diante de um objeto cuja condição de existência é estar negada; caso contrário, teríamos uma consciência perceptiva. E, de fato, por mais "intensa" que uma imagem possa ser, a única coisa que ela oferece é a irrealidade de seu objeto. Ora, se na imaginação somos consciência "negadora", por assim dizer, então é preciso admitir que o ato de imaginar seja uma nadificação, precisamente a nadificação do objeto imaginado:

> esse Pierre que eu posso tocar, eu o conheço (na imagem) ao mesmo tempo em que não o toco. Minha imagem dele é uma certa maneira de não tocá-lo, de não vê-lo, uma maneira que ele tem de não estar a uma tal distância, em tal posição. A crença, na imagem, coloca a intuição, mas não coloca Pierre. A característica de Pierre não é de ser não intuitivo, como seríamos levados a acreditar, mas de ser "intuitivo-ausente", um dado ausente à intuição. Nesse sentido, pode-se dizer que a imagem envolve um certo nada. Seu objeto não é um simples retrato, ele se afirma: mas, ao se afirmar, se destrói. (Sartre, 1996, p.28)

O que queremos mostrar com tais palavras são as diferenças entre a concepção de imaginação para, de um lado, Sartre e, de outro, para

---

3 Na verdade, segundo Sartre (1996, p.26), pela imaginação o objeto pode ser colocado sob quatro formas: "neutralizado" (ou seja, não colocado como existente), "existente em outra parte", "inexistente" ou "ausente". Selecionamos apenas esta última forma, pois pretendemos mostrar apenas que na imaginação o objeto não está presente.

CONSCIÊNCIA E MÁ-FÉ NO JOVEM SARTRE **117**

muitos psicólogos. Em Sartre, a imagem implica uma nadificação; o que isso significa? Significa que, em primeiro lugar, houve uma ruptura entre o passado e o presente, ou entre o presente e o futuro, e que, portanto, para uma psicologia fenomenológica, não há causalidade entre as imagens da consciência, tal como quando dizemos que a imagem de um parente falecido causou a paralisia de nossa ação. Ao contrário, é uma escolha pela abnegação, pela inação, que pode nos colocar em um mundo onde imagens de parentes falecidos nos "causam" determinado "estado" catatônico.

Porém, o imaginário se distingue da lembrança do passado (ainda que, como afirma Sartre [1996, p.236], possamos extrair exemplos da memória "para compreender com maior clareza a natureza da imagem"), pois no caso da lembrança a imagem existe como coisa real, presente (embora no passado), e não como dado ausente. Tampouco se trata do que se costuma chamar "antecipação", quando, por exemplo, antecipamos por uma imagem o movimento de um jogador de tênis ou a imagem dos pés encobertos de uma mesa.

Na imaginação apreendemos um objeto que não nos foi dado de modo algum ou que é-nos dado como fora de alcance. Trata-se, então, de colocar uma "tese de irrealidade", de um ato de constituição, isolamento e aniquilação ao mesmo tempo e, portanto, de uma escapada radical da realidade, da suposta sucessão de fatos psíquicos determinados: em uma palavra, trata-se da própria realização da liberdade. Entretanto, é preciso atentar ao fato de que o imaginário não é um mundo do descomprometimento, da fantasia ou da loucura (embora, como veremos à frente, uma "patologia da imaginação" vá permitir tais coisas), mas muito pelo contrário: o imaginário surge sempre no contexto de uma situação, e a partir desta, um mundo é nadificado em nome daquele imaginário que vislumbrará outra possibilidade. Vejamos o que Sartre (1996, p.240-1) concluirá bem mais à frente:

> Assim, colocar o mundo enquanto mundo ou "nadificá-lo" é uma só coisa. Nesse sentido, Heidegger pode dizer que o nada é estrutura constitutiva do existente. Para poder imaginar, basta que

a consciência possa ultrapassar o real constituindo-o como mundo. Mas essa ultrapassagem [*dépassement*] não pode ser operada de qualquer maneira, e a liberdade da consciência não pode ser confundida com o arbitrário. Pois uma imagem não é *o mundo negado*, pura e simplesmente, ela é sempre *o mundo negado de um certo ponto de vista*, exatamente aquele que permite colocar a ausência ou a inexistência de um determinado objeto que será presentificado "enquanto imagem". [...] Por exemplo, a aparição de um amigo morto como irreal faz-se sobre o fundo de apreensão afetiva do real como *mundo vazio* desse ponto de vista.

Vê-se, pois, a importância do imaginário para Sartre: é pela imaginação que podemos nos desprender do mundo do imediato e desfrutar, por uma fração de segundo que seja, dos possíveis de nossa liberdade. Ou, novamente pelas palavras de Sartre, "é a aparição do imaginário diante da consciência que permite apreender a nadificação do mundo como condição essencial e como sua primeira estrutura" (ibidem, p.243). Uma consciência incapaz de imaginar, continuará Sartre, é uma consciência eternamente acorrentada no existente; mas tal coisa não pode existir justamente porque todo dado existente, enquanto colocado, é ultrapassado, e a direção desta ultrapassagem será sempre dada pelo imaginário.

É verdade que isso não impede que o homem esteja "esmagado" pelo real, tal como vimos na Parte I; esteja completamente comprometido com as exigências do imediato a ponto de não querer descobrir que o toque do despertador possui um significado que somente ele atribui todas as manhãs. Mas não esqueçamos: trata-se sempre de uma escolha. É, finalmente, nesse sentido que Sartre vai afirmar já nos últimos capítulos de *O ser e o nada* que é por desprendimento de si e do mundo, em suma, desprendimento do ser, que o proletário vislumbrará uma "contemplação reveladora" de sua situação. Nas palavras de Sartre (1943, p.509-10):

> Enquanto imerso na situação histórica, o homem sequer chega a conceber as deficiências e faltas de uma organização política ou

CONSCIÊNCIA E MÁ-FÉ NO JOVEM SARTRE **119**

econômica determinada, não porque "está acostumado", como tolamente se diz, mas porque apreende-a em sua plenitude de ser e nem mesmo é capaz de imaginar que possa ser de outro modo.

Mas não é só. Dissemos que o fato de a imaginação implicar uma nadificação significava, em primeiro lugar, não uma simples lembrança ou imagem sem sentido, mas sim em um mundo que nos compromete. Agora, prosseguindo, podemos dizer que a nadificação implicada pela imagem significa, em segundo lugar, que não há sequer objetos "da" consciência (embora assim os coloquemos para satisfazer uma exigência gramatical), mas sim "para" a consciência; e, finalmente (embora as consequências do fato de que a imagem implique uma nadificação não parem por aqui), significa que devemos abandonar de uma vez por todas uma concepção que faz da consciência (e/ou de seu "objeto") um atributo positivo, lugares no espaço, em suma, uma concepção arraigada na clássica ideia de "representação".

Crítica ao representacionismo: a ilusão de imanência

Ao contrário dos psicólogos que, segundo Sartre, se detiveram em induções sobre dados probabilísticos acerca da natureza de "estados de consciência", o filósofo prefere partir da descrição, amparada pela intuição, acerca dos dados factuais que a consciência da imagem, por exemplo, pode nos trazer. Eis o que devemos entender por uma psicologia fenomenológica. Podemos, então, ao lado de Sartre e para entender seus argumentos, partir dessa descrição cuja compreensão será mais proveitosa com o clássico exemplo do cubo.

Vejamos este cubo que eu toco, convida-nos Sartre. Como ele é dado? Eu sei o que é um cubo, ou seja, eu possuo o conceito[4] de cubo:

---

4 Há, para Sartre (1996, p.20), três tipos de consciência pelos quais um objeto pode ser dado: podemos conceber, perceber ou imaginar esse objeto. Nesse caso,

"um objeto com seis lados quadrados e oito ângulos retos organizados segundo uma fórmula matemática etc.". No entanto, não estou interessado nesse conceito, mas nesse pedaço de madeira que seguro. Primeiro sinto algumas de suas faces e, enquanto vou manejando-o, vou conhecendo cada um de seus lados, aos poucos. Pode ocorrer também que eu me engane sobre o número de seus lados e precise contá-los para me certificar de que são seis.

Conclui, portanto, Sartre: na percepção o objeto é dado aos poucos, está em "formação", e o conhecimento que acumulo sobre ele pode ser reformulado. Na percepção há um constante aprendizado, um mundo de detalhes que "excedem" a consciência, e o objeto percebido se define pelas diversas relações que ele mantém com todos os objetos à sua volta. De resto, há de salientar o fato de que ver esse cubo ("uma de suas faces está levemente desgastada", "aquela aresta está quebrada" etc.) é diferente de pensar sobre o modo como esse cubo me é dado pela percepção, que é o que tentamos fazer no parágrafo anterior: tentamos descrever a percepção do cubo. Neste último caso, minha consciência poderia estar em "qualquer lugar" (poderia, por exemplo, estar procurando os termos adequados para elaborar uma boa descrição), exceto no cubo real que estava diante de meus olhos. É claro que nada impede que, a cada momento de minha descrição, eu voltasse minha atenção novamente ao cubo a minha frente.

Agora eu imagino um cubo: o que acontece? Ora, de imediato, ele já está dado: não preciso "vê-lo" como imagem para, depois, afirmar "é um cubo". É claro que a imagem se dá sempre por uma perspectiva;[5] todavia, não preciso contar os lados do cubo para afirmar "sim, é um cubo", pois este se dá pelo que é de uma só vez. De fato, na imaginação, não há uma afirmação que confirme o que

---

falamos do conceito de cubo, isso é, de conceber um objeto. Cabe notar que o conceito, por sua vez, possui duas formas gerais de aparecer: como imagem em forma irrefletida ou como pensamento em forma de reflexão. Em forma reflexiva o conceito pode dar-se de outras três maneiras, uma das quais é essa de que falamos quando concebemos um cubo (ibidem, p.151-2).

5 "Através de uma *Abschattungen*" afirma Sartre (1996, p.21), emprestando da filosofia alemã esse termo que remonta, em princípio, a Husserl.

CONSCIÊNCIA E MÁ-FÉ NO JOVEM SARTRE **121**

estou imaginando, tampouco uma observação da imagem: esta se dá inteira, desde seu aparecimento.[6] No entanto, há mais do que isso nessa imagem, pois não se trata de um cubo qualquer, mas de um cubo irreal, de certa forma evanescente, distinto daquele cubo real que eu havia visto ontem, por exemplo.

Na imaginação, portanto, o objeto é dado imediatamente: eu não imagino um cubo para, posteriormente, "ver" um cubo (em minha imaginação). Além disso, essa imagem não me ensina nada sobre o cubo, embora a imagem não implique a ausência ou a interrupção de pensamento.[7] Por último, na imaginação a imagem é caracterizada por uma "pobreza essencial" e me aparece completamente desvinculada do mundo: é justamente isso que nos impede de contar as colunas de um *Panthéon*[8] imaginário, por exemplo.

Também nessa operação, porém, enquanto estou centrado em minha imagem, não posso descrever o modo como a imagem se dá por si mesma (novamente, o que tentamos fazer no parágrafo anterior). Ora, tanto na imagem quanto na percepção, "ver" os objetos é diferente de descrever o modo pelo qual eles são dados em minha consciência. Para "vê-los" eu estava diretamente neles; o objeto, para

---

6 Poder-se-ia contra-argumentar, em prol da ilusão da imanência, levando em consideração que uma imagem-lembrança é "ressuscitada" do passado e que, enquanto é reconstituída, vai se formando por partes justapostas (ao modo bergsoniano) tal como o objeto da percepção. No entanto, para Sartre (1996, p.88-9), a memória nos oferece imagens e afetividade (ibidem, p.187, n.10) e não "ideias fracas": trata-se de uma reconstituição em blocos, que se dá de forma instantânea, isso é, que se oferece à intuição de uma só vez.

7 "É absurdo dizer", escreve Sartre (1996, p.162), "que imagem pode prejudicar ou frear o pensamento [...] já que não há oposição entre imagem e pensamento, mas apenas a relação de uma espécie com o gênero que a subsume. O pensamento toma a forma de imagem quando quer ser intuitivo, quando quer fundar suas afirmações sobre a visão de um objeto". Contudo, continuará o filósofo, essa "recaída" do pensamento em imagem resulta em fracasso, já que os objetos imaginários são afetados de irrealidade.

8 Sartre (1996, p.60) recorda o desafio, lançado por Alain (s. d., p.342) a quem quer que tenha uma imagem do *Panthéon*, de contar, nessa imagem, o número exato de colunas da fachada, desafio cuja impossibilidade de realização provaria que o objeto imaginário nunca ensina nada: "não se deixa observar".

a minha consciência – perceptiva em um caso, imaginativa em outro – era propriamente o cubo ou a imagem do cubo, com todos os detalhes e toda a afetividade que os acompanhava. Posteriormente, ou mesmo quase imediatamente, o que tive foi uma *reflexão* acerca do fato de estar consciente de uma percepção ou de uma imagem, isso é, refleti sobre aqueles detalhes, aquela afetividade. E Sartre (1996, p.15) continua:

> Assim a imagem enquanto imagem só é descritível por um ato de segundo grau, com o que o olhar se desvia do objeto para dirigir-se sobre a maneira como esse objeto é dado. É o ato reflexivo que permite o julgamento "eu tenho uma imagem".

É preciso ter em mente algo que Sartre repete incansavelmente em *O imaginário*: não há reflexão em uma consciência que é puramente imaginativa. O único saber que existe é um saber que "anima" minha imagem, um saber imediato que não ensina nada e que se caracteriza como intencionalidade. Nesse patamar, não há uma consciência que é, em bloco, posicionamento do objeto transcendente e, ao mesmo tempo, reflexão. O problema, dirá Sartre mais à frente, é conferir ao objeto dessa reflexão (a imagem) a opacidade dos objetos reais. Mas, como já repetimos, a consciência posiciona esse objeto, o que significa recusar qualquer conteúdo "dentro" da consciência.

Daí as implicações a uma teoria representacionista: uma vez que tomemos o termo "representação" implicando opacidade e realizando uma causalidade "dentro" (ou "fora", de forma inconsciente) da consciência, isto é, implicando fazer da exterioridade das representações o "tecido" da consciência, então qualquer teoria representacionista, sobretudo as que afirmam representações inconscientes, deverá ser inaceitável para uma psicologia fenomenológica. De fato, essa parece ser uma das teses centrais das duas obras de Sartre, *Imaginação* e *Imaginário*, que se complementam para desmistificar, a partir da ideia husserliana de "intencionalidade", a "filosofia alimentar" representada pela metáfora do "Espírito-aranha" o qual

CONSCIÊNCIA E MÁ-FÉ NO JOVEM SARTRE 123

"atrai as coisas para sua teia, cobre-as com sua baba branca e lentamente as deglute, reduzindo-as à sua própria substância".[9] Por conseguinte, não podemos falar em estados de consciência no sentido do termo que expressa a movimentação quase casual de conteúdos inertes que, "dentro" da consciência, fixar-se-iam em tais e tais representações segundo determinações inconscientes de "condensação", "transferência" etc. Pelas mesmas razões, o uso do termo "inconsciente" deve ser reavaliado em uma análise fenomenológica da consciência. Como afirmará Sartre (1943, p.20-1), anos depois, na "Introdução" de *O ser e o nada*,

> Portanto, não deve-se entender aqui que alguma causa exterior (uma perturbação orgânica, um impulso inconsciente, uma outra "Erlebnis") pudesse produzir um evento psíquico – um prazer, por exemplo –, nem que tal evento, assim determinado em sua estrutura material, fosse obrigado, por outro lado a produzir-se como consciência (de) si. Seria fazer da consciência não tética uma *qualidade* da consciência posicional (no sentido de que a percepção, consciência posicional desta mesa, teria por acréscimo a qualidade de consciência (de) si) e recair assim na ilusão do primado teórico do conhecimento. Além disso, seria fazer do evento psíquico uma coisa e *qualificá-lo* de consciente, tal como, por exemplo, posso qualificar de cor-de-rosa este mata-borrão. O prazer não pode distinguir-se – sequer logicamente – da consciência de prazer. A consciência (de) prazer é constitutiva do prazer, como sendo o modo mesmo de sua existência, matéria de que é feito e não uma forma que se impusesse posteriormente a uma matéria hedonista.

Tais palavras são frequentes nas primeiras obras de Sartre e é por elas que não podemos ignorar uma crítica de certas concepções psicológicas e psicanalíticas. Com efeito, uma vez assumido que toda consciência existe como consciência de existir, o que temos aqui é

---

9 Trecho da "Apresentação", escrita por Bento Prado Junior e Luiz Damon Santos Moutinho, que antecede e introduz a obra de Sartre (1996).

o questionamento de certa terminologia que faz das representações inconscientes seu *modus operandi*. Ora, questionará Sartre, não é Freud quem vai colocar nesse vazio que me separa de mim mesmo uma sucessão causal, uma qualidade, um estado, enfim, qualquer coisa que suprima o Nada e introduza a consciência em uma sequência determinada de atos que fluem de um Ego?

Vemos, desse ponto de vista, que a psicanálise freudiana se nutre de uma reflexão impura, na medida em que conta com a objetivação e a formação de um Ego. O fato é que, se levarmos em consideração aquilo que vimos nas Partes I e II deste estudo, seríamos obrigados a concluir que a psicanálise freudiana, tal como interpretada por Sartre, estaria fadada a um eterno círculo vicioso, porque baseada em formulações sobre um Ego, visto que a reflexão impura que posiciona um Ego (como mostraremos com mais detalhes no próximo capítulo) acaba tornando-se uma conduta de má-fé. No entanto, já podemos e devemos adiantar que, se é que a psicanálise pode ser assim descartada tão facilmente, com certeza não serão os argumentos de Sartre que farão a grande diferença nisso. Na verdade, nosso filósofo, ao menos em sua "jovem" fase, foi bastante criticado por sua descuidada leitura dos textos freudianos. No último capítulo voltaremos a esse assunto de forma resumida e tentaremos entender as razões de uma interpretação enviesada da psicanálise freudiana.

A intencionalidade

As precedentes observações nos incitam a algumas colocações sobre a noção de intencionalidade, ainda que a extensão de tal conceito na obra sartriana não possa ser tão facilmente analisada.[10] Vimos, com o "experimento do cubo", que podemos distinguir duas formas irredutíveis de consciência: em um momento ela é apreensão do real, em outro é negação desse real como posicionamento do

---

10 Ver, por exemplo, o texto de Sartre (1968) "Uma ideia fundamental da Fenomenologia de Husserl: a intencionalidade".

CONSCIÊNCIA E MÁ-FÉ NO JOVEM SARTRE **125**

objeto transcendente ou como reflexão. Cabe ressaltar que, nesse experimento de percepção, imaginação e reflexão, houve um constante revezamento desses modos de consciência, mas todas elas se aglomeravam a partir de minha intencionalidade[11] na realização do experimento. Convém, então, posto que nosso objetivo neste capítulo é a consciência, apontarmos algumas características da noção de intencionalidade de um ponto de vista psicológico-fenomenológico.

Em primeiro lugar, é a partir dessa noção que teremos o que podemos chamar de uma definição (psicológica-fenomenológica) da consciência: uma "organização de consciências instantâneas na unidade intencional de uma consciência mais longa" (Sartre, 1996, p.63). É nesses termos que podemos definir a consciência como uma síntese que, na maior parte das vezes, pode reunir em uma mesma unidade uma série de momentos imediatamente "passados", mas que sempre é consciência de uma, e apenas uma, coisa em dada situação.

Assim, lembrando do exemplo do sujeito que anda à beira do precipício (Parte I, seção 2), poder-se-ia dizer que, por uma fração de segundo em que ele olhou para o fundo do abismo, "toda a sua vida passou-lhe pela cabeça"; ainda assim, todas essas consciências instantâneas estavam organizadas pela unidade intencional de uma consciência mais longa: o medo. Embora estejamos falando nesse caso de uma "consciência emotiva", a qual será analisada uma pouco mais à frente, o que importa é entender que em todos os casos há um aspecto unificador da consciência, algo específico diante do qual a consciência se caracteriza.

Em segundo lugar, a análise do exemplo do cubo nos mostra que a intencionalidade não se "duplica" para lidar com a realidade e com o imaginário. Mesmo se minha intencionalidade busca aquele objeto que eu conheço em sua individualidade concreta, esse objeto, seja ele tomado por consciência perceptiva, seja ele tomado por minha

---

11 Convém distinguir, aqui, os dois modos pelos quais a palavra "intenção" pode ser tomada, um dos quais se referindo ao sentido comum do termo (intenção = desejo, vontade etc.), outro ao sentido fenomenológico (intenção = intencionalidade, direcionalidade) inerente a qualquer ato posicional da consciência. No caso, excepcionalmente, pode-se entender o termo nos dois sentidos.

consciência imaginante, é rigorosamente o mesmo, uma vez que o aspecto unificador de ambas é a intencionalidade voltada para ele: "quer eu perceba, quer eu imagine esta cadeira, o objeto de minha percepção e o de minha imagem são idênticos: é a cadeira de palha na qual estou sentado" (Sartre, 1996, p.19). Ademais, esse "objeto que conheço em sua individualidade concreta" não precisa ser necessariamente uma coisa; pode ser uma pessoa, um filme etc. De qualquer forma:

> Não há um mundo das imagens e um mundo dos objetos. Mas todo objeto, quer se apresente à percepção, quer apareça ao sentido íntimo, é suscetível de funcionar como realidade presente ou como imagem, segundo o centro de referência escolhido. Os dois mundos, o imaginário e o real, são constituídos pelos mesmos objetos; só variam os agrupamentos e a interpretação destes objetos. (ibidem, p.37)

Aqui, sem dúvida, lidamos com um mito decorrente da ilusão da imanência: os objetos que se apresentam à minha percepção não se conectam com supostos "correlatos" em minha consciência segundo relações de semelhança, contiguidade, causalidade, ou o que quer que seja. Em outras palavras, o retrato de meu amigo João, por exemplo, não causa em minha consciência o aparecimento de um correlato em forma de imagem, como se retrato e minha imagem de João fossem dois "objetos" distintos, mas que por semelhança conectam-se na consciência. João e sua imagem não são objetos cuja distinção seja tal que permita pensá-los segundo uma relação de causalidade, já que em ambos os casos trata-se do mesmo "objeto", do mesmo João.

Em terceiro lugar, havíamos falado que (de um ponto de vista psicológico-fenomenológico) a intencionalidade da consciência possui dois modos irredutíveis de se relacionar com seu objeto; em um deles ela posiciona um objeto do mundo como existente, de forma irrefletida, está "centrada" no real; em outro ela posiciona um objeto transcendente (ausente, no caso da imaginação ou, como veremos, presente, no caso da emoção), ou posiciona a si mesma (tornando-se, nesse caso, reflexão), mas, nestes dois últimos casos, a

CONSCIÊNCIA E MÁ-FÉ NO JOVEM SARTRE **127**

consciência está "fora" do real, de forma irrefletida e de forma reflexiva, respectivamente.

Isso significa que a consciência não pode ser um aglomerado de
percepções, imagens e sentimentos ao mesmo tempo, como sugerem
as concepções clássicas. A consciência é uma forma sintética que se
esgota em seu objeto, e não um órgão (como o coração, por exemplo)
que reuniria em um "espaço delimitado" um conjunto de funções e
estruturas psíquicas, por exemplo. O melhor até é não falarmos "a"
consciência, mas "as" consciências, já que há sempre uma organização de consciências instantâneas voltadas espontaneamente para
um objeto.

O fato é que, no cotidiano de maneira geral, pode concorrer uma
série de consciências que se revezam em momentos irrefletidos e
reflexivos, angústia e fuga de angústia (como vimos na primeira
parte) e assim por diante; sempre sobre o fundo de uma consciência
que é consciência de si, mas não conhecimento de si. Tal concepção,
segundo a qual há um sujeito (ainda que esse sujeito seja inconsciente
ou transcendental), um "Eu" que "vê", unifica e individualiza estados
mentais na consciência, é um equívoco fruto de uma concepção a
qual, no fundo, sustenta-se no que Sartre chamou de "primazia do
conhecimento", uma vez que introduz no cerne da consciência uma
divisão sujeito-objeto outorgando àquele sujeito um conhecimento
de si que, no fim das contas, transforma a espontaneidade da consciência em passividade.[12]

Tendo em vista os precedentes esclarecimentos, podemos concluir
que a intencionalidade caracteriza-se graças a essa espontaneidade
da consciência, isso é, graças ao seu aspecto "posicional", porquanto
a consciência absorve o mundo e nisso se esgota. Por conseguinte,
é a intencionalidade que garante o questionamento de noções como
"representação inconsciente" ou "estado de consciência". Se, tal
como afirma Sartre (1943, p.712) na "Conclusão" de *O ser e o nada*,

---

12 Cabe notar, porém (como veremos à frente), que a ausência de um "Eu" no
plano irrefletido não implica a inexistência desse "Eu" no plano refletido: ele
pode existir, e realmente existe, como objeto transcendente.

"A consciência é um declive deslizante no qual não podemos nos instalar sem sermos de imediato lançados para fora", nós diríamos que a intencionalidade é a mola propulsora deste lançamento.

Nesses termos, não apenas as instâncias psicanalíticas ("Id", "Ego", "Superego" etc.), se tomadas como "representações" internas, mas, especialmente, um "Eu transcendental" nos moldes husserlianos, deverão ser renegados sob o olhar fenomenológico da consciência. Aliás, é a recusa desse "Eu" transcendental que marca o rompimento de Sartre com Husserl, assunto ao qual voltaremos no próximo capítulo. Por ora, agora que introduzimos o tema da psicologia fenomenológica, não podemos adiar uma análise mais apurada das outras obras psicológicas do jovem Sartre, visando compreender como as noções de má-fé e consciência já apareciam nessas obras e adquiriam grande importância ao longo de suas conclusões. Porém, dada a utilização de diferentes obras, alguns esclarecimentos prévios são necessários para evitarmos uma confusão conceitual.

Notas preliminares às obras psicológicas

Até aqui pautávamo-nos pelo *O imaginário* (1996) para descrever e analisar o que Sartre chamou de psicologia fenomenológica. Porém, não chegamos nem na metade das questões suscitadas na mencionada obra. De fato o nosso objetivo não é a análise pormenorizada dessas questões, mas sim daqueles aspectos que podem nos oferecer elementos para compreender a trajetória dos conceitos de "consciência" e "má-fé". Ainda sobre a referida obra, vale sublinhar que muitas noções importantes ao seu entendimento integral (como as de "saber", "pensamento" ou "afetividade") foram analisadas o mínimo necessário para que não nos perdêssemos em tantas informações paralelas.

No que diz respeito aos conceitos mais relevantes neste trabalho, como os de "crença" e "irrefletido", o leitor deve ter percebido que, até agora, evitamos mencioná-los, uma vez que parecem possuir uma conotação diferente daquela em que as mesmas noções possuem em

CONSCIÊNCIA E MÁ-FÉ NO JOVEM SARTRE 129

O ser e o nada, fato que novamente poderia nos tirar de nossa trajetória. Só para citar um pequeno, porém significativo descompasso, em *O imaginário*, Sartre (1996, p. 42) faz uma distinção entre um "saber pré-reflexivo" e um "saber francamente irrefletido", afirmando que, neste último caso, "todo pensamento torna-se consciência das coisas, e não consciência de si mesmo", como se no "saber francamente irrefletido" não houvesse nenhuma consciência (não posicional) de si, ou como se no "saber pré-reflexivo" houvesse apenas uma possibilidade de haver consciência de si. Sabemos que, segundo as postulações básicas da obra de 1943, não pode haver uma distinção entre pré--reflexivo e irrefletido: ambos dizem respeito a um mesmo tipo de consciência, que posiciona um objeto e não a si mesma, embora seja necessariamente consciente de si (de forma não posicional).

Já a noção de "crença", tal como analisada por Sartre (1996, p.213 e 221) em *O imaginário* e no *Esboço* (Sartre, 1965, p.67-70), parece confundir-se com a de "irrefletido", como se pudesse haver a possibilidade de uma crença que permanecesse sempre não consciente, como aquela "fé cega" do carvoeiro, sinal de que Sartre ainda não havia se precavido quanto às palavras hegelianas de que "o imediato atrai a mediação" e, portanto, a crença (irrefletida) do carvoeiro atrai a consciência de crença e, assim, torna-se não crença.

Por último, é necessário salientar que por mais que nos esforcemos para descrever todos os detalhes que concorrem na formação de uma simples imagem, ou de uma consciência reflexiva, tal como descritos por Sartre, quase nunca conseguiremos fazê-lo com absoluta exatidão. Em verdade, como o próprio filósofo faz questão de frisar, na vida diária somos "assaltados" por imagens, reflexões, sentimentos, e tudo isso de forma tão rápida e sutil que qualquer explicação pretensamente completa estaria fadada ao descaso. É o que afirma o próprio Sartre (1996, p.128):

> Ao indicar os fatores principais da imagem, não quisemos reduzi-la à simples soma desses fatores. Ao contrário, afirmamos enfaticamente a realidade irredutível da consciência da imagem. É só abstratamente que podemos separar movimentos, saber e

afetividade. E aqui a análise está tão longe de ser um desmembramento real que só se dá como provável. Jamais poderemos reduzir efetivamente uma imagem a seus elementos, pela razão de que uma imagem, como também todas as sínteses psíquicas,[13] é outra coisa e mais que a soma de seus elementos.

Dadas as precedentes ressalvas, não podemos ignorar uma questão crucial para o prosseguimento deste trabalho: se a intencionalidade define o aspecto unificador da consciência fazendo-a uma unidade e, assim, supostamente eliminando a possibilidade de haver percepções, imagens, sentimentos e reflexão ao mesmo tempo, então como é possível que, por exemplo, quando eu vejo (e, portanto, percebo) um retrato de Pedro eu acredito ter uma imagem (de Pedro) acompanhada de meu sentimento de amizade por ele e, até mesmo, de uma consciência reflexiva sobre a amizade em si?

Para respondermos a essa questão precisamos, em primeiro lugar, voltar à distinção entre imagem e percepção. Não dizíamos que na imagem colocamos um Nada? Assim, na imagem nadificamos o mundo, estamos no "irreal", e nesse plano não pode haver percepção: percepção e imaginação são os dois planos irredutíveis da consciência. Mas, então, como a visão de um retrato "causou" a imagem de Pedro? Como tentamos mostrar, para Sartre não houve essa "visão de um retrato" e, depois, o efeito "imagem". O que houve foi, de uma só

---

13 É notório o uso desmedido que Sartre faz do termo "psíquico", tendo em vista a crítica à terminologia psicológica e psicanalítica empreendida em outras obras, para se referir às sínteses da consciência, não só nessa, como em muitas outras passagens de O imaginário. De fato, em O ser e o nada o termo só aparece quando se trata, precisamente, de criticar o uso dessa terminologia (psicanalítica) na descrição da consciência. Trata-se, portanto, de uma "evolução", expressa no rigor técnico das descrições de Sartre. Outra mudança significativa que notamos entre O imaginário e O ser e o nada é a concepção de "consciência perceptiva", a qual, na primeira obra, "aparece como passividade" (Sartre. 1996, p.28), ao passo que, na segunda obra, Sartre (1943, p.26) afirma: "Que parte da passividade pode ser destinada à percepção, ao conhecimento? Ambos são pura atividade, pura espontaneidade". Registrem-se, pois, as disparidades e também o fato de que, se estamos aqui a reunir as reflexões das duas obras, optamos por manter como referência básica O ser e o nada.

CONSCIÊNCIA E MÁ-FÉ NO JOVEM SARTRE **131**

vez, a imagem. Pensar que a percepção do retrato surge à minha consciência como um objeto semelhante à imagem de Pedro, ou causador dessa imagem, é cair, novamente, na ilusão da imanência.

Da mesma forma, o fato de que a imagem de meu amigo Pedro tenha aparentemente sido motivada por seu retrato não quer dizer que primeiro fui tomado por um sentimento de amizade em si e, depois, esse sentimento foi juntar-se à figura de Pedro (como, mais uma vez, poderia sugerir a psicologia clássica). A consciência é sempre consciência de uma coisa, e nesse caso, é consciência de "Pedro-meu--amigo". Em suma, não se trata de "sentir" a amizade, mas sim de posicionar esta amizade-em-relação-a-Pedro.

Com efeito, se olho esse retrato de Pedro, "vejo" imediatamente, isto é, imagino, para além desse retângulo de papel, meu amigo Pedro sentado na poltrona de sua casa, por exemplo. Na verdade, "automaticamente" posso ser remetido a Pedro, embora não seja impossível que eu me desvencilhe dessa imagem e me esforce para me concentrar nos detalhes do retrato (um retângulo de papel colorido etc.), mas aí já estamos em outro tipo de intencionalidade. Assim, o retrato diante de mim é Pedro-meu-amigo, mas é porque assim eu quero "vê-lo", porque minha afetividade assim o faz aparecer. Expliquemo-lo.

De fato, em certo sentido, enquanto "vejo" meu amigo nesse pedaço de papel que retrata uma pessoa, essa minha visão (ou "contribuição", para usar as palavras sartrianas) pode se opor às características reais do retrato. Neste, talvez, qualquer observador veria um sujeito com uma expressão de tristeza. Eu, ao contrário, quando olho esse retrato, não me prendo aos seus detalhes, àquele semblante cansado que Pedro expressou quando foi fotografado, mas quero "achar" no retrato aquele Pedro que tantas vezes me alegrou. É nesse sentido que Sartre vai afirmar: "é preciso executar às avessas o movimento da percepção". De modo que, para que "meu amigo" apareça naquele papel, "é necessário que uma certa contribuição de minha parte venha animar este pedaço de papel, emprestando-lhe um sentido que ainda não tinha". Essa "contribuição" é, justamente, a qualidade que imprimo à imagem, o

132   MALCOM GUIMARÃES RODRIGUES

sentimento de amizade: a afetividade. Porém, novamente, aqui é preciso tomar cuidado com os termos.

Se levarmos em consideração uma leitura comparativa de *O imaginário* com o *Esboço de uma teoria das emoções*, para além das discrepâncias[14] (conceituais, metodológicas e teleológicas) observadas nessa comparação, veremos que é preciso distinguir os sentimentos que parecem acompanhar ou constituir uma imagem, como é o caso da imagem que tenho com o retrato de meu amigo, daqueles sentimentos que vivificamos quando nos emocionamos, como é o caso do medo que eu sinto ao andar à beira do precipício. Em síntese, é preciso distinguir o sentimento diante do irreal da verdadeira emoção que sentimos enquanto comprometidos na realidade das exigências imediatas, da ação.[15]

Se nos fosse exigido dar uma definição, diríamos que, à luz daquela leitura comparativa de que falamos, o sentimento diante do irreal, ainda que sua formação seja frequentemente acompanhada de uma percepção,[16] pressupõe impregnar de qualidades afetivas um objeto imaginário, não obstante seu correlato, o objeto real, esteja presente: nesse caso estamos, pois, no plano da imaginação.

---

14 Tratar de tais discrepâncias exigiria um enorme trabalho paralelo. Já dissemos que há diferenças nos usos de alguns conceitos (como "crença" e "irrefletido") nas obras do jovem Sartre até a publicação de *O ser e o nada*. Se tomarmos o conceito de afetividade, por exemplo, veremos que em *O imaginário* (Sartre, 1996, p.96-103) o termo abrange os sentimentos imaginários e emoções, ao passo que no *Esboço* (Sartre, 1965) o termo só se aplica às emoções. O fato é que Sartre não toma as devidas precauções para evitar confusão; só na primeira obra citada, o termo "sentimento" parece ter dois ou três significados distintos, como pretendemos mostrar à frente.

15 Como mostra Sartre (1996, p.227), seria ainda preciso distinguir os sentimentos imaginários dos sentimentos reais experimentados nos sonhos.

16 Embora, como argumenta Sartre (1996, p.99-101), esse sentimento possa ser provocado por outro sentimento, na ausência de qualquer representação (isso é, de objetos reais ou irreais); ou ainda, no limite, não visar nenhum objeto. É nesses casos limites, como afirma Sartre, que desejamos algo e não sabemos o quê: "Esse desejo naturalmente coloca um objeto; mas esse objeto não existe a não ser como correlativo de uma certa consciência afetiva; não é nem bebida, nem sono, nem nada real, e qualquer esforço para defini-lo está por natureza destinado ao fracasso" (ibidem, p.101).

CONSCIÊNCIA E MÁ-FÉ NO JOVEM SARTRE **133**

Já no caso da emoção, a despeito de vivenciarmos um "mundo mágico" (como veremos no próximo capítulo), o sentimento pressupõe, mediante uma mudança "corporal" (e aqui devemos lembrar que para Sartre não há uma distinção "mente-corpo"), impregnar de qualidades afetivas um objeto real: a emoção é completamente dependente da percepção.

Antes de vermos o que significam tais caracterizações (o que faremos somente nas segunda e terceira seções do próximo capítulo), precisamos destacar que há algo em comum nesses dois modos de ser da consciência. Em primeiro lugar, uma vez que falamos de percepções e sentimentos, é preciso salientar dois princípios enumerados por Sartre (1996, p.48). Um deles é: "Toda percepção é acompanhada por uma reação afetiva"; e o outro: "Todo sentimento é sentimento de alguma coisa, quer dizer visa seu objeto de alguma maneira e projeta sobre ele uma certa qualidade. Ter simpatia por Pierre é ter consciência de Pierre como simpático". Em segundo lugar, e como consequência, é preciso ter em mente que ambos os modos de consciência ("imaginativa" e "emotiva") se dão no plano irrefletido, isto é, não são comportamentos reflexivos diante de sentimentos, não são emissões de juízo acerca destes, pelo menos até minha reflexão os posicionar e afirmar, por exemplo, "tenho consciência de meu medo" ou "tenho consciência da amizade que sinto".

De fato, não é impossível que eu "isole" esse sentimento de amizade que me é dado diante do retrato de Pedro; mas, aqui, minha intencionalidade não visa "Pedro-meu-amigo", mas sim o sentimento "amizade". Nesse caso, tanto o retrato quanto a imagem (de Pedro) "desaparecem" e penso no significado de minha amizade por Pedro, ou no significado da palavra "amizade"; emito, então, um juízo a partir de um objeto transcendente (a imagem), em suma, estou no plano da reflexão. Ou seja, se estamos "diante" de um sentimento, significa que posicionamo-lo; nesses casos, o que temos sempre é uma postura reflexiva diante do transcendente. Logo, a consciência reflexiva é (de um ponto de vista psicológico-fenomenológico) a orientação em relação ao objeto transcendente: é o momento em que nos "comportamos" diante das qualidades que transcendemos.

Finalmente, considerados os esclarecimentos feitos desde o início desta Parte III, podemos passar aos "modos de ser" da consciência. De fato, evitamos os detalhes e procuramos nos ater às postulações de Sartre que marcam a ideia de má-fé já presente nas obras psicológicas do jovem filósofo. Comecemos por sua primeira obra de "peso", ficando para o segundo passo as duas "definições" de sentimento implicadas nos outros dois modos de consciência (emoção e imaginação) e um exame mais apurado delas.

8
A CONSCIÊNCIA COMO "MODO DE SER" E AS "ESTRATÉGIAS" DA MÁ-FÉ

Pois logo que (Swann) podia imaginá-la (Odette)
sem horror, que revia a bondade em seu sorriso,
e o ciúme não acrescentava a seu amor o desejo
de arrebatá-la a qualquer outro, *este amor se*
tornava de novo um gosto pelas sensações que lhe
dava a pessoa de Odette, pelo prazer que tinha em
admirar como um espetáculo, ou interrogar como
um fenômeno, o erguer-se de um de seus olhares, a
formação de um de seus sorrisos, a emissão de uma
entonação de sua voz. E esse prazer, diferente de
todos os outros, acabara por criar em Swann uma
necessidade dela que só ela podia aplacar com
sua presença ou as suas cartas. *[...]* Assim, pela
própria química de seu mal, *depois que* fabricara
ciúme com o seu amor, *recomeçava a fabricar ter-*
nura, piedade para com Odette.

(*Du côte de chez Swann*, apud Sartre, 1943,
p.216, grifos de Sartre).

136   MALCOM GUIMARÃES RODRIGUES

A "transcendência do ego" e a reflexão impura

Não há dúvida de que *A transcendência do ego* (1937/1994) é o escrito que insere o jovem Sartre no rol dos grandes fenomenólogos depois de Husserl. Para aqueles que relutam em afirmá-lo basta abrir as páginas dessa obra e compará-las com todas as outras publicações de Sartre até *O ser e o nada*: ver-se-á que aquele primeiro ensaio é uma espécie de esboço de todo um sistema filosófico ainda em expansão. Aliás, é por isso que não ousaremos entrar em toda riqueza e complexidade desse ensaio; interessa-nos, apenas, o miolo de sua tese primeira: o argumento central à refutação de um sujeito, um Ego, particularmente em sua "presença material", cuja constituição efetiva-se pelo que chamamos de reflexão "impura".

Em sua "presença formal" a constituição desse Ego pode se realizar, amparada pela filosofia kantiana, a partir de um sujeito transcendental. Segundo Sartre (1994a, p.44-5), em Kant a consciência transcendental é um conjunto de possibilidades lógicas que poderiam fundamentar o "direito" (de existência) de um Eu, e não o fato desse Eu como querem alguns neokantianos. Contudo, a questão de direito nos conduz à questão de fato, pois o que é preciso saber é se esse Eu está, de fato, na consciência, habitando-a e unificando as suas representações. Sobre a questão de fato, continua Sartre, "se nós abandonarmos todas as interpretações mais ou menos forçadas que os neo-kantianos fizeram do 'Eu penso' [...], encontramos no nosso caminho a fenomenologia de Husserl" (ibidem).

O procedimento da fenomenologia, afirma Sartre (ibidem), é a intuição que (segundo Husserl) nos situa em presença da coisa: "a fenomenologia é, portanto, uma ciência de fato".[1] Assim, a redução fenomenológica isola do que Sartre vai chamar de "campo transcendental" as cristalizações transcendentais da consciência (tais como

---

1 Aqui é importante ressalvar que Sartre, ao dizer que a fenomenologia é uma "ciência dos fatos", não quer dizer que ela deixe de ser a "ciência das essências", como quer Husserl: "para o ponto de vista em que nos colocamos, isso vem a dar no mesmo", afirma Sartre (1994a, p.45) em nota de rodapé.

CONSCIÊNCIA E MÁ-FÉ NO JOVEM SARTRE   137

um "Eu" psíquico ou psicofísico), e nós, continua Sartre, "estamos persuadidos que o nosso eu psíquico e psicofísico é um objeto transcendente que deve ficar ao alcance da εποχη (epoché)" (ibidem, p.46, parênteses nossos). Até aqui, como vemos, Sartre estará de pleno acordo com Husserl.

Contudo, para Sartre, Husserl foi além disso: em nome de uma unificação da consciência, ele teria afirmado a existência fatídica de um "Eu puro" que resistiria à redução fenomenológica e que, nas palavras de Sartre, se firmaria como um "Eu transcendental que estaria como que por detrás de cada consciência, que seria uma estrutura necessária dessas consciências cujos raios (*Ichstrahl*) cairiam sobre cada fenômeno que se apresentasse no campo da atenção" (ibidem, p.46). De fato, argumenta Sartre, se a redução fenomenológica nos dá a intuição da coisa, então o Eu puro de inspiração kantiana de que fala Husserl tornar-se-á um Eu material, ainda que Husserl prefira falar de um Eu transcendental.

É nesse ponto que Sartre começa a divergir de (sua interpretação de) Husserl. Como já vimos (no capítulo anterior), a consciência se define e unifica pela intencionalidade e introduzir um Eu nos seus "bastidores", seja de natureza formal ou material, é introduzir opacidade no fluxo consciente e fazer da espontaneidade passividade. Assim, a partir daqui, Sartre empreenderá suas forças para refutar as teses husserlianas apegando-se, para tal, à própria ideia fundamental da fenomenologia de Husserl, a intencionalidade, que dispensa a necessidade de um Eu "individualizante".

Aliás, mais do que dispensável, esse Eu deve ser visto como nocivo, pois nos faria retornar à ideia da consciência como "espírito aranha", que assimilaria objetos ou estados da consciência, transformando-a em palco passivo de relações causais. É, aliás, nessa atmosfera do "espírito aranha" que vertentes moralistas da psicologia[2] defenderam, segundo Sartre, suas teorias acerca de uma

---

2 Na verdade, Sartre (1994a, p.55) se refere às teorias dos moralistas do "amor-próprio", segundo os quais o "amor de si mesmo – e por conseguinte o Eu – estaria dissimulado em todos os sentimentos sob uma miríade de formas

138 MALCOM GUIMARÃES RODRIGUES

presença material de um Eu na consciência. Esse "Eu" estaria, senão reconhecidamente presente, pelo menos "escondido" por detrás da consciência, tal como um Eu inconsciente, e seria o polo das representações, estados, atos e desejos do sujeito.

É verdade que, continua Sartre, não há como negarmos que na vida cotidiana se diz "Eu amo tal pessoa", ou "Eu estou triste", ou "Eu estive em tal lugar", ou mesmo "Eu penso, eu existo". Ou seja, não há como negarmos um estatuto a esse "Eu". Porém, nos previne Sartre, devemos perguntar: qual a verdadeira origem desse "Eu", desse "habitante" e unidade de representações, atos e estados da consciência?

O fato primordial para entendermos a recusa desse Ego é que, como dirá Sartre, "um pensamento irrefletido sofre mutação radical ao se tornar refletido" (ibidem, p.51). Para compreendermos o cerne desta argumentação, já que retomá-la integralmente seria um trabalho árduo, voltemos ao ponto de partida de Sartre: Descartes afirmou "Eu penso, logo eu sou". Logo depois, supondo-se que "Eu" e "penso" estão no mesmo plano, atribuiu-se a uma substância pensante (que muitos psicólogos convencionaram chamar de "Ego") a mesma evidência que é constitutiva do cogito. Mas será mesmo que, do ponto de vista da certeza do cogito, "Eu" e "penso" estão em pé de igualdade?

Sabemos que Sartre distinguiu, a partir do cogito, uma consciência primeira e irrefletida, sobre a qual uma consciência reflexiva se volta para afirmar o cogito. Daí a constatação de que esse cogito é uma "operação de segundo grau". Mas então isso significa que o "Eu penso" é tributário do irrefletido, está, como a própria expressão do cogito indica, no "segundo grau". Em suma, o "Eu" só aparece por conta da reflexão, uma vez que é o seu próprio objeto, objeto transcendente, transcendência do Eu. Assim, podemos afirmar que a origem deste Eu é a reflexão e que ele não estava já presente no plano irrefletido, já que neste plano só havia posicionamento do

───────────

diversas. De um modo geral, o Eu, em função desse amor que ele se tem, desejaria *para si mesmo* todos os objetos que deseja".

CONSCIÊNCIA E MÁ-FÉ NO JOVEM SARTRE   139

transcendente. Daí que, como dirá Sartre (ibidem, p.55), "O cogito afirma demais". Não é necessário dizer "Eu penso", basta dizer "há pensamento". Eis-nos à presença do campo transcendental de que falávamos há pouco.

Porém, aqui podemos perguntar: de onde vem a unidade de nossa consciência ou, em outras palavras, como posso afirmar "minha consciência"? Afinal de contas, as percepções, emoções e tantos outros pensamentos se dirigem a uma unificação que atribuímos à nossa interioridade com o passar do tempo. De fato, o nosso filósofo não se opõe a isso; é preciso notar que, nas palavras de Sartre, "toda consciência irrefletida, sendo consciência não tética dela mesma, deixa uma lembrança não tética que se pode consultar" (ibidem, p.51).

Isso significa que, em primeiro lugar, não é necessário um Eu reflexivo para que eu possa afirmar "minha consciência"; prova disso, argumenta Sartre, é essa "lembrança irrefletida" que tenho quando, por exemplo, recordo da leitura de um romance: sei que era a "minha" leitura que dava vida às personagens, mas nem por isso tenho a lembrança de um "Eu" que lia o livro, apenas a lembrança do enredo que por mim era lido. Em segundo lugar, em relação a este Eu reflexivo, é preciso dizer que Sartre não o nega, apenas questiona sua natureza. O Ego, frisa Sartre (1994a, p.67), "é a unificação transcendente espontânea dos nossos estados e das nossas ações. A este título ele não é uma hipótese. Eu não digo: 'talvez tenha um Ego', como posso dizer: 'Talvez odeie Pedro'".

Nesses termos, com as críticas da "Transcendência do Ego" não se quer negar uma unificação da consciência ou negar que, de fato, exista um Eu. Mas apenas atestar: (1) que a consciência está unificada sem a presença (material ou formal) de um Eu; (2) que esse Eu é transcendente, está "lá fora", assim como seus estados e qualidades são também transcendentes; e (3) que a consciência não traz para "dentro" seus objetos, mas "sai" ao exterior para alcançar esses objetos e, nisso, se unifica. Resta, então, perscrutarmos quais as consequências reais desta reflexão que posiciona um Ego e como tal reflexão se dá.

140   MALCOM GUIMARÃES RODRIGUES

Em primeiro lugar, surge o "objeto" da reflexão, a consciência refletida. Acerca dessa consciência em si mesma que é afirmada pela reflexão, uma vez afirmada, é preciso concordar que ela se dá como indubitável. Se, ao ver Pedro, digo "Eu odeio Pedro", é certo que uma consciência foi posicionada como momento de cólera e repulsão, quer dizer, é indubitável o fato de que, naquele momento, minha consciência reflexiva posicionou uma consciência de ira da qual não posso me enganar. Outra coisa bem diferente é a certeza que se costuma atribuir à consciência dos chamados "estados" da consciência; no caso, o ódio. Este, afirma Sartre (ibidem, p.59), não é, de forma alguma, imanente e certo.

O ódio não é a experiência momentânea que tive espontaneamente, embora tenha aparecido por meio dela: ele escapa àquela consciência espontânea de cólera para se firmar como objeto transcendente, exterior à consciência, perpetuando seu Ser ao infinito, ainda que, e sobretudo se, eu não estiver pensando em Pedro. Mas, em segundo lugar, e de maior importância, devemos notar que naquela consciência reflexiva que posiciona seu "estado" não dizíamos apenas "Odeio Pedro", mas "Eu odeio Pedro". O ódio surge como "meu" estado de consciência, enfim, se quisermos usar os termos de Sartre,[3] como existindo em ato.

Veem-se as consequências dessa concepção. Dado que "Eu odeio Pedro", meu ódio será a causa dos futuros comportamentos de meu "Eu"; estou comprometido com esse ódio ante o qual sou passivo: é um ódio que ultrapassa minha existência. Assim, sinto o "peso" do ódio e é esse peso que "causa" meu comportamento. Ao contrário, se limito minha consciência colérica ao que ela é, então afirmarei "Pedro me irrita neste momento", não comprometendo o futuro e, de certa forma, já abandonando aquele ódio de Pedro. Ou seja, levando em consideração apenas o que

---

3 "O estado é unidade noemática de espontaneidades, a qualidade é unidade de passividades objetivas. Na ausência de toda e qualquer consciência de ódio, o ódio dá-se como existindo em ato. Ao contrário, na ausência de todo sentimento de rancor, a qualidade correspondente permanece uma potencialidade" (Sartre, 1994a, p.64).

CONSCIÊNCIA E MÁ-FÉ NO JOVEM SARTRE   141

é indubitável, diremos que é certo que Pedro me irrita, porém duvidoso que eu o odeie.

Ora, de um ponto de vista psicológico, estamos sem dúvida diante da fronteira entre a reflexão "pura" e a "impura": se limito o alcance de minha afirmação ao momento, sem me inserir em uma cadeia determinada de atos e estados de consciência, estou nos limites da reflexão pura. A partir do momento em que digo "odeio Pedro", me faço objeto ante esse estado ativo que me "toma" em certos momentos e dirige minha conduta. Como vimos, na reflexão impura a consciência "insiste" em tornar-se objeto para si mesma. Um objeto, dizíamos, é algo "estático", por assim dizer, ele fica definido e pronto. Assim, se uma tal reflexão é possível, fixamo-nos como uma coisa, um em-si, e introduzimos um determinismo em nosso Ser.

Podemos aqui lembrar aquele sujeito que procura um emprego. Ele era "apreensão irrefletida" do mundo que, por sua vez, colocava como estrutura de exigência a necessidade de trabalhar. "Era", porque agora ele é interrogação, consciência reflexiva. "Conseguirei?", pergunta ele a si mesmo e, em certo sentido, ao mundo. Só que sua reflexão é impura e, uma vez diante do irrefletido, ele projeta-se para "fora" de si e reflete sobre "quem ele é". Logo, pode decidir não desistir de sua busca por um emprego, afinal de contas, ele refletiu e "descobriu" que é um "bom sujeito", enfim, possui um inabalável caráter.

Eis aí, resumidamente, um sujeito que reflete "impuramente". A reflexão impura compromete o futuro captando sempre o passado, o já dado e, portanto, um ser acabado, mesmo que para concebê-lo como passivamente "desagregado", ou em constante mudança, mudança essa já determinada por aquele passado ou por um "livre arbítrio" (se assim quisermos chamar) que se encerra nos limites de um feixe de tendências e hábitos. Trata-se de uma reflexão cujo objeto, no momento em que é constatado, já está situado e fixado como o elemento necessário de uma série causal determinada. Tal reflexão visa, pois, o conhecimento, no sentido estritamente positivista do termo "conhecer".

É nesse patamar, aliás, que se situam as promessas de expressões como "autoconhecimento" ou "conhecimento de si", pois toma-se aí a reflexão como um olho que vê a si mesmo e supõe-se que a consciência "refletida" (aquela que é alvo da reflexão, ou da consciência "reflexiva"), como totalidade acabada, possa ser conhecida, no mesmo sentido do termo "conhecer" em que dizemos conhecer o caráter da personagem de um livro. Ora, não falamos de outra coisa senão da cristalização de um Ego ao qual nos dirigimos "objetivamente" em uma tentativa de nos conhecer. "Mas", dirá Sartre (1994a, p.73),

> seria inútil dirigir-me diretamente ao Eu e tentar beneficiar da sua intimidade para o conhecer. Pois é ela, ao contrário, que nos barra o caminho. Assim, "conhecer-se bem" é, fatalmente, tomar sobre si o ponto de vista de outrem, quer dizer, um ponto de vista forçosamente falso. E, todos os que tentarem conhecer-se concordarão, esta tentativa de introspecção apresenta-se, desde a origem, como o esforço para reconstruir, com peças desligadas, com fragmentos isolados, o que se deu originariamente de uma vez, de um só lance. Assim, a intuição do Ego é uma miragem perpetuamente falaz, pois ela ao mesmo tempo dá tudo e não dá nada.

Insistimos, no entanto, nesse "autoconhecimento" para que, uma vez habitados por esse caráter, esse "Eu" cuja liberdade apreendemos como se fosse a liberdade de um outro, enfim, uma vez sendo um ser-em-si, possamos nos contemplar "de fora", como objeto passivo, até mesmo, se assim quisermos, sujeitos às deliberações de Deus, do (que Sartre vai chamar de) inconsciente, de valores transcendentais etc., casos em que nosso "Eu" seria determinado, até mesmo "coagido" a agir de forma específica, aliás, contra a nossa "vontade". Eis, então, a conduta de má-fé. É, pois, nesse plano (da reflexão impura) que a consciência assume um ponto de vista, define seu objeto (ela mesma) como um em-si e pode até ser esse objeto agora. Mas não é só isso. Ele não apenas pode ser esse "Eu" plástico: pode também afirmar ser sinceramente o que é.

CONSCIÊNCIA E MÁ-FÉ NO JOVEM SARTRE   **143**

Com a sinceridade, dizíamos (na Parte II), vemos um esforço para estabelecer de uma vez por todas, no âmbito da realidade humana, uma diferença imensurável entre o ser e o não ser; e mais: esse esforço dá-se como resultado de uma reflexão cristalizadora que se opera no limiar da superficialidade do mundo, passando-lhe a vista rapidamente para distinguir definitivamente, à maneira do em-si, aquilo que *é* daquilo que *não é*: "Sou um covarde", afirmo. Um "Eu" e seu mundo precisam ser petrificados para que uma reflexão tranquilizadora possa compreender essa indeterminação (agora ordenada) que transborda de meu Ser e para que eu possa "ser" alguma coisa além desta indeterminação, talvez possamos dizer, afinal, para que eu possa "entrar na dança" do mundo das exigências imediatas.

Por fim, a conclusão que tiramos de tudo isso é que, na esteira das reflexões de *A transcendência do ego*, o "Eu" pode ter uma utilidade não tanto teórica, mas, sobremaneira, prática; tal como diz o próprio Sartre (1994a, p.80, parênteses nossos) sem mencionar a má-fé: "talvez que o seu papel essencial (do "Eu") seja encobrir à consciência a sua própria espontaneidade". E continua Sartre no parágrafo seguinte:

> Tudo se passa como se a consciência constituísse o Ego como uma falsa representação dela mesma, como se ela se hipnotizasse com este Ego que ela constitui, se absorvesse nele, como se ela fizesse a sua salvaguarda e a sua lei: é graças ao Ego, com efeito que se poderá efetuar uma distinção entre o possível e o real, entre a aparência e o ser, entre o querido e o sofrido. (ibidem)

Ora, a nós não resta dúvidas de que nessas palavras, e de maneira geral no teor das críticas de Sartre nessa mesma obra, já se despontam os primeiros e decisivos passos à formulação do conceito de má-fé. A "transcendência do ego", de certa forma, é uma estratégia da má-fé, enquanto perpetrada por uma reflexão impura. Obviamente, nem todos os momentos em que digo "Eu..." podemos afirmar que agi de má-fé. Mas já vimos como identificar essa conduta; basta verificarmos que tipo de benefícios estaremos obtendo com nossas atitudes: se extraímos dessas uma consciência tranquila, por exemplo, se nos determinamos por estados de consciência, não há dúvidas de que se trata de má-fé.

Por fim, podemos dizer, fica provado que *A transcendência do ego*, por mais que tenhamos passado à margem de alguns de seus conceitos e pontos principais, é de grande importância para entendermos a trajetória filosófica de Sartre, sobretudo no que diz respeito às noções de consciência e má-fé.

As emoções e o "mundo mágico"

Antes de adentrarmos esse "modo de ser" da consciência, a "consciência emotiva", convém salientar que no *Esboço de uma teoria das emoções* a intenção de Sartre (1965, p.24-39) não é tanto uma análise pormenorizada das emoções quanto combater certas concepções clássicas da Psicologia do começo do século XX (como a de James e Janet) que tendem a conceber a emoção se não como um automatismo epifenomenal, pelo menos como uma reação adaptativa, na esteira do behaviorismo, da qual a consciência pode apenas ter uma espécie de constatação reflexiva. Em suma, a proposta primeira de Sartre é mostrar que as teorias clássicas negam uma finalidade da emoção intrínseca à consciência, fazendo do humano uma espécie de robô.

Para entendermos a concepção de Sartre, é preciso ter em mente que, como acabamos de dizer, a emoção não é uma consciência reflexiva, mas "uma determinada maneira de apreender o mundo" (ibidem, p.49); estar com medo, por exemplo, não é ter consciência do medo, mas de um objeto medonho em certa situação. É claro que, após um primeiro momento de medo, posso tomar consciência dele e, assim, refletir. Porém, a "consciência emocional" é, primeiramente, consciência do mundo, isso é, irrefletida para si como posicional do objeto transcendente. De fato, essa é a própria condição da emoção: ela regressa ao objeto emocionador, nele se alimenta e, se esse objeto desaparece, a emoção propriamente dita desaparece com ele. Nas palavras de Sartre:

CONSCIÊNCIA E MÁ-FÉ NO JOVEM SARTRE   145

O indivíduo que procura a solução de um problema prático encontra-se no exterior, no mundo, apreende o mundo a todo instante, através de seus atos. Se fracassa nas suas experiências, se se irrita, a sua própria irritação é ainda uma maneira em que o mundo lhe aparece. E não é necessário que o indivíduo, entre a ação que fracassa e a ira, se concentre e intercale uma consciência reflexiva. Pode haver passagem instantânea da consciência irrefletida "mundo-agido" (ação) à consciência irrefletida "mundo-odioso" (ira). (ibidem, p.49-50)

Vemo-nos, pois, naquele "mundo do imediato" de que falávamos (na segunda seção da Parte I). Esse mundo apresenta suas exigências que, por sua vez, são "difíceis" de cumprir. Essa "dificuldade", como dirá Sartre, "não é uma noção reflexiva que implicaria uma relação consigo mesmo. Existe no mundo; é uma qualidade do mundo que se dá na percepção" (ibidem, p.54). Ora, uma vez que essa dificuldade se intensifique, uma vez que as exigências reclamem "mais do que podemos dar", o mundo do imediato requer uma resposta imediata, o mundo precisa modificar-se com urgência para que não exija tanto de mim. Mas, sem embargo, porquanto a realidade não pode ser tão facilmente modificada ao nosso bel-prazer, essa modificação só pode ser feita por um "passe de mágica". Pelas palavras de Sartre:

Quando os caminhos traçados se tornam demasiado difíceis ou quando não vemos caminho algum, verificamos que não podemos continuar num mundo tão urgente e tão difícil. Todas as vias são barradas, e, apesar disso, é preciso agir. Tentamos, então, mudar o mundo, isto é, tentamos viver como se as relações entre as coisas e suas potencialidades não fossem governadas por processos deterministas, mas pela magia. (ibidem, p.55)

Notemos, primeiramente, que esse determinismo dos processos do mundo é exterior às minhas escolhas; é o determinismo das coisas tal como as conheço, muito embora eu queira fazer desse determinismo um processo interior, quer dizer, queira dominar esse

146 MALCOM GUIMARÃES RODRIGUES

determinismo para poder fazer parte dele e alterá-lo. Por exemplo: a gravidade nos "puxa" para o solo, ao passo que a inércia nos mantém firmes ao andar. Porém, se ando à beira do precipício, ainda que esteja a dez metros da margem, meu coração bate acelerado e grito de medo; alterei as leis do universo: a distância que me separa da margem já não existe, a inércia que me faz ficar parado extinguiu-se e a gravidade exerce força fora do comum sobre meu corpo. O abismo torna-se "horrível"; só que este aspecto não faz parte do mundo determinista dos utensílios. Daí que, para Sartre:

> O horrível não pode aparecer senão num mundo tal que os seus existentes sejam mágicos na sua natureza e que seus recursos possíveis contra os existentes também sejam mágicos. É isso que demonstra bastante bem o universo do sonho, onde as portas, fechaduras, muralhas, arma, etc. não são recursos contra as ameaças do ladrão ou do animal feroz, em virtude de serem apreendidas num ato unitário de horror. [...] Em resumo, apreender um objeto qualquer como horrível é apreendê-lo na base de um mundo que se revela como sendo *já* horrível. (ibidem, p.79)

Da mesma forma, se trombo com um cão raivoso, por exemplo, sei que ficarei ferido e doente caso ele me morda, e esse pensamento me surge como emoção (e não como reflexão), isso é, como medo que requer uma atitude imediata, uma mudança urgente que "quebre" essa cadeia causal de acontecimentos. Essa mudança, no entanto, não pode ser uma transformação real do mundo – pois o cão está a dois metros, prestes a avançar –, mas a mudança para uma atitude que altere minha relação com o mundo. Daí a "magia" de que fala Sartre, magia que não é uma ação reflexiva e da qual, portanto, tenho uma impressão de não poder controlar. Assim, caio, desmaio, e o mundo (e sua causalidade eminente) desaparece. Mas como pode o desmaio livrar-me do perigo? Voltemos às palavras de Sartre:

> Nada parece menos adequado do que esse comportamento que me entrega, indefeso, ao perigo. E, contudo, trata-se de um

CONSCIÊNCIA E MÁ-FÉ NO JOVEM SARTRE 147

comportamento de *evasão*. [...] A urgência do perigo serviu de motivo para uma intenção aniquilante que comandou um comportamento mágico. E, pelo fato, aniquilei-o tanto quanto me era possível. Estes são os limites de minha ação mágica sobre o mundo: posso suprimir o perigo como objeto de consciência, mas só o posso fazer suprimindo a própria consciência. (ibidem, p.58)

A emoção, portanto, não é um comportamento "efetivo", no sentido do termo que exprime agir verdadeiramente sobre o objeto. Também não é uma dissimulação: lançamo-nos, literalmente, de "corpo e alma", em uma nova atitude que, por sua vez, nos coloca perante novas relações e exigências com o mundo. E, nesse caso, para além das fastidiosas discussões cartesianas sobre a distinção "mente-corpo", essa "atitude" significa corpo e consciência (do objeto transcendente) agindo "juntos", se é que podemos falar em "junção" de tais coisas, dado que ambas não se distinguem no pensamento sartriano.

Na verdade, Sartre deixa bem clara sua concepção acerca do clássico "problema mente-cérebro" (embora não o mencione): não há um tal problema. Simplesmente, no caso das emoções, o medo é um comportamento emotivo integral, por assim dizer, e o corpo, com suas tremedeiras, arritmias etc., assim apresenta a compreensão brusca das condições desse comportamento. Em suma, é como se disséssemos que o corpo "sabe o que faz"; a emoção não é um acaso, ou um comportamento de desordem mental ou fisiológica: o corpo age em conformidade com o que se apresenta ao seu redor, no caso da emoção, providenciando uma atitude mágica.[4]

---

4 "É preciso considerar, portanto, que a emoção não é apenas representada, que não se trata de um comportamento puro;" afirma Sartre (ibidem, p.68), "trata-se, antes, do comportamento de um corpo que se encontra num determinado estado: o estado, por si só, não provocaria o comportamento, e o comportamento sem o estado seria comédia; mas a emoção aparece num corpo perturbado que tem certo comportamento". E, conclui o filósofo: "Encontramo-nos diante, não haja dúvida, de uma forma sintética: para *acreditar* nos comportamentos mágicos, é necessário estar-se perturbado".

Poder-se-ia, porém, replicar que há outros comportamentos emotivos que podem ser considerados "racionais", isso é, que não implicam fazer da realidade um "mundo mágico". Se ao ver aquele sujeito diante do animal feroz vejo que ele, em vez de desmaiar, permanece em seu lugar ou, ainda, foge habilmente em direção oposta, a impressão que tenho é a de que aquele sujeito "aguentou firme", "agiu reflexivamente", enfim, comportou-se racionalmente. Porém, pode-se também imaginar outras situações que não parecem implicar uma "atitude mágica", enfim, comportamentos que não têm, em nenhum sentido, a finalidade de evitar algo intolerável, como é o caso da alegria.

Também neste último caso, contudo, dirá Sartre, é preciso fazer uma distinção: uma coisa é a alegria como momento passageiro "que representa um equilíbrio"[5]; outra bem diferente é a "alegria-emoção", que, como define Sartre, é "um comportamento mágico que tende a realizar por encantamento a posse do objeto desejado como totalidade instantânea" (ibidem, p.63). Assim, também no caso da alegria, a "atitude mágica" pode prevalecer: tratam-se daqueles casos de "alegria impaciente". Ou seja, o sujeito quer antecipar como uma totalidade uma situação que, na verdade, não pode ser desfrutada como um momento único, mas, ao mesmo tempo, o sujeito não quer perder nunca mais esse momento instantâneo: precisa "parar" o tempo e, assim, frear a ordem determinada dos fatos.

Já no primeiro caso, dos comportamentos emotivos que podem ser considerados racionais, também não há nada de "racional" aí. Enquanto vemos aquele sujeito que aparentemente "aguenta firme" nós não sentimos suas palpitações, seu coração acelerado e suas mãos suadas. Não vemos que ele até cerra os olhos para o perigo que se aproxima e contrai sua face, tal qual, como lembra Sartre, "os

---

5 Na verdade, Sartre (ibidem, p.63) fala de uma "alegria-sentimento" (usando o termo "sentimento" para definir uma emoção) que representaria, continua Sartre, um "estado-adaptativo" (usando o termo "estado") e que deveria diferenciar-se de uma "alegria-emoção". Decidimos encobrir (nesta e em outras passagens) o uso de alguns termos problemáticos para evitar confusão, já que o nosso filósofo (ou os seus tradutores) não o fez.

CONSCIÊNCIA E MÁ-FÉ NO JOVEM SARTRE **149**

pugilistas noviços se lançam sobre o adversário fechando os olhos: desejam suprimir a existência dos punhos do adversário, recusando--se a aperceber-se deles e, assim, suprimem simbolicamente a sua eficácia" (ibidem, p.59). Não há dúvidas, então, de que o sujeito sente medo.

Da mesma forma, fugir correndo daquele animal feroz, por exemplo, pode implicar uma reflexão, um cálculo para criar entre si e o perigo a maior distância. Porém, argumentará Sartre (ibidem), é preciso distinguir a prudência do medo. Diante de um animal feroz não há tempo para pensar; a atitude é desesperada. Tal como o desmaio, a fuga é um comportamento mágico porque consiste em negar o objeto perigoso, em esquecê-lo, mudando a atitude do corpo para o "outro lado", enfim, dando as costas para o perigo: "Não fugimos para encontrar um abrigo", nos lembra Sartre: "fugimos por não nos podermos eliminar no desmaio" (ibidem).

Com efeito, ao longo do *Esboço*, Sartre vai nos dando uma série de exemplos para tratar de outros tipos de emoção (aos quais não podemos nos remeter em detalhe), sempre definindo esta como uma "resposta mágica" a determinadas situações intoleráveis, por assim dizer. Porém, e esse é um ponto em que muito insiste Sartre, essa resposta é inevitável e irrefletida. Tais situações distinguem-se de comportamentos puros e simples ou da consciência desses comportamentos. No caso da alegria-emoção, por exemplo, não se trata daquela "alegria forçada" que certas pessoas demonstram quando ganham algo que, na verdade, não agradou. "A verdadeira emoção é muito diferente", dirá Sartre, "A emoção é sofrida. Não podemos abandoná-la à nossa vontade; esgota-se por si mesma, mas não podemos detê-la [...]. Para que apreendamos o horrível, não é suficiente representá-lo, é preciso que sejamos envoltos, transbordados, pela nossa própria emoção" (ibidem, p.67).

Que não se entenda, porém, por tais palavras, que estamos passivos diante de nosso corpo emocionado. A finalidade da emoção não é inconsciente, apenas se esgota na constituição de seu objeto. Isso porque a consciência não se limita a projetar significações afetivas no mundo; ela vive esse mundo que acaba de constituir, sofre e alegra-se nele. A consciência emotiva, como afirma Sartre, "é cativa, mas não se deve entender por essas palavras que um existente qualquer, exterior a ela, a teria acorrentado" (ibidem, p.71). De fato, é em sua espontaneidade que ela vive o mundo, e é nesta vivência que o mundo a "absorve". Nas palavras de Sartre:

> Não se deve imaginar a espontaneidade da consciência no sentido de que ela tem sempre a liberdade de negar qualquer coisa no mesmo momento em que apresentasse essa qualquer coisa. Tal espontaneidade seria contraditória. A consciência transcende-se, por essência; é-lhe impossível, portanto, retirar-se em si para duvidar de que se encontra no exterior, no objeto. Ela só se *conhece* no mundo [...]. Assim, portanto, como a consciência vive o mundo mágico em que se lançou tende a perpetuar esse mundo onde ela é cativa: a emoção tende a perpetuar-se. É nesse sentido que se pode dizer, a seu respeito, sofrida: a consciência emociona-se pela sua emoção, repete-se. Quanto mais foge, tanto mais se tem medo. (ibidem)

Com efeito, não é à toa que citamos esse longo trecho. Ele traz informações valiosas, que reveremos mais tarde, sobre a má-fé, apesar de esta última não ser mencionada por Sartre no *Esboço*. Particularmente importante é o fato de que a espontaneidade, como cativa da emoção, não é pura e simplesmente livre, mas, como ainda veremos melhor (no próximo capítulo), ela é sempre e somente livre em condição. No momento específico da emoção, por exemplo, a consciência é vítima de sua própria armadilha, faz-se "degradação" para escapar à pressão do mundo. Nesses termos, "só tem consciência posicional da degradação do mundo que passa ao nível mágico", quer dizer, está "presa" a este mundo enquanto consciência emocional. Não obstante, é a própria consciência que se lança àquela armadilha; não há metáfora melhor para explicá-lo do que o envolvente mundo dos sonhos.

Assim, a tristeza daquele sujeito visivelmente empalidecido, que se volta para um canto "para ficar só com a sua dor", é a supressão das obrigações diante de uma nova situação: estava triste demais para

CONSCIÊNCIA E MÁ-FÉ NO JOVEM SARTRE   **151**

procurar meios de lidar com a notícia de que perdera tudo que tinha, por exemplo, triste o bastante para deixar-se envolver tal como em um sonho. De fato, se nos aproximamos para conversar, o sujeito chega a despencar em lágrimas, sua tristeza está estampada em seu rosto e, assim, ficamos sem saber o que falar, não podemos perguntar por que ele está daquele jeito.

Logo, enquanto estiver em prantos, é "humanamente" impossível que o sujeito decida o que vai fazer, decida que terá de mudar toda a sua vida, por exemplo. Sua tristeza afasta a realidade penosa, ou melhor, afasta o incômodo fato de que é ele quem decide fazer e encarar essa realidade penosa, de que ele tem a liberdade de encará--la ou não. Assim, como afirma Sartre, "A crise emocional é, aqui, o abandono da responsabilidade" (ibidem, p.62), muito embora ele não posicione essa realidade, porquanto sua consciência emocional é irrefletida.

Se nos é permitido abrir um parêntese, diante de tais palavras não há como evitar uma comparação com a teoria psicanalítica, especificamente com os chamados "mecanismos de defesa". No *Esboço*, Sartre (1965, p.40-7) faz uma breve menção à psicanálise, recusando, como já sabemos, a noção de inconsciente. Com efeito, o filósofo não menciona os mecanismos defensivos tais como definidos por Freud; não obstante, Sartre (ibidem, p.62-3) chega a falar da emoção como uma "defesa" diante de uma mudança ou de um perigo. É verdade que não podemos ainda empreender uma comparação satisfatória entre Freud e Sartre, ainda assim, fica registrado esse paralelo.

Ora, havendo ou não um tal paralelo com a teoria freudiana, há de notar como a má-fé parece estar presente quando Sartre fala dessa "defesa" que constitui a emoção, tendo em vista que a má-fé parece assemelhar-se a uma espécie de defesa de si mesma, uma defesa contra a angústia. Mas não é só. Quando Sartre (ibidem, p.62) fala de um "abandono da responsabilidade"; quando fala (ibidem, p.69) que "a consciência que se emociona assemelha-se bastante à consciência que adormece"; enfim, quando fala (ibidem, p.71) que "a consciência é vítima de sua própria armadilha"; em todos esses momentos vemos uma "brecha" pela qual a má-fé pode esgueirar-se.

Com efeito, mais interessantes ainda são as últimas palavras (antes de sua conclusão) de Sartre:

> Habitualmente, apontamos para a consciência emotiva uma reflexão cúmplice que apreende, sem dúvida, a consciência como consciência, mas na medida em que é motivada pelo objeto: "Estou dominada pela ira *porque* ele é detestável". É a partir dessa reflexão que a paixão se constitui. (ibidem, p.82)

No trecho em questão, o filósofo se refere à possibilidade de uma consciência posicionar-se a si mesma como emoção; o resultado, frequentemente, não é outro senão aquele já diagnosticado em *A transcendência do ego*: uma reflexão impura (que Sartre chama "cúmplice") vai posicionar-se como objeto e justificar seus atos em vista de seus "estados psíquicos". Aqui, é pertinente notar o fato de que a consciência emotiva, embora permita um "abandono da responsabilidade", é irrefletida. Isso significa que, se existe uma intenção de abandonar a responsabilidade, é porque essa "intenção" deverá ter sido projetada previamente, e não durante a conduta irrefletida, através de uma escolha mais primeira e "original". Mas, aqui, precisamos ser cautelosos com este termo "previamente". Entre aquela escolha original e a atitude irrefletida não há, de fato, uma diferença ontológica ou uma precedência temporal; tão somente a atualização de um projeto que, enquanto não questionado para si, se reafirma em cada detalhe daquele sujeito, incluindo, é claro, suas emoções. Voltaremos a esse assunto.

O que podemos afirmar desde já é que, tal como havíamos constatado na *Transcendência do ego*, novamente lidamos com uma possível conduta de má-fé, o que faz do *Esboço* mais uma obra imprescindível para acompanharmos a trajetória desse conceito.

Com efeito, Sartre não traça apenas as primeiras linhas gerais sobre a má-fé quando menciona o posicionamento reflexivo de uma emoção, tal como o homem que se "vê" triste e se quer "fazer" triste; Sartre também menciona uma "reflexão purificadora da redução fenomenológica que pode apreender o mundo sob sua forma mágica"

CONSCIÊNCIA E MÁ-FÉ NO JOVEM SARTRE   **153**

e, assim, evitar uma reflexão impura. É o que expressaria, para usar o exemplo de Sartre (1965, p.81), a afirmação: "Considero-o detestável porque estou dominada pela ira". Nesse caso, "apreender o mundo sob sua forma mágica" é escapar da má-fé, já que nos permite explicar nossos atos, e não buscar desculpas para estes, e, por tabela, assumir a sua responsabilidade. Daí que, concluímos, a consciência emotiva não é necessariamente uma atitude de má-fé, pois para que essa atitude se configure é preciso que uma escolha primeira tenha já conferido ao mundo uma tonalidade necessariamente emotiva, tenha já projetado um "mundo cruel". Voltaremos a isso nos próximos capítulos.

O fato é que, nessas poucas e importantes linhas do *Esboço*, delinearam-se, em termos psicológicos, não apenas as bases da conduta de má-fé, como também da reflexão que nos permitiria escapar dessa conduta. Para que isso fique mais claro, vejamos as duas afirmações usadas como exemplo por Sartre.

Na primeira ("Estou dominada pela ira porque ele é detestável"), procuro tranquilizar-me: justifico meu ato pelo que o outro "é" e pelo que "causa" em mim. Temos, então, uma reflexão cristalizadora que estende os direitos de sua certeza para os objetos transcendentes que determina. Na segunda ("Considero-o detestável porque estou dominada pela ira"), o que está em jogo é a explicação do meu ato; resta-me, então, assumir a responsabilidade por ele. Aqui lidamos com uma reflexão que capta o instantâneo, posicionou uma atitude imediata e mantém sua certeza no plano da consciência afirmada.

Vê-se, então, de um ponto de vista psicológico, a diferença primordial que mais tarde seria a base da distinção entre o que Sartre chamou de reflexão "pura" e "impura". Se digo: "Estou irado porque ele é detestável", determino como as coisas são; a premissa é uma qualidade "eterna" que imprimi ao Ser, e, a partir daí, posso explicar causalmente o comportamento. Se, ao contrário, digo: "Considero-o detestável porque estou irado", apenas constato como as coisas estão; a premissa é uma constatação momentânea de meu ser, e, então, explico teleologicamente o comportamento. Assim, como afirma o próprio Sartre (1965, p.72, parênteses nossos), "a libertação (da emoção) terá de vir de uma reflexão purificadora ou de um desaparecimento total da situação emocionadora".

Com efeito, a despeito do caráter esclarecedor que tal afirmação pode ter, dados os nossos objetivos, é digno de nota que tal afirmação parece simplificar por demais as coisas. De nossa parte diremos, de fato, "teoricamente" é assim que deve ser: uma reflexão pura ou o desaparecimento da situação devem eliminar a emoção. Todavia, sabemos que não é assim tão fácil descrever uma situação emotiva. Por mais que aquele "mundo mágico" se desvaneça depois de um tempo, ainda restam sentimentos, percepções e imagens que perduram. É preciso, então, entender como tais coisas se articulam segundo uma psicologia fenomenológica.

O imaginário e as "patologias da imaginação"

Na última seção do capítulo anterior, seguindo os raciocínios de Sartre, havíamos proposto uma definição para os sentimentos imaginários e aos emotivos. Dissemos que, neste último caso, o sentimento pressupõe, mediante uma "mudança corporal", impregnar de qualidades afetivas um objeto real, de modo que o desaparecimento desse objeto poderia caracterizar o fim da emoção. E, de fato, se andamos à beira do precipício e sentimos medo, esse medo deverá desaparecer quando sairmos dessa situação. Contudo, será que os sentimentos surgem e desaparecem assim tão facilmente?

Ora, basta recordarmos a definição que propusemos aos sentimentos ditos imaginários para inferir que as coisas não são assim tão simples. Dizíamos que tais sentimentos, embora uma percepção frequentemente acompanhe sua formação, pressupõem impregnar de qualidades afetivas um objeto irreal, o que significa que pode haver algum tipo de sentimento sem a consciência emocional: ainda que o seu correlato real esteja presente, falamos de sentimentos no plano da imaginação. Urge, então, que vejamos como tais sentimentos são possíveis.

CONSCIÊNCIA E MÁ-FÉ NO JOVEM SARTRE **155**

Comecemos por: (1) "embora uma percepção frequentemente acompanhe sua formação". No caso, afirmamos que há um sentimento que, embora dirigido a um objeto imaginário, pode "nascer" com, e ao lado de, uma percepção. Isso não significa que uma consciência imaginária se dê ao mesmo tempo em que uma percepção: lembremos que toda consciência é consciência de uma coisa e que, se estamos no plano imaginário, a condição necessária é a ausência da percepção. De fato, não se trata de uma "consciência emotiva" tal como falamos há pouco.

O que acontece, naturalmente, é um revezamento entre percepção e imaginação, ou melhor, entre o "saber" que adquiro observando esse objeto e as "qualidades afetivas" que, depositadas ao longo dessa observação, se fundem com esse saber originando um objeto imaginário pelo qual eu nutro um sentimento. Assim, dirá Sartre (1996, p.184), "por um jogo de vai e vem, o sentimento se enriquece sem cessar, ao mesmo tempo em que o objeto se impregna de qualidades afetivas".

De momento, porém, enquanto durar a percepção, nenhum objeto imaginário (e, portanto, nenhum "sentimento imaginário" acerca desse objeto) estará definido. Assim, aquele "objeto que se impregna de qualidades afetivas", das palavras de Sartre, será o objeto real, isto é, captado por uma consciência irrefletida e posicionada na percepção, pelo menos enquanto durar aquele "vai e vem" da percepção. Ainda assim, "cada qualidade afetiva é tão profundamente incorporada ao objeto que se torna impossível distinguir o que é sentido e o que é percebido" (ibidem), de maneira que "essas qualidades entram na constituição do objeto percebido e, como tais, não poderiam destacar-se, aparecer separadamente ao olhar da reflexão" (ibidem, p.185).

É por isso que, se em outra situação o objeto surge como irreal, isto é, sem o seu correlato real, em suma, se eu imagino-o, o que foi sentido (afetividade, isso é, sentimentos acerca do objeto) e o que foi percebido (saber, isso é, conhecimentos acerca do objeto) dão-se como uma só coisa; um objeto imaginário no qual eu já "depositei" um sentimento: "Pedro-meu-amigo", por exemplo. Porém, no caso que nos interessa, diremos que esse sentimento é imaginário, porque Pedro está ausente.

Aqui, à guisa de esclarecimento e cientes do fato de que possamos estar simplificando demais as palavras de Sartre (1996), precisamos estabelecer uma (nossa) distinção entre "qualidades afetivas" e o que podemos chamar de "sentimento imaginário". De fato, em ambos os casos lidamos com qualidades que depositamos no objeto imaginário, tal como definido em *O imaginário*, e não com a emoção, tal como definida no *Esboço*, a despeito de que o próprio Sartre nos confunde usando os mesmos termos em algumas passagens de ambas as obras.

Parece-nos, contudo, que quando o filósofo fala de qualidades afetivas, ele se refere às pequenas qualidades (como ser leve, pesado, fino, áspero etc.) que nascem a partir da percepção e que, embora ulteriormente possam se "fixar" no objeto, estão potencialmente em mutação. Tratam-se, pois, de características mais ligadas àquele vai e vem da experiência imediata do objeto. Ao contrário, chamaremos de "sentimento imaginário" o conjunto das qualidades que, ao se fundirem em determinado objeto imaginário, se cristalizaram para formar um único sentido que o objeto irreal possui para mim (como ser amado, odiado etc.). Esse sentido concede ao objeto certa generalidade, já que se trata de uma síntese de qualidades, por assim dizer.

Assim, resumindo as palavras de Sartre e atendendo a uma exigência restritiva (para não nos perdermos em muitas informações), falaremos de sentimento imaginário apenas quando tratarmos das qualidades afetivas de um objeto que me aparecem na ausência desse objeto, algo muito mais ligado à minha subjetividade, aos meus gostos e preferências, do que à própria "objetividade" do objeto, suas características reais básicas, apreendidas como qualidades afetivas, que se oferecem a um constante aprendizado.

Vejamos, porém: no sentimento imaginário (que é o que verdadeiramente interessa a este trabalho) há somente o objeto imaginário sem o seu correlato real. Aqui, chegamos à outra parte de nossa definição: (2) "o sentimento pressupõe impregnar de qualidades afetivas um objeto imaginário". E o que nos interessa é esse "pressupõe", ou seja, é o fato de que eu suponho sentir algo ao imaginar o objeto e,

CONSCIÊNCIA E MÁ-FÉ NO JOVEM SARTRE **157**

enfim, suponho que a imagem causa meu sentimento. Para entendermos essa segunda parte, em primeiro lugar, é preciso fazer nova distinção, agora referente a dois tipos de situações, ou melhor, a dois momentos que envolvem a formação dos "sentimentos imaginários".

Em uma primeira situação, o desenvolvimento desses sentimentos ocorre quando, repentinamente, sem nenhum estímulo externo, depois de um pensamento ou de uma lembrança, somos assaltados por uma imagem desagradável, por exemplo, ao mesmo tempo em que o nosso corpo parece contribuir com uma sensação desagradável, com ânsias, náuseas ou vômitos. Há, nesses casos, uma série de elementos (intenções, saber, sentimentos) que, em composição, formam instantaneamente a imagem. Mas todos esses elementos não são visados neles mesmos e não é a imagem que os condiciona, mas ao contrário. Portanto, trata-se de uma consciência irrefletida mergulhada instantaneamente em determinada imagem e sensação corporal.

Com efeito, é preciso reafirmar a espontaneidade da consciência e a consequente impossibilidade de haver qualquer tipo de causalidade aí. Como vai afirmar Sartre (1996, p.182), se eu estou salivando com a imagem de um frango assado é porque já estava com fome, ou seja, é meu corpo que já estava predisposto à comida e não a imagem que faz aparecer o apetite. De modo análogo, se repentinamente, sem estímulo externo, sou tomado pela ira e me lembro de um sujeito cujo gesto me foi repugnante, é essa ira que nasce conjuntamente à imagem do sujeito, e não esta imagem que causa a ira.

É verdade que após eu formar a imagem do frango minha fome parece ter se intensificado, assim como após eu formar a imagem do sujeito minha ira parece ter se "concretizado", uma vez que esses "sentimentos imaginários", fome e ira, ligados às suas respectivas imagens, adquiriram precisão e se concentraram, tomando consciência de si. Porém, e é nesse ponto que temos o segundo momento da formação do sentimento imaginário, para Sartre, é justamente pelo fato de posicionar minha imagem que eu a tomo como causa de meus estados corporais. De fato, como já afirmamos algumas vezes, o irreal não pode agir sobre o real, e se consideramos que a imagem desagradável causou o vômito, por exemplo, é porque tomamos consciência reflexiva da imagem e nossa memória estabelece uma relação de causalidade entre imagem e manifestação fisiológica. Assim, temos a ilusão (de imanência) de uma causalidade entre imagem e realidade. Nas palavras de Sartre:

> Naturalmente, o objeto irreal será dado na consciência dos vômitos como o autor real desses vômitos reais. Por isso, ele perde sua irrealidade, e caímos na ilusão de imanência: a memória assim lhe confere uma qualidade que a consciência atual não conseguiria dar-lhe: a causa real dos fenômenos fisiológicos. É que, como vimos, se a consciência imediata sabe distinguir do objeto enquanto imagem o objeto real presente, a memória confunde esses dois tipos de existência porque os objetos irreais e os objetos reais lhe aparecem como lembranças, isto é, como passados. (ibidem, p.182-3)

Nesses casos, quando a memória vem à tona, mesmo que por frações de segundo em que escapamos das náuseas, por exemplo, podemos dizer que estávamos em uma espécie de vertigem, pois tínhamos a impressão de não controlar o desenvolvimento do sentimento imaginário até retomarmos as "rédeas" da imaginação. Daí a crença de que era a imagem que causava as alterações fisiológicas (a salivação da fome, o rubor da ira, a náusea do vômito etc.), como se fôssemos vítimas passivas de nosso pensamento.

Não é, porém, demais repetir: não há passividade ou causalidade na consciência; esta, no caso dos sentimentos imaginários, se lança espontaneamente à sua náusea, por exemplo. Prova disso é que, após aquelas "frações de segundo", embora estejamos conscientes da imagem e da sensação, ou seja, embora estejamos no plano de uma consciência reflexiva, nada parece impedir que novamente mergulhemos naquela "vertigem", isto é, que voltemos ao plano irrefletido, às náuseas e, novamente, à ilusão de que a imagem causa a sensação.

É exatamente essa passagem que marca as duas situações que envolvem o que chamamos de "sentimentos imaginários". Se, uma vez que a primeira situação tenha ocorrido (imagem e sensação corporal instantânea e simultaneamente), a vertigem persiste, é porque

CONSCIÊNCIA E MÁ-FÉ NO JOVEM SARTRE **159**

houve uma reação a essa primeira atitude imaginária e uma escolha que norteou o destino dessa reação. Há, de fato, uma consciência em forma de reflexão: o posicionamento do sentimento imaginário, que pode ser feito graças à memória. No entanto, trata-se de uma reação automática, como se não houvesse outra possível. Isso porque a decisão ("Não estou bem") que norteou tal reação é tributária de uma escolha que, embora não refletida no momento, pois estamos no plano irrefletido do comportamento de vertigem, realiza-se em tal comportamento. Trata-se da escolha original de perpetuá-lo ou não: essa escolha não é deliberada, refletida, mas está espelhada em cada ato; e, uma vez feita, em caso afirmativo, desenrolar-se-á irrefletidamente em nova vertigem. Voltaremos a essa questão.

É, pois, em um segundo momento que posso reagir deliberadamente àquela imagem que me surgia repentinamente ao lado das manifestações de meu corpo. É também somente nesse plano que, como dissemos, a memória passa verdadeiramente a tomar a imagem como a causa dos sentimentos imaginários. Entretanto, um sentimento real precisa de um objeto real para aflorar, isto é, depende de uma percepção. No caso da imaginação, também o sentimento procurará seu objeto; só que este é irreal, é o vazio, em suma, "é o simples reflexo do sentimento". Assim, minha náusea diante da imagem de um prato repugnante, agora que se conhece como náusea, no limite desenvolver-se-á até o vômito, porém alimentando-se de seu reflexo, alimentando-se, nas palavras de Sartre, do Nada:

> Portanto, há nessa repugnância diante do irreal algo de *sui generis.* Ela é irredutível a uma repugnância diante da percepção. Logo de saída, há nela uma espécie de liberdade ou, se preferirmos, de autonomia: ela determina a si mesma. Mas não é tudo. De algum modo ela participa do vazio do objeto ao qual se dirige. Pode muito bem inflar-se até a náusea, nada pode impedir que seja de *si mesma* que ela se infle [...]. Mas, dirão, pelo menos os vômitos são vividos. Sim, sem dúvida, na medida em que vivemos nossas irritações, nossas idéias obsessivas e os "estribilhos" que cantarolamos. É uma espontaneidade que escapa ao nosso controle. Mas, do lado do objeto,

nada de positivo virá compensar, de uma ponta a outra do desenvolvimento, essa qualidade de *nada* que caracteriza todo o *processus*; ficamos comovidos, arrebatados, vomitados por causa de nada. (ibidem, p.185)

Finalmente, depois de tantos esclarecimentos e dessa longa citação, estamos autorizados a falar da situação que mais nos interessa, na qual queremos "tirar" da imagem algo novo que ela, de fato, não pode nos dar: queremos "reencontrar" o sentimento tal como o sentimos verdadeira e originariamente por meio de uma percepção. Podemos dizer, embora Sartre não o tenha feito, que esse verdadeiro sentimento é o que caracteriza a emoção tal como definida no *Esboço*.

Ao contrário, no caso do sentimento imaginário, o que chamamos de sentimento é visado sob sua forma reflexiva e o objeto é reproduzido para causar esse sentimento. Porém, o objeto imaginário não possui a imprevisibilidade, a naturalidade, a espontaneidade e tantas outras qualidades que caracterizam o encontro com o objeto real. Ainda assim, espero que o imaginário provoque um sentimento verdadeiro, que exceda minhas expectativas, que me faça apreender e sentir mais do que já pude experimentar. Nas palavras de Sartre:

> Em suma, vou afirmar que o objeto irreal agiu sobre mim, tendo imediatamente consciência de que não agiu, de que não poderia haver nenhuma ação real e de que eu me impaciento ao imitar essa ação [...]. Mas não é mais uma "afeição", no sentido em que o objeto não me *afeta* mais [...]. Afirmo que sou terno, sei que devo ser, realizo em mim a ternura. Mas essa ternura não repercute sobre o objeto irreal; ela não se alimenta da profundidade inesgotável do real: permanece cortada do objeto, suspensa [...]. O que procuramos em vão representar aqui é a receptividade, a paixão no sentido que o século XVII dava a essa palavra. (ibidem, p.188)

Aqui, no plano do imaginário, só tenho uma degradação do sentimento: não há mais possibilidades de Ser ao seu redor. Daí em diante é o sentimento que, cada vez se tornando mais carente de "vida",

CONSCIÊNCIA E MÁ-FÉ NO JOVEM SARTRE   **161**

precisa causar o objeto. É o amor que senti por uma pessoa (agora ausente) que deve sustentá-la; só que esse amor perdeu sua nuance particular, sua riqueza e profundidade inesgotável, e tornou-se uma palavra genérica, um abstrato: "é agora este sentimento elástico que o psicólogo e o romancista descrevem: converteu-se em algo típico" (ibidem, p.191). Aqui, dirá Sartre, esse amor, empobrecido e esquematizado, torna-se mais fácil de lidar, vai-se tornando cada vez mais conforme queremos que seja pela imaginação, porque não nos ultrapassa, não surpreende, não exige renovados esforços de aproximação.

Com efeito, esse sentimento imaginário é completamente diferente daquele sentimento real da emoção. Não porque deixe de ser efetivo ou de existir, mas porque é de outra natureza, porque só aparece diante do irreal e porque a simples aparição do objeto real é suficiente para afugentá-lo. Mas, especialmente, porque acarreta outras consequências, sobretudo àqueles que preferem os sentimentos imaginários aos sentimentos reais, enfim, àqueles que preferem uma "vida imaginária" a uma "vida real". Nas palavras de Sartre:

> Alguém que passa a pensar obsessivamente em seu inimigo irá sofrer tanto moral e fisicamente que acabará sem defesa quando estiver realmente na presença dele. O que aconteceu? Nada além do fato de que, agora, o inimigo existe realmente. Antes apenas o sentimento dava o sentido da imagem. O irreal estava ali para permitir ao ódio objetivar-se. Agora, o presente ultrapassa o sentimento por todos os lados, e o ódio fica em suspenso, derrotado. Não é esse aí que ele odiava; a esse homem de carne e osso, vivo, novo, imprevisível, o ódio não conseguiu adaptar-se [...]. É preciso acrescentar que as ações imaginárias que eu projeto têm as consequências que eu quero. Se bato imaginariamente em meu inimigo, o sangue não vai correr ou então vai correr tanto quanto eu quiser. Mas diante do inimigo real, diante dessa carne real, posso pressentir que o sangue vai correr realmente, e isso pode fazer com que eu me detenha. Há portanto, um hiato contínuo entre a preparação de uma ação e a própria ação. (ibidem, p.192)

Ou seja, por mais que me prepare para agir imaginando milhares de situações, o real sempre excede o imaginário, não tanto pelas dezenas de possibilidades que me assaltam, mas, especialmente, pelas surpresas e reações que eu posso ter diante dessas possibilidades. Daí a distinção que faz Sartre entre um "eu real" e um "eu imaginário": enquanto este último projetaria suas ações na imaginação, podendo ele ser um extrovertido imaginário, e no momento em que (diante do real) é preciso tomar uma decisão ele se cala, um eu real viria para agir de modo completamente diferente daquele imaginado, uma atitude violenta, por exemplo. Poderíamos até classificar as pessoas, afirma Sartre, segundo sua preferência por uma "vida imaginária" ou uma "vida real".

O que, porém, realmente interessa ao nosso filósofo são os motivos que podem nos levar a preferir o imaginário, motivos que, para os que preferem a vida imaginária, chegam a atenuar a oposição entre o imaginário e o real. É investigando tais motivos que ele poderá discorrer acerca de uma "patologia da imaginação".

Para Sartre, aquele que escolhe o imaginário não escolhe apenas uma uma felicidade ilusória para fugir de sua miséria real, por exemplo. Ele escolhe um mundo, todo o caráter do mundo imaginário, com tudo o que este comporta, trocando a "forma" do real e sua presença imprevisível por uma vida fictícia, cristalizada e sem surpresas decepcionantes. Nas palavras de Sartre:

> O sonhador mórbido que se imagina um rei não se adaptaria a uma realeza de fato; nem tampouco a uma tirania em que todos os seus desejos fossem atendidos. Pois, com efeito, um desejo nunca é literalmente satisfeito, precisamente por conta do abismo que separa o real do imaginário [...]. Estaríamos equivocados em tomar o mundo do esquizofrênico por uma torrente de imagens de uma riqueza e de um brilho que compensariam a monotonia do real: é um mundo pobre e meticuloso, em que as mesmas cenas se repetem incansavelmente, até o mínimo detalhe, acompanhadas pelo mesmo cerimonial em que tudo já está decidido, previsto; onde, sobretudo, nada pode escapar, resistir ou surpreender. (ibidem, p.193-4)

CONSCIÊNCIA E MÁ-FÉ NO JOVEM SARTRE **163**

É verdade que, como reconhecerá Sartre (ibidem, p.189), o psi-castênico que acredita sofrer de câncer está, de fato, descontrolado e desesperado e em nenhum momento tratar-se-á de uma encenação. Porém, se, por um lado, o sujeito não pode deixar de gritar menos ainda do que se estivesse realmente com câncer, por outro, ele não sente a dor, mas quer causá-la com seus gritos e sobressaltos. A dor está lá, porém, apenas diante dele, irreal. O fato é que ele está consciente disso e emprega toda a sua energia para sofrer; em vão: ele, então, sofre por não sofrer, para atrair o sofrimento, e assim seus gritos e suas "dores" aumentam.

Da mesma forma, alucinados e esquizofrênicos não estão fingindo nem pregando uma peça àqueles que estão ao seu redor. Pelo contrário, "aprisionam-se" em sua irrealidade e afirmam veemente a existência desses objetos irreais (pessoas, lugares, situações) que exercem influência sobre eles. Todavia, é preciso notar, acerca dessas "consciências aprisionadas", algumas características apontadas por Sartre, características das quais exporemos apenas um resumo.

Em primeiro lugar, uma vez que percepção e imaginação são duas atitudes alternadas, se o doente afirma "ver" um objeto irreal, ele não está percebendo nada e todas as suas afirmações e atitudes nesse momento respondem a todo um mundo imaginário. É verdade que, em certos momentos, o doente consegue perceber o real e até conversar normalmente com seu médico. No entanto, quando ele alucina, ele se "entrega", e todas as suas afirmações devem ser tomadas como alucinações. Se o sujeito é considerado esquizofrênico, se está perturbado por seus pensamentos, então, pergunta Sartre, como ele (ou o seu médico) pode distinguir a "voz" da sua consciência da voz que o sujeito afirma ouvir se, na verdade, trata-se da mesma voz? Não há outra saída, diz Sartre, a não ser considerarmos todas as atitudes desse sujeito como atos diante do imaginário.

O fato é que para essas pessoas, como afirma Sartre, "há uma alteração radical de toda a consciência, e a mudança de atitude diante do irreal só poderia aparecer como contrapartida de um enfraquecimento do sentido do real" (ibidem, p.200). Há, portanto, uma condição necessária à alucinação: ela se efetiva a partir de uma "vacilação" da

164　MALCOM GUIMARÃES RODRIGUES

consciência pessoal do sujeito, quer dizer, a partir de sua "retirada" do plano da percepção.

E, contudo, em segundo lugar, a questão principal permanece: como o doente pode acreditar no que ele mesmo constrói, enfim, como a espontaneidade da consciência parece tornar-se passividade diante do irreal? O alucinado, responderá Sartre (ibidem, p.202), é uma espécie de obsessivo: tanto a alucinação quanto a obsessão "impõem-se" ao sujeito. Porém, no caso do alucinado, a consciência do pensamento obsessivo, no caso, a alucinação, se dá com a desintegração do desenvolvimento harmonioso e contínuo do pensamento, pois este é interrompido a cada instante por um vertiginoso e espontâneo pensamento lateral. Trata-se, é claro, de uma espontaneidade consciente, mas, também, de uma espontaneidade que se torna vítima de si própria em uma espécie de círculo vicioso. Expliquemo-lo.

Ocorre mais ou menos da seguinte forma. O sujeito, perfeitamente consciente desse círculo vicioso, receia pensar naquilo que não quer pensar, e esse pensamento torna-se obsessivo, quer dizer, qualquer esforço para "não pensar nisso" torna-se espontaneamente um pensamento obsessivo. Assim, entra o doente em uma espécie de vertigem cujo ápice é a perda momentânea da "pessoalidade" da consciência, o que, em termos psicológicos, equivale à perda da sensação de pertencer a um "Eu", o qual, afirma Sartre, "já não é uma síntese harmoniosa de empreendimentos sobre o mundo exterior. Há espasmos do eu, uma espontaneidade que se libera; algo produzido como uma resistência do eu a si próprio" (ibidem, p.203).

Eis a sensação de passividade descrita pelos alucinados. Eles não conseguem escapar porque a própria imagem que se colocam para si, espontaneamente, paralisa o curso dos pensamentos. O que ocorre é que há uma primeira intencionalidade aí que, visando a imagem, é anterior à constituição do objeto captado como imagem. Em suma, a consciência reflexiva que afirma para si o objeto irreal vem depois da imagem. É por isso que, embora não queira acreditar que o objeto é real, o sujeito sabe que seus objetos são irreais; afinal, como afirma Sartre, "o cogito cartesiano conserva seus direitos mesmo entre os psicopatas" (ibidem, p.196). Nesses termos, defende o filósofo, não

CONSCIÊNCIA E MÁ-FÉ NO JOVEM SARTRE   165

há surpresas para o esquizofrênico, ele não contempla sua alucinação, ao contrário: irá realizá-la justamente para dela escapar.

É preciso dizer, no entanto, que a unidade da consciência, a relação sintética de momentos vividos sucessivamente, permanece. Não fosse por isso, não haveria condições nem para perturbações mentais, nem para o pensamento normal. Afinal, é sobre o fundo dessa unidade, e somente graças a ela, que uma "rebelião de espontaneidades", como vai chamar Sartre, é possível. Aliás, convém salientar, quando Sartre (ibidem, p.203) fala daquela "perda do eu", de uma "oposição violenta entre o eu e o não-eu", estranhamos a facilidade com que ele usa o termo "eu", sem sequer anexar uma nota explicativa acerca deste uso, dadas as críticas feitas em *A transcendência do ego*.

De qualquer forma, tentamos interpretar e entender, no trecho em questão, que Sartre fala em um plano psicológico e, por isso, sente-se liberado para usar os termos que ele mesmo problematizou. Assim, quando ele diz "perda do eu", interpretamos uma espécie de perda da unificação da consciência, fato que, como acabamos de dizer, não deve ser entendido como a perda da unidade da consciência, mas como um conflito de espontaneidades sobre um "fundo neutro", para usar o termo de Sartre (ibidem), fundo que, talvez, possamos interpretar como sendo o "campo transcendental".

Com efeito, é nesse conflito interno que o sujeito afirma ser uma vítima de suas alucinações, enfim, afirma estar influenciando por elas. Ora, é o próprio sujeito quem diz "fazem que eu pense naquilo", isto é, é o próprio sujeito quem confere o poder de suas alucinações, pois ele é consciente delas. É graças à unidade de sua consciência que ele pode afirmá-las, caso contrário sua condição estaria mais próxima do sonho. O que acontece é que essa unidade se faz "crepuscular", distancia-se da atenção permitindo a brusca formação de um sistema parcial e absurdo (ibidem, p.207). Assim, a unidade se faz desintegração sobre o fundo de uma espontaneidade que se perde em pensamentos absurdos e instantâneos.

Em terceiro e último, porém, acerca da "consciência aprisionada" de alucinados e esquizofrênicos, por exemplo, é preciso sublinhar que esses momentos de desintegração se fazem na "ausência do sujeito", como em uma "espécie de vacilação da consciência pessoal", para usar as palavras de Sartre (ibidem, p.207). A consciência é sempre consciência de uma coisa e, nos casos de esquizofrenia, como o de alucinação auditiva, por exemplo, é consciência impessoal de uma voz que se ouve, por assim dizer.

É o que Sartre (ibidem, p.208) chama de "acontecimento puro da alucinação", o qual é distinto da "experiência pura da alucinação": o primeiro é o objeto dessa experiência, e o essencial a ressaltar é que essa experiência só existe pela memória. De fato, uma memória imediata da qual o objeto é liberado com certa "exterioridade" com relação à consciência. Já dissemos (nesta seção) que, para Sartre, a memória não distingue a lembrança de objetos reais e irreais e os apresenta como "passado" à consciência reflexiva. Aqui, dá-se o mesmo: a memória do alucinado lhe apresenta sua alucinação como um acontecimento passado e, portanto, aparentemente imprevisível, externo. Logo, durante o acontecimento puro da alucinação não houve posição de irrealidade, simplesmente uma consciência que se fazia irrealidade. Assim, afirma Sartre:

> À aparição inesperada e absurda do objeto irreal uma onda de surpresa ou de horror deve percorrer a consciência; há um despertar, um reagrupamento de forças, um pouco como quando um baque súbito desperta bruscamente quem dorme. A consciência pega em armas, orienta-se, está pronta para observar, mas, naturalmente, o objeto irreal desapareceu, ela encontra apenas *diante dela* uma lembrança. Resta descrever como lhe aparece essa lembrança. (ibidem, p.208)

É, pois, o sujeito quem escolhe como descreverá essa lembrança. Caso se trate de um sujeito alcoolizado, por exemplo, logo que recobre sua consciência afirmará tratar-se de uma alucinação; já no caso de um doente, afirmará tratar-se de um objeto real: "É o comportamento geral do doente, e não a lembrança imediata, que irá conferir uma realidade a essas aparições" (ibidem, p.209). Eis a afirmação pontual de Sartre, afirmação que nos leva a apenas uma conclusão: deve haver uma escolha pela vida imaginária, ainda que, depois de

CONSCIÊNCIA E MÁ-FÉ NO JOVEM SARTRE   **167**

longo período vivendo sob a égide dessa "vida crepuscular", da esquizofrenia, por exemplo, o indivíduo perca as capacidades normais de escolha.

Nesse ponto, porém, já ultrapassamos nossas intenções. Não cabe nem convém uma análise sobre tais patologias; o que nos interessa são os momentos cruciais destas, ou seja, as primeiras escolhas pelo imaginário. E, sem embargo, a nós, tais escolhas só podem ser feitas na má-fé, ou seja, no caso do imaginário como uma fuga radical do real. Na verdade, é assim que diz o próprio Sartre (ibidem, p.193), ainda sem mencionar especificamente o conceito de "má-fé":

> Não escolhemos apenas esta ou aquela imagem, escolhemos o *estado* imaginário com tudo quanto comporta, não fugimos apenas do conteúdo do real (pobreza, decepções amorosas, fracassos de nossos empreendimentos, etc.), fugimos da própria forma do real, de seu caráter de *presença*, do gênero de reação que exige de nós, da subordinação de nossos comportamentos diante do objeto, da inesgotabilidade das percepções, de sua independência, da própria maneira como os sentimentos se desenvolvem. Essa vida fictícia, cristalizada, diminuída, escolástica que, para a maior parte das pessoas é a pior possível, é exatamente a ela que o esquizofrênico deseja.

Há de reparar no uso dos termos "escolha" e "fuga", termos que constituem a explicação dos atos em todos os casos em que o sujeito passa a preferir uma "vida imaginária". Sem dúvida, não podemos dizer que todo esquizofrênico, uma vez em sua vida, antes de adoecer e durante seu adoecimento, escolheu e passou a escolher uma vida imaginária: não temos elementos e tampouco o objetivo de afirmá-lo. No entanto, não parece exagero afirmarmos que todo sonhador mórbido, tal como aquele que passou a preferir a imagem de sua amada e o amor ideal que por tal imagem nutria do que a pessoa em si mesma, corre o risco de desenvolver uma "patologia da imaginação".

Se, porém, corre esse risco, é porque age de má-fé, quer acreditar em algo que sabe ser falso, quer que a imagem cause seu amor, quer que este amor cause seus atos, e, vivendo na má-fé, por fim, acaba tornando-se o carrasco de si mesmo. Mesmo o esquizofrênico, dirá Sartre, "sabe muito bem que os objetos dos quais se cerca são irreais" (ibidem, p.195), mas ele se entrega a este mundo, e se entrega por inteiro, a ponto de afirmar desesperadamente que vê ou ouve coisas. Vale lembrar, contudo, que nada disso é uma necessidade. Sobretudo no que concerne ao imaginário, não devemos concluir que a imaginação ofereça em qualquer momento um perigo: somos nós quem escolhemos o que faremos com nossa vida imaginária. Na verdade, o imaginário tem um papel muito mais amplo e fundamental em nossas vidas. Como afirma Sartre, o imaginário é a realização de nossa liberdade: "a imaginação não é um poder empírico e, acrescentado à consciência, é a consciência por inteiro na medida em que realiza sua liberdade; toda situação concreta e real da consciência no mundo está impregnada de imaginário na medida em que se apresenta sempre como uma ultrapassagem do real" (ibidem, p.243). Vê-se, pois, que o papel da imaginação não se deve limitar à análise das patologias; ela possui um significado mais abrangente: no terreno ontológico, é a própria condição da nadificação.

Ainda assim, e como não poderia deixar de ser, a imaginação acaba se tornando uma arma contra a própria liberdade, enquanto perpetrada em atos de má-fé. É verdade que, como já foi dito, Sartre não menciona uma só vez esse conceito em *O imaginário*. Entretanto, como tentamos mostrar, fica evidente mesmo para uma leitura menos atenta que a má-fé "desliza" por entre a imaginação fazendo de certas condutas a porta de entrada para algumas patologias do imaginário. Há de notar, então, esse caráter dúbio da imaginação, na medida em que ela será a plataforma tanto da liberdade quanto da má-fé, de modo que a diferença entre uma e outra será dada por uma escolha original, não deliberada, e sim espelhada em cada ato do sujeito, à qual voltaremos adiante. Por fim, cabe sublinhar, não ousamos afirmar que as questões tratadas na obra em questão foram esgotadas, sequer analisadas satisfatoriamente; é preciso sempre reiterar que nosso objetivo é subtrair das obras psicológicas dados que possam indicar como os conceitos de "má-fé" e "consciência" foram se forjando. Convém, agora, reunirmos tais dados para um entendimento integral.

CONSCIÊNCIA E MÁ-FÉ NO JOVEM SARTRE 169

Angústia e má-fé: emoção, imaginação e reflexão entre o imediato e a mediação

Agora que reunimos esses três modos de ser (embora não sejam os únicos) da consciência – reflexão, emoção e imaginação – ao redor da má-fé, tentando mostrar como esta se "apodera" de cada um deles, fazendo-os uma estratégia de sua eficácia, já podemos concatená--los no mundo do imediato para compreendermos melhor como a má-fé pode estar em cada passo que damos neste mundo. Pois bem, a melhor coisa a fazer é voltarmos ao exemplo do nosso velho e bom desempregado.

Dizíamos que, feita a interrogação (isto é, a nadificação), cuja condição necessária é a liberdade, um "novo" mundo pode se ordenar perante o sujeito: um mundo de oportunidades de emprego. Mas, agora podemos acrescentar, não somente isso: um mundo de fatos, onde é exigido do sujeito levantar cedo, a despeito de sua preguiça; ser atraente, a despeito de sua feiúra; possuir qualificação, a despeito de sua ignorância; e assim por diante. Mas, também, um mundo de incertezas, onde o sujeito, não obstante seu esforço, não sabe se vai conseguir seu emprego, ou se vai demorar a consegui-lo, ou se vai consegui-lo rapidamente, embora não seja o emprego desejado etc.

Com efeito, um "novo" mundo requer um "novo" homem; a nova situação exige uma nova escolha. O fato é que, tão logo o nosso desempregado precisa reiterar sua decisão (de não desistir) diante daquele mundo de fatos e incertezas que o cerceia, o sujeito percebe que toda sua resignação passada, todo aquele ânimo de sair às ruas (em busca do emprego) decididamente, não passa de uma lembrança, algo que ele, simplesmente, não é. Ele é outra coisa perante a qual se posta uma necessidade de trabalhar e, por isso, ele não alcança essa necessidade, não consegue "sê-la", muito embora ele tenha consciência dela; ou seja: ele é a maneira de não sê-lo. Por conseguinte, sua consciência é falta desse Ser do qual ela é consciência. Em suma, no que diz respeito à situação que se sobrepuja àquela anterior, só há o Nada, pois é uma sensação de vazio que toma o indivíduo no momento em que, confrontado com sua liberdade, lhe é exigida uma nova escolha. Eis a angústia.

Ora, essa absurda indeterminação é extremamente incômoda. A liberdade originária é uma condenação da qual tentamos escapar. Assim, se bem que escapar da angústia exija, como qualquer outra situação, um ato livre, a liberdade torna-se, aqui e sempre, o único meio de escapar de si mesma. Nesses termos, mais uma vez o Nada pode irisar a realidade humana, dessa vez para fazer surgir uma situação mais cômoda: imediatamente após a interrogação nadificadora ("conseguirei eu vencer na vida?"; "será este mundo o palco de minha vitória?"), uma espécie de torpor tranquilizador (veremos o motivo desse termo adiante) projeta-se esmagadoramente sobre os angustiantes fatos, e sobre as respectivas possibilidades reais que decorrem desses fatos, transformando tudo em uma simples e tranquilizadora cadeia causal de acontecimentos determinados.

Em seguida, a angústia ante uma diversidade de possibilidades aterradoras (o possível fracasso) é desarmada, ou nem chega a ser notada, quando ele se vê "destinado" àquela única possibilidade que "realmente" lhe pertence (no caso, o sucesso), a qual se encontrará logo adiante, aguardando-o em um futuro determinado, como se todas as outras possibilidades ainda existissem, porém, apenas como eventualidades concebíveis, externas à sua vida. Aqui, a transcendência (seu sonho de sucesso) é afirmada como facticidade, torna-se uma realidade virtual esperando para ser vivida por ele.

Ao mesmo tempo, seu passado imediato (a angústia ante os fatos irremediáveis, tais como o fato de ele não ser assim tão qualificado etc.) é deslocado a um plano irreal, como se não lhe pertencesse, para dar lugar a uma essência que assume como sua, como seu "Eu". A angústia perante seu passado desaparece: subitamente, ele se "constitui" como alguém que é, tal como o herói de um filme, persistente, de personalidade inabalável, responsável, e assim por diante. Aqui, a facticidade, a posição que não pode ser escolhida (pelo fato de ele não ser assim tão inteligente quanto penso que é etc.), é afirmada como transcendência.

CONSCIÊNCIA E MÁ-FÉ NO JOVEM SARTRE   171

Vê-se o papel do imaginário já nesse ponto: é a imaginação que visa o sucesso sonhado pelo sujeito, mas o fato de "perder-se" nesse mundo imaginário "transformando" seus sonhos em realidade, isto é, transcendência sobre facticidade, caracteriza sua escolha de má-fé. Da mesma forma, ele "deixa" no terreno da imaginação aquilo que realmente é: tenta conferir aos fatos angustiantes que o cercam o verniz do mundo imaginário.

Ora, lembrando de outro exemplo, não era uma conduta de má-fé a daquela *coquette* de que falávamos (na segunda parte) em referência ao exemplo de Sartre (1943, p.94)? Afinal de contas, como poderia aquela jovem "sair" de seu corpo ("abandonar sua mão" que era tocada por seu interlocutor) sem deslocar-se ao plano da imaginação? Vemos, pois, que o imaginário só oferece o substrato subjacente à conduta de má-fé; é preciso uma escolha para transformar alguns fatos em realidades intangíveis, e, simultaneamente, outras realidades não menos intangíveis, em fatos.

Com efeito, voltando ao exemplo do desempregado, agora é preciso permanecer na má-fé, e uma série de artifícios serão recorrentemente úteis nesse intento. Em primeiro lugar, e de importância capital, é preciso recuperar uma liberdade que, na verdade, nunca se havia perdido. Uma vez que ele "é" responsável, inteligente etc. (transcendência sobre a facticidade), e que isso é condição suficiente para efetivar sua "única" possibilidade (facticidade sobre transcendência), qual seja, o sucesso, ele, então, se vê como origem necessária dessa possibilidade. Logo, a (falsa) liberdade – ou, como lembra Sartre, a "intuição do sentido íntimo" defendida pelos partidários da doutrina do livre arbítrio – floresce no exato momento em que pensa: "Bem, as coisas são como são e o sucesso está a minha frente: sou livre para escolhê-lo". Desse modo, tal liberdade se afirma sempre sobre o pano de fundo de uma história já contada. Vemos aí o florescimento da reflexão impura.

Os artifícios da má-fé, porém, não acabam aí: nosso homem "esquecerá" da crise de desemprego que ele lê diariamente na manchete do jornal, mas manterá firme e presente a lembrança (que já se tornou irreal) de que um amigo lhe prometera uma boa oportunidade de emprego (mais uma vez, respectivamente, a transcendência sobre a facticidade e vice-versa). Por fim, agora que é habitado por esse caráter, esse "Eu" cuja liberdade apreende como se fosse a liberdade de um outro, enfim, agora que ele é um ser-em-si, pode contemplar-se "de fora", vendo-se como objeto passivo, até mesmo, se assim o quiser, sujeito às deliberações de Deus, da moral e de seu inconsciente, casos em que ele seria determinado a agir de forma específica. Novamente a reflexão estará a serviço da má-fé.

Fatalmente, todavia, todo esse esforço mostra-se em vão. Como vimos, o esforço em direção ao Ser (ser um sucesso, um infeliz, um azarado) resulta em decepção, já que a consciência é desagregação, é seu próprio Nada. Assim, não é possível à consciência fixar-se a si mesma como objeto, captar sua totalidade para conhecê-la e defini-la, pois o Ser da consciência é consciência de ser na temporalidade, ele está distante de si, separado de si por esse Nada que é. O que implica que deve haver uma insistência perpétua na conduta de má-fé se quisermos manter nossa angústia ou, o que dá no mesmo, (a consciência de) nossa liberdade, "encalacrada".

E nesses momentos de "extremo sofrimento", quando o mundo exige mais do que podemos dar, se mostra muito difícil, ainda restará uma estratégia: a emoção. É aqui que esclarecemos aquele "torpor tranquilizador" de que falamos, ainda que Sartre não use esse termo. Para Sartre, a má-fé é uma "conduta de fuga", não só da angústia como de si mesma. Daí sua "evanescência", a sutil e inapreensível forma como ela se dá, como uma estrutura "meta-estável", para usar as palavras do filósofo. De fato, não obstante seu aspecto fugidio, a má-fé é uma conduta consciente, um "autoengano"[6], se assim a quisermos chamar, mas, então, um engano que pode se operar no próprio terreno da reflexão, como sublinha Sartre. Porém, ainda assim, "*fazemo-nos* de má-fé como quem adormece, e somos de má-fé como quem sonha" (Sartre, 1997, p. 116).

---

6 Façamos justiça aqui: falamos de "autoengano" nos termos em que foi definido por Arruda (2003, p.171-87), autor em quem nos inspiramos no início desta pesquisa em torno da má-fé.

CONSCIÊNCIA E MÁ-FÉ NO JOVEM SARTRE   **173**

Ora, já vimos essa mesma afirmação de Sartre, na ocasião, feita em alusão à consciência que se emociona. Com efeito, o termo "torpor tranquilizador" se encaixa muito bem aqui: muito embora a má-fé não seja um estado que me afeta, seu objetivo é, justamente, "forçar" um tal estado de tranquila passividade, exatamente como aquele oferecido por uma consciência emotiva. Desse modo, pode-se dizer que embora nem toda consciência emotiva constitua o primeiro passo de uma conduta de má-fé, não obstante, toda conduta de má-fé pode "deslizar" por uma consciência emotiva fazendo da emoção uma sua estratégia de fuga.

Nesses termos, se lembrarmos do que vimos ainda neste capítulo (na segunda seção), a fuga imediata da má-fé será como que um lançar-se a um abismo; tal como nas "crises de choro" em que não apenas sentimos as lágrimas escorrerem no rosto, mas nos entregamos a elas aos gritos, jogamo-nos no chão em prantos. Aqui é a emoção que, guiada por uma escolha primeira de má-fé, nos livrará instantaneamente de nossa liberdade, ainda que saibamos, no fundo, ou como chamará Sartre, por meio de uma "compreensão pré-judicativa", que poderíamos controlar esse nosso "espetáculo". E, de fato, é essa compreensão mesma que nos aflige e da qual queremos fugir.

Consideremos um dos interessantes exemplos de Sartre (1943): um modo de padecer o sofrimento. Costumeiramente, dizemos que alguém está a sofrer quando observamos seus gestos, sua tartamudez, sua fisionomia abatida. Nós, quando sofremos, queremos nos sentir subitamente "atacados" pelo sofrimento, por algo que, tal como a mesa, está aí, denso, e nos pega como passivos. Mas o que é sofrer? Sofrer é ter consciência de sofrer, é distanciamento do sofrimento e já não é mais sofrimento. Mas, por sua vez, o sofrimento precisa ser, isto é, precisamos sofrer porque somos sofrimento. E, assim, sofremos, "e sofremos por não sofrer o bastante". A título de esclarecimento, abriremos uma exceção para, por meio de uma longa citação, acompanhar na íntegra a rica descrição de Sartre (1943, p.135-6):

Se fosse necessário sofrer, gostaria que meu sofrimento se apoderasse de mim e me inundasse como uma tempestade; mas, ao contrário, é preciso que eu o traga à existência em minha livre espontaneidade. Gostaria de sê-lo e padecê-lo ao mesmo tempo, mas este sofrimento enorme e opaco que me transporta para fora de mim continuamente me roça com sua asa e não posso captá-lo, só encontro a *mim* mesmo; a mim, que lamento e gemo; a mim, que devo representar sem trégua a farsa de sofrer de modo a realizar este sofrimento que sou. Agito os braços, grito, para que seres em-si – sons, gestos – circulem pelo mundo, conduzidos pelo sofrimento em-si que não posso ser. Cada lamento, cada fisionomia de quem sofre aspira a esculpir uma estátua em-si do sofrimento. Mas esta estátua jamais existirá, salvo pelos outros e para os outros. Meu sofrimento sofre por ser o que não é, por não ser o que é; a ponto de encontrar-se consigo mesmo, escapa, separado de si pelo nada, por esse nada do qual é o fundamento. Por não ser o bastante, tagarela, mas seu ideal é o silêncio. O silêncio da estátua, do homem abatido que abaixa a cabeça e cobre o rosto sem dizer nada. Mas este homem silencioso só se cala *para mim*. Em si mesmo, tagarela inesgotavelmente, porque as palavras da linguagem interior são como esboços do "si" do sofrimento. Somente a meus olhos é que ele está "esmagado" pelo sofrimento: em si mesmo, sente-se responsável por esta dor que ele deseja sem desejar e não deseja desejando, e está impregnada por perpétua ausência – a ausência do sofrimento imóvel e mudo que é o *si*, a totalidade concreta e inatingível do para-si que sofre, o *para* da Realidade-humana sofredora.

Tais palavras nos dão um bom exemplo de como a má-fé arquiteta, a cada modo de consciência, uma estratégia para perdurar a partir das estruturas da própria consciência. Assim, passamos da emoção à imaginação, desta à reflexão e, novamente, de volta à emoção, tudo isso sem sair da má-fé, "desejando sem desejar". De fato, as palavras citadas de Sartre parecem resumir o que tentamos mostrar neste capítulo: a má-fé nos cerca de todos os lados. No entanto, ficamos rodeados de questões. Se a má-fé nos cerca por todos os lados, não estará certo Philonenko ao acusar Sartre de inaugurar uma "liberdade para o mal"? Por sua vez, se o conceito de má-fé possui viabilidade prática e teórica, como arquitetá-lo em meios a dois domínios completamente distintos, o da psicologia e o da ontologia, se tal conceito parece definir-se em ambos os domínios? Acima de tudo, é preciso saber como se dá a escolha de má-fé, uma vez que, depois de feita, parece que caímos em um círculo vicioso. Por fim, como conciliar os conceitos de liberdade e má-fé, dado que, como afirma Sartre, a liberdade é absoluta?

9

CONSCIÊNCIA E MÁ-FÉ DA PSICOLOGIA À ONTOLOGIA

Toda realidade humana é uma paixão, já que projeta perder-se para fundamentar o ser e, ao mesmo tempo, constituir o Em-si que escape à contingência sendo fundamento de si mesmo, o Ens causa sui que as religiões chamam de Deus. Assim, a paixão do homem é inversa à de Cristo, pois o homem se perde enquanto homem para que nasça Deus. Mas a ideia de Deus é contraditória, e nos perdemos em vão; o homem é uma paixão inútil.

(Sartre, 1943, p.708)

O limite da liberdade

Vimos que, em sua empreitada filosófica, Sartre (1943, p.116) parte do *cogito* cartesiano, "porém", acrescenta o filósofo, "cabe dizer, parodiando uma fórmula célebre, que o *cogito* nos conduz, mas na condição de que possamos deixá-lo". O olhar fenomenológico distingue no "penso, logo existo", aquém de uma reflexão de segundo grau, mas, revelada por tal reflexão, uma estrutura imanente e irredutível ao conhecimento a qual Sartre nomeia "cogito pré-reflexivo". E, sem embargo, essa "revelação" só é possível porque o Ser da consciência é consciência de ser na "temporalidade", quer dizer, esse Ser é fazer-se, ele não "encontra a si mesmo", não coincide consigo mesmo.

É por isso que, por exemplo, uma crença não é simplesmente uma crença, não é (como lembra o próprio Sartre) aquela fé cega do carvoeiro de que fala Hegel; mas consciência de crença, presença à crença, e, logo, não crença. Mas, simultânea e paradoxalmente, crença. É o que Sartre chama de "estrutura reflexo-refletidor" da consciência: sempre que tentamos captar o Ser da consciência "ele desliza entre os dedos", afirma Sartre, "e nos achamos frente a um esboço de dualidade, um jogo de reflexos, porque a consciência é reflexo (*reflet*); mas, precisamente enquanto reflexo, ela é refletidora (*réfléchissant*), e, se tentamos captá-la como refletidora, ela se desvanece e recaímos no reflexo" (ibidem).

Daí a definição de consciência: "um ser para o qual, em seu Ser, está em questão seu próprio ser". Afirmar que o Ser da consciência está em questão é afirmar que a consciência *é* uma questão, é um "questionar-se" e, mais: é consciente desse questionar-se. Ou seja, dado que o Ser da consciência é consciência de ser, sua definição surge como paradoxo na medida em que ela se "faz" unidade segregada. Tal paradoxo ilustra um pouco essa ideia de uma configuração "arenosa" que Sartre pretende conferir à noção de consciência. Se tentamos manuseá-la e fazer dela uma forma qualquer, ela desliza por entre nossos dedos, mas, ao mesmo tempo, ela está lá, pois estamos "sobre" ela: sabemos que está em toda parte, pois em nenhum momento conseguimos nos separar dela. Mas, precisamente por isso, não conseguimos vê-la "de fora", ou seja, em certo sentido ela não está em parte alguma. Eis o deserto de Nada que somos.

É, pois, dessas constatações que Sartre concluirá que a consciência é desagregação, *distância de si*. E se perguntarmos o que separa a consciência de si mesma, podemos afirmar que é aquele Nada. Um Nada que, como o termo indica, é nada, não ser, vazio, mas um Nada que é intransponível. Ora, é esse mesmo Nada que possibilita o ato (a "nadificação") pelo qual a consciência coloca a si mesma em questão, afinal de contas, foi partindo do cogito (e, portanto, de uma distância de si, de uma questão a si, de uma "nadificação") que nos vimos no

CONSCIÊNCIA E MÁ-FÉ NO JOVEM SARTRE   **179**

jogo "reflexo-refletidor", na remissão de si a si, e, assim, no bojo de nossa desagregação. Daí a afirmação, aparentemente desalentadora, de que a consciência é Nada, ou melhor, é "nadificação" em situação. Mas, vejamos bem: o que significa o ato de "nadificar"?

Se bem que as circunstâncias não nos tenham permitido realizar uma análise mais elaborada desse ato, não há dúvida de que a nadificação tem papel central na filosofia de Sartre. Em poucas palavras, percebemos sua importância quando percebemos que o nosso "olhar"[1] é nadificador: "vemos" e/ou "fazemos aparecer" a interrogação, a falta, o incompleto, o por fazer, e tantas outras situações nas quais a consciência se "desgarra" do Ser. Ora, se somos capazes de interrogar, por exemplo, é porque somos a origem desse Nada: nadificamos, ao mesmo tempo, o ser interrogado (o qual, nesse instante, encontra-se "neutralizado") e, principalmente, a nós mesmos, já que, pela dúvida, efetuamos um "recuo nadificador" em relação à ordem causal do mundo: "será que isto vai suceder-se daquela forma esperada?", perguntamos.

Assim, a interrogação (assim como todos os processos nadificadores) não pode ser regida por um determinismo universal, já que ela só nasce com a possibilidade da negação do que está dado, determinado, isso é, do Ser. Por conseguinte, se somos a origem e o motor da nadificação e esta implica indeterminação, então somos o centro dessa indeterminação. Por fim, o ato de nadificar demanda, como condição necessária, a liberdade originária do Ser nadificador, ou seja, o ato de nadificar significa que o Ser do homem é a liberdade. "A liberdade", dirá Sartre já nos últimos capítulos de *O ser e o nada*, "não é um ser: é o ser do homem, ou seja, seu nada de ser" (ibidem, p.516).

Mas, afinal, que liberdade é essa de que fala Sartre se, quando nos voltamos para o mundo em que vivemos, vemo-nos rodeados de obrigações, exigências e determinações? No capítulo passado vimos

---

1 O olhar é apenas um dos meios (embora, talvez, o mais importante, já que Sartre reserva toda uma "seção" de sua obra para ele) pelos quais exibimos as chamadas "condutas da negatividade". Dado que, nas palavras de Sartre, *somos* o nosso corpo, tais condutas surgem por meio de todos os sentidos.

que a má-fé parece nos cercar de todos os lados na medida em que estamos comprometidos em um mundo de fatos e incertezas, diante dos quais estamos obrigados a escolher e em meio aos quais estamos obrigados a viver. É o que Sartre chamará de "facticidade" e "contingência": não somos livres para não escolher e não somos livres para não existir.[2] Daí a célebre frase: "estamos condenados à liberdade". De fato, não se trata de uma simples afirmação e, embora não entraremos nos detalhes de suas implicações, podemos pelo menos tentar justificá-la em poucas linhas.

Em primeiro lugar, a liberdade não poderia escolher não ser livre (e isso configura a facticidade da realidade humana), pois isso pressuporia duas possibilidades, de ser ou não ser livre, possibilidades que, por sua vez, exigiriam uma escolha livre; logo, seriamos remetidos ao infinito. Mas, em segundo lugar, a liberdade também não pode escolher não existir (e, nesse caso, configura-se a contingência da realidade humana) porque, se pudesse, teria de ser um Ser causa de si e, então, não seria liberdade de possibilidade, mas determinação, positividade, enfim, seria em-si. Mas a liberdade se mostrou como nadificação no âmago do Ser, como existência que precede essência, e não como esse Ser mesmo.

Com efeito, no mundo do imediato, facticidade e contingência nos surgem enquanto estamos "em situação", comprometidos em uma realidade que nos "impõe", querendo ou não, limites à nossa ação, "coeficientes de adversidade", fatos e possibilidades que devem

---

2 Aqui estamos simplificando o significado dos termos para facilitar seu entendimento. Na verdade, a contingência é, em princípio, uma propriedade das coisas, do em-si. Ser contingente é ser sem justificação o que se é. Mas o surgimento do para-si é a única "aventura possível" do em-si: o para-si aparece como o em-si nadificado sem fundamento. Assim, o em-si permanece no âmago daquele que o nadifica, o para-si, como sua contingência original. A facticidade será esta incaptável contingência que é tragada pelo para-si. Nas palavras de Sartre (ibidem, p.125): "Esta contingência perpetuamente evanescente do em-si que infesta o para-si e o une ao ser-em-si, sem se deixar captar jamais, é o que chamaremos de *facticidade* do para-si". Assim, facticidade e contingência se identificam depois do surgimento do para-si e, como a contingência é propriedade do em-si, seria mais correto falarmos apenas de facticidade.

CONSCIÊNCIA E MÁ-FÉ NO JOVEM SARTRE   181

ser aceitos. De fato, surgimos em um mundo onde já é necessário trabalhar, desfrutar de certo lazer, pertencer a uma determinada religião, a uma raça, a um lugar, sentir-se culpado ou orgulhoso, feio ou bonito; e, dizemos, nada disso é voluntariamente escolhido. Além disso, temos um passado contra o qual nossa liberdade nada pode fazer; estamos rodeados por outras pessoas cujo juízo a nosso respeito não podemos mudar livremente; por fim, somos seres mortais e nada podemos fazer a respeito.

Assim, dir-se-á, é somente depois do surgimento de toda esta "realidade nua e crua" que podemos deliberar se poderemos ou não fazer aquela viajem tão sonhada, se sairemos ou não em busca de emprego, se conseguiremos viver bem ou não. Refletindo sobre essa situação, até julgamos, retomando o exemplo dado anteriormente, que nossa vontade é livre mesmo para não procurarmos emprego, porém, o mundo nos traz situações objetivas que nos "obrigam" a trabalhar: é preciso pagar impostos, por exemplo; nós, de nossa parte, também sentimo-nos impelidos a trabalhar por algo que vem de "dentro": sentimo-nos culpados por não trabalhar, por exemplo.

Desse modo, costuma-se dizer que, embora nossa vontade seja livre, somos coagidos por razões "objetivas" e "subjetivas" (respectivamente, "motivos" e "móbeis", se quisermos respeitar os termos usados por Sartre[3]), principalmente as subjetivas, que são vistas como plenas e em-si e, nesse sentido, causariam o ato, tal como o sujeito que, na procura de emprego, deve pensar que é ambicioso, que se sentirá culpado e que esta é a sua "força".

Nesses termos, é comum distinguir o ato livre e racional, resultante somente de uma apreciação objetiva de certa situação, e o ato "condicionado" e irracional, resultante somente de uma determinação

---

3   Sartre faz uma distinção entre motivos e móbeis. Ainda que quase sempre ambos venham juntos, os primeiros decorrem de uma apreciação objetiva de certa situação, são as razões "concretas" pelas quais consideramos certos meios aptos a atingir um fim; ao passo que móbeis decorrem de uma apreciação subjetiva, são as razões "abstratas", tais como desejos, emoções e paixões que nos levam a agir. Porém, a consciência do homem no mundo, como consciência de apenas uma coisa, busca a motivação que solicita suas ações, ou seja, é consciência

passional. Desse ponto de vista, aquele que foge correndo diante de um perigo age "sem pensar", é passional; o outro, que fica parado e "aguenta firme", é racional e "frio". É aqui que, como se costuma dizer, ocorre a luta entre as paixões e a razão, como se a vontade fosse a reação de determinada motivação causal (de ordem fisiológica, psicológica, sociológica, Divina, ou como se preferir), sendo essa motivação constituída de motivos ou móbeis, dependendo se agirei "racional" ou "irracionalmente".

Ora, já vimos (no capítulo anterior) que em ambos os casos do exemplo referido trata-se de uma reação emotiva da qual, se o sujeito pretender subtrair uma consciência tranquila, diremos que se trata de má-fé. Mas o que nos importa agora é o fato de que nenhum dos dois sujeitos deixa de sentir o coração batendo rápido ou suas mãos suando; logo, não podemos dizer que um escolheu "racionalmente" aguentar firme e o outro foi "coagido" por impulsos emotivos a fugir. Em ambos os casos a ação (de correr ou aguentar) só possui sentido em vista de um mesmo fim, no caso, sobreviver. E se houve a projeção de um fim é porque houve uma nadificação e, por conseguinte, um ato livre que fez surgir um mundo. Na verdade, foi esse ato que precedeu aquela decisão a qual, de um ponto de vista psicológico, convencionou-se chamar voluntária (porque baseada em motivos) ou involuntária (enquanto baseada em móbeis). No entanto, dito sem rodeios, a liberdade não se reduz à deliberação voluntária, já que antes de deliberar eu já fazia surgir um mundo com suas exigências (no caso, de sobreviver). A liberdade vem "antes" da voluntariedade: estamos condenados a existir sempre além de nossa

---

dessa motivação que, agora, tornou-se transcendente, está lá fora, coagulada. Mas, se estamos no mundo do imediato, precisamos de motivação para agir e essa motivação não pode depender de nosso ser: deve ser plena, objetiva, real, em suma, ser em-si. Ora, a única motivação que de pronto cumpre essas exigências são as subjetivas, meus "estados" de consciência. Somente depois que eu for coagido por meus móbeis, pelo meu sentimento de culpa, por exemplo, é que os motivos, a apreciação objetiva do mundo, serão transformados em coisas em-si que me obrigarão a agir. Assim, os móbeis, embora acabem tornando-se os correlatos dos motivos, serão as "causas" de minha conduta.

CONSCIÊNCIA E MÁ-FÉ NO JOVEM SARTRE   **183**

essência, de nossos motivos e móbeis, pois o Ser da consciência está em questão para si.

Eis, então, o "paradoxo da ineficácia das decisões voluntárias".

"Ineficácia" porque julgamos que são os móbeis que nos levam a agir quando, na verdade, se houve uma apreciação subjetiva ou objetiva da situação, é porque, previamente, a textura de um mundo, a partir da qual aquela apreciação fez e faz sentido, é vivificada por uma escolha. "Ineficácia" porque, indo direto ao assunto, quando "nos pegamos" sendo passionais ou voluntários, já havíamos decidido em qual mundo seríamos passionais ou voluntários, restando apenas decidir como realizaremos um fim que projetamos: agiremos com a razão ou com o coração? "Quem poderá decidir senão nós mesmos?", pergunta Sartre (1943, p. 520).

Cumpre salientar, contudo, que não se deve pensar a liberdade como oposta ou logicamente anterior ao surgimento do que se costuma chamar de "vontade", e sim como um fundamento contemporâneo desta. De modo que nem a paixão nem a deliberação voluntária são as "moradas" da liberdade que nos condena a uma escolha que chamaremos "original", mas, ao mesmo tempo, essa escolha é vivificada a cada ato voluntário ou apaixonado. Daí o uso do termo "paradoxo". Voltaremos a esse assunto e o compreenderemos melhor quando falarmos acerca da "escolha original". Antes disso, e agora que já reunimos informações suficientes, precisamos estabelecer qual é o limite de nossa liberdade.

Com efeito, como argumentará Sartre durante toda uma seção, o "coeficiente de adversidade das coisas é para nós" (ibidem, p.561-2). Isso significa que todas as dificuldades de uma situação[4] só aparecem com o posicionamento prévio e livre de um fim, e são

---

4 Sabemos que o termo "situação" possui uma conotação especial para Sartre. Na seção intitulada "Liberdade e facticidade: a situação", Sartre rebate todos os possíveis limites ("meu lugar", "meu passado", "meus arredores", "meu próximo" e "minha morte") que podem ser impostos à liberdade argumentando, dito muito resumidamente, que todos eles constituem não um limite, mas uma situação perante a qual eu devo escolher e, assim, a condição da liberdade.

184 MALCOM GUIMARÃES RODRIGUES

justamente essas dificuldades que caracterizam a liberdade, já que tais dificuldades só são o que são, ou seja, só possuem significado após uma nadificação. Daí que, como mostra Sartre em várias passagens, somos livres apenas em condição. De fato, é verdade que surgimos em um mundo já visto, já cultivado, explorado, trabalhado, enfim, já "pronto". Mas isso, afirma Sartre, não constitui um limite de nossa liberdade, mas sim o "fato de que é *nesse mundo mesmo* que o para-si deve ser livre; é levando em conta essas circunstâncias – e não *ad libitum* – que ele deve escolher-se" (ibidem, p.603).

Aqui, é de primordial importância distinguirmos dois conceitos de liberdade, o "empírico e popular" e o "técnico e filosófico". No primeiro a liberdade é a capacidade de obter o que se quer; no segundo, liberdade significa autonomia de escolha. Essa escolha sendo fazer, e, assim, pressupondo um início de realização, se distingue do sonho e do desejo, mas se equipara à consciência, quer dizer: escolha e consciência não se distinguem. "Assim", conclui Sartre:

> Não diremos que um prisioneiro é sempre livre para sair da prisão, o que seria absurdo, nem tampouco que é sempre livre para desejar sua libertação, o que seria um truísmo irrelevante, mas sim que é sempre livre para tentar escapar (ou fazer-se libertar) – ou seja, qualquer que seja sua condição, ele pode projetar sua evasão e descobrir o valor de seu projeto por um começo de ação. (ibidem, p.563-4)

É, portanto, verdade que "facticidade" e "contingência" constituem o mundo desse sujeito (do exemplo de Sartre) que decide fugir: ele escolhe o sentido de sua situação (alcançar a liberdade); entretanto, não escolhe sua posição nela (não ter forças para correr, por exemplo) e tampouco as reais possibilidades que ela acarreta (como ser pego e morto na fuga). Todavia, não podemos esquecer que os contornos de um mundo onde ele não mais estará preso, com seus fatos (por exemplo, de que ele poderá desfrutar de sua liberdade) e incertezas (por exemplo, de que ele não saberá se sobreviverá fora de seu cárcere), só "apareceram" depois de um ato livre (seu projeto de

CONSCIÊNCIA E MÁ-FÉ NO JOVEM SARTRE   **185**

liberdade). É sobre essa liberdade que, como diz Sartre, "a coerção não pode ter qualquer domínio" (ibidem, p.640).

Conclui-se, então, que o meio só poderia agir sobre o sujeito na medida em que este compreende aquele e o transforma em situação. Em suma, do ponto de vista do sujeito, o sentido do mundo (o qual significa, no caso, a necessidade de fugir) com o qual ele está comprometido vem paralelamente à sua escolha (por procurar uma saída, *ser* livre). Sem dúvida, é nesse sentido que se diz, do ponto de vista da realidade humana, que a essência vem depois da existência.

A liberdade é, então, o poder de nadificar uma condição em vista de um "outro" mundo possível. Vê-se, pois, que o ato de nadificar tem um papel primordial e, digamos assim, até "positivo": ele faz surgir um mundo organizado em forma de coisas que nos são úteis e a partir das quais planejamos nossa conduta, pois é o próprio nada que presencia este mundo. Com efeito, dada a indeterminação radical no plano do que Sartre vai chamar de "realidade humana", é possível que a cada nadificação "inventemos" um mundo desgarrando-se daquele que, agora, jaz inerte no passado imediato.

E, sem embargo, não se trata de um mundo fictício que em nada nos compromete, mas, pelo contrário, de uma "nova" realidade (isto é, da presente realidade) que nos cerca de "novas" exigências. "A realidade humana", afirma Sartre, "encontra por toda parte resistências e obstáculos que ela não criou; mas essas resistências e obstáculos só têm sentido na e pela livre escolha que a realidade humana é" (ibidem, p.569-70). Daí porque, na nadificação que precede o surgimento deste mundo, do Ser, não "alteramos" apenas o existente (o fenômeno de ser), mas também a nós mesmos: colocamo-nos no não ser para que possamos extrair de nós mesmos a possibilidade do ser, enfim, para que possamos ser. Assim, podemos concluir que o limite da liberdade só pode ser a própria liberdade.

E, de fato, se é pela nadificação que "inventamos" um mundo e a nós mesmos simultaneamente, então, retomando o exemplo do prisioneiro, é o projeto de ser livre que faz aparecer um mundo onde escapar é uma exigência, e não as condições objetivas e subjetivas que "causam" o ato de escapar. Ou seja, é o futuro (o projeto de ser livre) que retorna ao presente e ao passado para iluminá-los conferindo-lhes o sentido que "convier" àquele futuro. No caso do exemplo em questão, é a decisão de fugir que pode "transformar" o sujeito em um homem ágil ou fraco para fugas, que pode conferir à sua história a caracterização de uma "história de um homem com algumas qualidades boas e outras ruins para correr" e que pode fazer aparecer um mundo no qual é mais ou menos difícil fugir de uma prisão.

E, aqui, chegamos a uma importante conclusão, qual seja, a de que nenhuma situação, por pior que seja, pode motivar um ato tal como a causa gera seu efeito: é a própria concepção do ato que, transcendendo o em-si rumo a um fim, ilumina sua motivação.

Nesses termos, o ato não pode provir de uma sequência plena de positividade: o ato é sempre recuo nadificador, pois exige o desprendimento do em-si por meio de um transcender da consciência até uma situação limite, um fim que, logicamente, ainda não foi alcançado. Logo, não é o mundo que exige nossa ação, pelo contrário, é nossa ação que faz surgir um mundo onde nos é exigido realizar nosso projeto. Este, por sua vez, também não aparece antes de um mundo; não somos primeiramente para depois escolhermos um fim: constituímo-nos como escolha de um fim e essa é a própria constituição de um mundo que, por sua vez, iluminará nossos motivos e móbeis para realizarmos esse projeto. Daqui seguem-se duas "importantes consequências", como dirá Sartre:

> 1º Nenhum estado de fato, qualquer que seja (estrutura política ou econômica da sociedade, "estado" psicológico, etc.), é capaz de motivar por si mesmo qualquer ato. Pois um ato é projeção do para-si rumo a algo que não é, e aquilo que é não pode absolutamente, por si mesmo, determinar o que não é. 2º Nenhum estado de fato pode determinar a consciência a captá-lo como negatividade ou como falta. (ibidem p.510-11)

Se, porém, estou em um mundo onde não consigo arrumar o emprego que desejo, por exemplo, então, é porque assim escolhi?

CONSCIÊNCIA E MÁ-FÉ NO JOVEM SARTRE   **187**

Em outras palavras, no fim das contas, ao desejar um emprego que não consegui, escolhi ser um fracassado? Sim, será a estonteante resposta de Sartre, porque a minha escolha original, neste mundo que só me revela o fracasso e a decepção, é a da inferioridade.

A escolha original

O conceito de "escolha original" é de tal importância e complexidade no pensamento sartriano que devemos pular as preliminares de sua apresentação e começar diretamente por suas características principais. Pois bem, já sabemos que a escolha original é a escolha de um fim e não uma deliberação voluntária feita à luz de alguns motivos que posiciono. Em termos psicológicos, tais motivos são vistos como dados em-si, como os "responsáveis" por minha conduta; ao contrário, para Sartre, a escolha original está "nos bastidores" desses motivos, ela não é em-si, ela "refaz" o passado por meio do futuro determinando o que deve ser retomado no presente, até mesmo sob um novo significado, e o que se poderá chamar de passado "morto". Em suma, é o futuro que decidirá se o passado (e qual passado) está "vivo".

Prestemos, porém, atenção aqui. O termo "futuro" (assim como "passado" e "presente"), em si mesmo, é um conceito teórico que constitui, na prática, o que chamamos de "temporalidade". À realidade humana o futuro está necessariamente interligado ao passado e ao presente mediante uma negação interna. O futuro se "possibiliza" sempre em determinada situação desta realidade e, portanto, sempre a partir de atos que transformam um meio. A escolha original será a interpretação dada a esse meio, transformado e em transformação, que chamamos de "mundo". Mas não queremos nem podemos entrar aqui nessa dialética bem perigosa do "sujeito--meio". Interessa-nos notar que a escolha original não é premeditada em um "instante" isolado do passado com vistas a um futuro também isolado. Não decidimos qual será a nossa escolha tal como deliberamos "mudar de vida", por exemplo. Assim, em certo sentido, não podemos falar de uma escolha "escolhida", mas, apenas expressa em atos, pois ela só existe enquanto se realiza neles.

De modo que, para identificar o "paradoxo da ineficácia da deliberação", basta percebermos que qualquer deliberação requer uma interpretação já dada, um significado já estabelecido, enfim, um mundo; esse mundo é a escolha de um fim. De fato, não se trata de qualquer fim, mas do fim que anuncia a mim e ao mundo aquilo que fui, o que sou e o que serei à maneira de não ser. A escolha sou eu e o mundo por inteiro em síntese. Assim, minha escolha original está em toda parte, não é apenas o valor e a função que dou às coisas à minha volta, mas o estado objetivo dessas coisas, o fato de estarem ou não ao meu redor e o lugar que ocupo em meio a elas. É exatamente por tudo isso que não é fácil reconhecer e praticamente impossível posicionar a escolha original. Nas palavras de Sartre:

> Minhas roupas (uniforme ou terno, camisa engomada ou não), sejam desleixadas ou bem cuidadas, elegantes ou ordinárias, meu mobiliário, a rua onde moro, a cidade onde vivo, os livros que me rodeiam, os entretenimentos que me ocupam, tudo aquilo que é meu, ou seja, em última instância, o mundo de que tenho perpetuamente consciência – pelo menos a título de significação subentendida pelo objeto que vejo ou utilizo – tudo me revela minha escolha, ou seja, meu ser. Mas a estrutura da consciência posicional é de tal ordem que não posso reduzir este conhecimento a uma captação subjetiva de mim mesmo, e ela me remete outros objetos que produzo ou de que disponho em conexão com a ordem dos precedentes, sem poder aperceber-me do fato de que, desse modo, imprimo cada vez mais minha figura no mundo. (ibidem, p.541)

Aqui compreendemos por que dissemos que "escolha" e "consciência" são uma só e mesma coisa: a escolha original já estava "lá" quando decidimos refletir e, portanto, identifica-se com a espontaneidade irrefletida da consciência. E, se prestarmos atenção, veremos que só tomamos consciência de nós mesmos enquanto

CONSCIÊNCIA E MÁ-FÉ NO JOVEM SARTRE **189**

comprometidos em certos empreendimentos, esperando certas "respostas" do mundo, receando outras possibilidades, e assim por diante; tudo isso manifesta o conjunto do que fazemos de nós mesmos, nossa "figura no mundo".

E, sem embargo, a interpretação que apresenta essa minha escolha-mundo não surge destacada, reflexivamente, sob o fundo de todas as outras coisas. Em outras palavras, dirá Sartre, "somos sempre presentes na íntegra a nós mesmos, mas, precisamente porque somos presentes na íntegra, não podemos esperar ter uma consciência analítica e detalhada do que somos" (ibidem, p.540). Ou seja, escolhendo a nós mesmos nós escolhemos o mundo, e toda tentativa de captar essa escolha original nos remete a uma apreensão reflexiva de nossa figura, "imprimindo-a" cada vez mais naquele mundo e nos distanciando da espontaneidade da escolha original.

Ora, alguém perguntará, se o Ser da consciência é consciência de ser, então é necessário que eu tenha, de alguma forma e em algum momento, consciência não do que já foi escolhido, mas do escolher, do momento em que faço e refaço minha escolha original. Sem dúvida isso é necessário e, dirá Sartre, "responderemos que esta consciência traduz-se pelo duplo 'sentimento' da angústia e da responsabilidade" (ibidem, p.541). É por isso que, mais à frente, Sartre vai dizer que "esse projeto-para-si não pode ser senão *desfrutado*; há incompatibilidade entre a existência para si e a existência objetiva" (ibidem, p.649). Ou seja, em si mesma, a escolha original não se pode conhecer de um ponto de vista de primeira pessoa, digamos assim. Desse ponto de vista, como consciência de ser, essa escolha se sabe como angústia e responsabilidade apenas.

Assim, a escolha original não pode ser deliberada, porque quando se faz escolha para si, surge apenas como angústia e responsabilidade, e no momento em que é posicionada já coagulou-se e transformou-se em passado que sou à maneira do era, por exemplo. Isso não significa que aquela escolha seja inconsciente, mas apenas que se identifica com a consciência que temos de nós mesmos, "é nós-consciência pois não se distingue de nosso ser", como afirma Sartre (ibidem, p.539).

190   MALCOM GUIMARÃES RODRIGUES

O que está em pauta aqui é o fato de que consciência não é conhecimento. Podemos compreender nossa escolha na medida em que, enquanto conscientes dela, desfrutamo-la. Mas, como pudemos observar no cuidado que Sartre toma com os termos que usa, "compreender" é diferente de "conhecer": na compreensão, diferentemente do conhecimento, não há "objetivação", isto é, separação entre sujeito e objeto, mas apenas um quase-saber. É verdade que uma reflexão que chamamos "pura" pode iluminar aquilo que somos; mas, na medida em que somos nossa escolha, essa reflexão não se distinguirá da escolha original. É o que diz Sartre em outro trecho:

> A reflexão (pura) é atravessada por uma luz forte, sem poder exprimir aquilo que esta luz clarifica. Não se trata de um enigma não decifrado, como supõem os freudianos: tudo está aí, luminoso; a reflexão desfruta de tudo, e tudo capta. Mas esse "mistério em plena luz" provém sobretudo do fato de que este desfrutar carece dos meios que ordinariamente permitem a *análise* e a *conceituação*. Um desfrutar que tudo apreende, tudo ao mesmo tempo, sem sombra, sem relevo, sem relação de grandeza... (ibidem, p.658, parênteses nossos)

Chegamos, então, a mais um ponto central: se a escolha se identifica com meu ser e com o mundo em que vivo, então essa escolha não me oferecerá nenhum motivo para que eu a abandone, afinal, ela vem antes dos motivos e móbeis e os condiciona. De fato, o mundo em que vivo é, sem que eu tome conhecimento disso, levando em conta a conotação positivista do termo "conhecimento", por mim escolhido. Nesse sentido, a única coisa que conheço são as dificuldades deste mundo, suas exigências, enfim, seu coeficiente de adversidade. Porém, tudo isso está subjacente à interpretação daquele mundo, isto é, de um fim que já foi posicionado.

Perguntamos, porém, ao menos seremos livres para refletir sobre a possibilidade de uma outra escolha, um outro conjunto de atitudes fundamentais, e, a partir daí, livres para nos motivar a tomar outra atitude? Enfim, sou livre para mudar minha escolha original? Consideremos o exemplo de Sartre para que as coisas fiquem mais claras:

CONSCIÊNCIA E MÁ-FÉ NO JOVEM SARTRE 191

Saio em excursão com amigos. Ao fim de várias horas de caminhada, aumenta minha fadiga, que acaba por tornar-se bastante penosa. A princípio resisto, mas depois, de repente, entrego-me, desisto, jogo minha sacola à beira do caminho e caio ao lado dela. Irão reprovar minha atitude, entendendo-se com isso que eu era livre, ou seja, não apenas que nada nem ninguém determinou meu ato, mas também que eu poderia ter resistido à minha fadiga, fazer como meus companheiros e aguardar o momento próprio para descansar. Irei me defender dizendo que estava cansado *demais*. Quem tem razão? (ibidem, p.530)

Na verdade, continua Sartre, a questão está mal colocada. Em primeiro lugar, devemos notar que a fadiga, em si mesma, não pode provocar nenhuma decisão. A fadiga, como qualquer outro tipo de dor ou estado corporal, é tão somente a maneira como existimos enquanto corpo,[5] ou seja, é a captação irrefletida de meu corpo cansado enquanto eu escalo os morros e vejo a paisagem à minha volta. Em resumo, não são as encostas captadas (por minhas pernas) como cada vez mais íngremes, minha mochila (captada por minhas costas) que se torna cada vez mais pesada ou o Sol (captado por meu rosto) que fica mais abrasador que causam minha decisão: é a apreensão reflexiva destes fatos, que agora são captados sob o título de "fadiga insuportável". Quer dizer, prossegue Sartre, "uma consciência reflexiva dirige-se à minha fadiga para vivê-la e para conferir-lhe um valor e uma relação prática comigo. É somente neste plano que a fadiga irá aparecer-me como suportável ou intolerável" (ibidem, p.531).

---

5 Sartre (ibidem, p.389) afirma: "Renunciamos à ideia de nos dotar *primeiro* de um corpo para estudar *depois* a maneira como captamos ou modificamos o mundo através dele". Trecho extremamente delicado esse, pois nos leva à análise integral da "Terceira parte" de *O ser e o nada*, "O para-outro" e, especialmente, à primeira seção do "Capítulo II", intitulada "O corpo como ser-para-si: a facticidade". Sobre esse assunto, ver, também, os trechos onde Sartre (ibidem, p.397-404) fala acerca de como a dor pode ser "sentida", como objeto psíquico ou como facticidade irrefletida, à consciência.

Consequentemente, em segundo lugar, a decisão de desistir não dependerá necessariamente de a encosta ser mais íngreme ou de o Sol estar mais forte, mas de como escolhi lidar com minha fadiga. Na próxima seção veremos que essa escolha, de um ponto de vista ontológico, será feita em vista do modo pelo qual o para--si escolhe recuperar o Ser que está em questão, que lhe falta, enfim, será a escolha que o para-si faz de si mesmo diante do problema do Ser e visando o fundamento de si como consciência, o chamado "em-si-para-si".

Por ora, retomando o exemplo de Sartre, o que nos interessa é o fato de que desistir ou não de continuar minha excursão não é uma decisão determinada pela dificuldade do caminho (lembremos de que tipo de "dificuldade" falávamos no capítulo sobre as emoções). De modo que aquele que decide desistir terá seus motivos e móbeis tanto quanto aquele que, tão cansado quanto o primeiro, escolhe não desistir. E pode ser que ambos julguem que o conjunto desses móbeis seja a causa de seus atos; o primeiro poderia dizer que está "esgotado" e que, de fato, é "humanamente" impossível continuar; ao passo que o segundo poderia dizer que é sua "vontade de vencer" que não deixa suas pernas pararem. Contudo, é por meio de todos os seus atos, desejos, emoções etc. que eles realizam um mundo (isto é, exprimem sua escolha original) com suas dificuldades e motivações já dadas, no qual suas decisões voluntárias serão apenas as extensões de uma escolha mais ampla, reafirmada a cada ato.

Assim, por exemplo, o sujeito que decide voluntariamente não parar, na verdade, já fez sua escolha: escolheu o corpo como meio de realizar a síntese em-si-para-si. Podemos entender isso quando lhe perguntamos por que não desiste. De fato, ele está tão cansado como o outro, mas diz que "ama" sua fadiga, entrega-se a ela: a sua "sensação", se nos é permitido abusar de uma terminologia psicológica, é a sensação do cansaço vencido. Ele, em suma, tem uma missão: deve "apropriar-se" da montanha, vencê-la e, assim, ser um só com a natureza; diga-se, em termos ontológicos, deixar-se fundamentar pelo Ser da natureza.

CONSCIÊNCIA E MÁ-FÉ NO JOVEM SARTRE   193

O outro, por sua vez, também se entrega à sua fadiga, mas como vencido. Nesse caso é o corpo que será o termo final da questão de seu Ser: deixa-se "sorver" pelo próprio corpo, cai com volúpia e relaxa como se fosse apenas um corpo. Assim, em termos ontológicos, tenta recuperar o Ser fazendo-se corpo e essa é sua escolha original. De modo que, vendo a perseverança de seu companheiro, ele até consegue pensar sobre a "força" deste e confessa ser um "fraco". No entanto, não se dá conta de que já escolheu (e a todo o momento escolhe) este mundo cujos coeficientes de adversidade fazem dele um fraco; escolheu a trilha mais íngreme para subir e os companheiros mais fortes para acompanhar, mas não só isso; escolheu uma alimentação mais gordurosa e menos nutritiva, um estilo de vida mais sedentário, por exemplo. Não obstante, ele só "enxerga" sua fraqueza, os motivos e móbeis para julgar-se como tal, e não consegue ver além disso.

Aqui, novamente, surge a questão que já havíamos levantado: é possível ao menos refletir sobre a possibilidade de outra escolha? Agora, podemos responder: sim, é possível refletirmos sobre um outro conjunto de atitudes fundamentais, todavia essa reflexão não constituirá uma mudança de escolha original, já que estarei concebendo tudo isso externamente, sem "sentir", "vivenciar" e, sobretudo, sem me comprometer com as exigências concebidas. Ou seja, estarei encarando outro número de possibilidades, de escolhas, enfim, todo um conjunto de atitudes fundamentais, do "lado de fora", do ponto de vista de um outro. "E", afirma Sartre, "se tentamos relacionar nossas condutas a tais atitudes fundamentais, essas não perdem por isso seu caráter de exterioridade e de transcendências-transcendidas. Com efeito, 'compreendê-las' já seria tê-las escolhido" (ibidem, p.543).

Se, no entanto, a escolha original não é um estado, um inconsciente, um pleno, algo adquirido, um ser em-si esperando para ser vivido ou para se apoderar de mim, então é preciso que eu a faça constantemente, isto é, que pela conduta eu reassuma livremente o que sou. E, de fato, a escolha não é um impulso inicial cuja trajetória me caberá realizar: a escolha é nadificação e, logo, sua reassunção constante é necessária. Todavia, é preciso salientar que essa reassunção está intimamente ligada ao conjunto do que me faço ser, ou seja, não se trata de uma reassunção instantânea que se efetiva de instante em instante, mas de um processo contínuo agregado à totalidade de minhas significações.

Isso significa que os atos, desejos, emoções etc. que renovam minha escolha original só possuem sentido naquele mundo de exigências imediatas que a escolha forjou. Assim, ainda que permaneça "o mesmo" durante toda uma vida, isso só é possível pela renovação de meu projeto; só que essa renovação se dá enquanto estou comprometido imediatamente com meus motivos e móbeis e, ainda que seja posicionada por uma reflexão, quase nunca é posicionada como um passado "morto", mas é geralmente objeto de uma reflexão impura que só faz reafirmar aquela escolha. Entretanto, dizemos "quase nunca": há sempre a possibilidade de abandonarmos nossa escolha original em vista de uma outra. E é nesse ponto que a noção de "instante" adquire importância fundamental para Sartre, a despeito deste já ter renegado certo sentido que a tradição atribuiu a essa noção (cf. Sartre, 1943, p.168).

De fato, segundo certa tradição filosófica lastreada pelo cartesianismo, costuma-se pensar o instante como um processo reflexivo, capaz de fundamentar uma espécie de "reforma voluntária" de si mesmo, momento em que decidimos que não faremos mais determinado tipo de coisas. Porém, o instante em si mesmo é um nada porque a única coisa que temos é a temporalização do para-si comprometido em suas tarefas. Na verdade, dirá Sartre, o que tradicionalmente se convencionou chamar de instante não pode ser a paralisação dessa temporalização com vistas a isolar o projeto concreto, porque isso é impossível, mas a captação reflexiva daquelas tarefas que nada mais faz senão reafirmar sua urgência ou irrelevância no momento.

Dirá Sartre, no entanto: somos "ameaçados" por um outro tipo de instante que não é aquele da psicologia, mas sim o que nos "assombra" nos momentos de angústia. O fato é que para uma modificação radical de nossa escolha original temos não só de "preterificar" a escolha passada como também projetar a nova escolha, e, o que é mais importante, tudo isso em um mesmo ato. Esse momento, em que há começo e fim ao mesmo tempo, em que determinado processo

CONSCIÊNCIA E MÁ-FÉ NO JOVEM SARTRE   195

surge exatamente no momento em que um outro se desmorona e que, por isso, está ligado àquele passado desligando-se dele, tal momento será o instante da modificação radical, do rompimento de nossa unidade temporal. Assim, quando esse instante modificador surge, conclui Sartre,

> o presente da escolha pertence já, como estrutura integrada, à nova totalidade que se esboça. Mas, por outro lado, é impossível que esta escolha não se determine em *conexão* com o passado que ela tem-de--ser. Inclusive, tal escolha é, por princípio, decisão de captar enquanto passado a escolha à qual substitui. Um ateu convertido não é simplesmente um crente; é um crente que negou o ateísmo para si, um crente que preterificou em si o projeto de ser ateu. Assim, a nova escolha dá-se como começo na medida em que é um fim, e como fim na medida em que é começo; acha-se limitada por um duplo nada, e, como tal, realiza uma ruptura na unidade ek-stática de nosso ser. (ibidem, p.545)

Entendamos, então, o que é esse instante duplamente nadificador. Não é fruto de uma reflexão no sentido do termo que expressa algum tipo de autoconhecimento em uma tentativa de compreender o que somos para que posteriormente possamos nos "reformar". É sim o momento em que a angústia é a testemunha de nossa condição injustificável, e que por isso, quase sem darmo-nos conta, por um instante, tomamos as rédeas de nossa escolha original: distanciamo--nos de nós mesmos e vemos desmoronar tudo aquilo que éramos ao mesmo tempo em que já nos vemos comprometidos em um futuro de modo diferente. E, embora esse instante pareça surgir do nada, ser chamado de "acidente" ou "acaso", nós sempre podemos ter a absoluta compreensão pré-judicativa de que nossas escolhas nos levaram a ele. A verdade é que palavras são insuficientes para expressar o significado preciso desse instante "exorcizador", e é por isso que Sartre apela a alguns trechos clássicos na literatura:

> Recorde-se o instante em que Filoctetes de Gide abandona inclusive seu ódio, seu projeto fundamental, sua razão de ser e seu ser;

recorde-se o instante em que Raskolnikov decide se denunciar. Esses instantes extraordinários e maravilhosos, nos quais o projeto anterior desmorona no passado à luz de um projeto novo que surge sobre suas ruínas e que apenas ainda se esboça, instantes em que a humilhação, a angústia, a alegria, a esperança, casam-se intimamente, instantes nos quais abandonamos para captar e captamos para abandonar – tais instantes em geral têm podido fornecer a imagem mais clara e mais comovente de nossa liberdade. Mas constituem apenas uma entre outras de suas manifestações. (ibidem, p.555)

De fato, é o próprio temor que sentimos de abandonarmos o mundo em que vivemos e a pessoa que somos, de realizarmos essa mudança radical de nossos fins; é justamente isso que nos impede de entender com clareza o significado do instante. Assim, pode ser que aquele sujeito que se encontra encarcerado, em vez de projetar sua fuga, nem imagine um mundo onde ele seja livre, e para aqueles que pensam que é a rigidez da situação que motiva um ato, bastaria ver suas condições precárias de vida subumana para compreender que nada disso serve de motivação para ele se comprometer em fugir, ao contrário, que ele se acomoda à sua dor "naturalizando-a", por assim dizer. Sofrer e ser serão a mesma coisa para esse sujeito que "nasceu para sofrer". Mas ele permanece como está não porque se habituou ou está acostumado à dor; chega a rebelar-se se lhe dizem que o número de chicotadas que recebe por semana aumentará, pois é capaz de conceber uma situação pior do que a sua.

Por fim, ele até pensa como seria sua vida se estivesse solto, mas o faz da perspectiva de um outro, como se aquela possibilidade estivesse externa à sua vida, como se tal possibilidade "não valesse" à sua condição: ele não consegue e até teme estabelecer um outro estado de coisas com o qual tenha que se comprometer verdadeira e inteiramente. De fato, ele sequer para para contemplar a sua situação e o modo como a apreende em sua plenitude de ser, ou seja, ele não se desprende de si e do mundo em que vive, não se permite angustiar-se ante o fato de que planejar e tentar uma fuga depende dele: prefere acreditar que há uma força maior que o mantém ali, que aquele é o seu "destino" até que um milagre venha em seu auxílio ou até que morra lá dentro e possa desfrutar da "eterna" liberdade.

Dir-se-á, então, que enquanto o sujeito permanecer nessa situação a sua escolha original é a dor, mas que ele foge dessa sua escolha e que, aliás, não deixa de desejar o fim de sua pena perpétua. Assim, posiciona móbeis para aguentar essa pena (orgulho, força etc.) só para vê-los desmoronar a cada chicotada de seu mais severo censor e para sentir com maior intensidade o mundo que escolheu para si, enfim, para conformar-se de que "nasceu para sofrer".

Essas breves considerações sobre a escolha original são suficientes para vermos que é bem complicado compreender o modo como lidamos com nossas escolhas. Isso porque, não raro, não nos permitimos transcender nosso mundo imediato: permanecemos às cegas diante do que verdadeiramente somos. Ao mesmo tempo, posicionamos motivos que aparentemente parecem contradizer a nossa escolha, mas que, pelo contrário, acabam solidificando-a ainda mais.

As complicações, porém, vão além disso. Não estamos contando com as complexas relações que podem ocorrer entre todas as escolhas de um indivíduo. De fato, segundo Sartre, são vários os desejos que entram em conflito e se organizam gerando um complexo de arquiteturas simbólicas representadas em vários níveis por diferentes desejos. No entanto, deverá haver um método hermenêutico que seja capaz de reduzir todos esses desejos a um projeto primeiro e original. Tal método será chamado de "psicanálise existencial", à qual nos referiremos tangencialmente, visando mais esclarecimentos sobre a relação entre os conceitos de "consciência" e "má-fé" nos termos da ontologia sartriana. Situemos, então, em primeiro lugar, a fronteira entre ontologia e psicanálise.

O "em-si-para-si", a "pessoa" e o "desejo concreto"

A ontologia fenomenológica revela, pelo exame da "negação interna", que o Ser da realidade humana é falta, na medida em que está em perpétua questão para si; daí que é sempre um projeto que visa dissolver essa questão, suprir sua falta de ser. Isso nos leva à projeção de um fim posto como situação limite, o termo final da eterna busca do homem por sua completude, à procura de uma densidade absoluta, do seu "preenchimento", enfim, o momento em que o para-si alcançará o seu fundamento ou o que Sartre chama de "valor", formando a totalidade que foi desagregada pela falta e seria restaurada pela síntese entre o "faltante" (o homem) e o "faltado" (o existente). Esse momento será, então, aquele em que a distância que o separa de si mesmo desvanecer-se-á, será o momento da identidade plena do si consigo mesmo enquanto consciência de si. É, por fim, a totalidade que nunca poderá ser alcançada.

Com efeito, sabemos que a identidade plena, a impermeabilidade absoluta, a densidade infinita, são todas características do ser-em--si. Porém, não é esse em-si que o para-si deseja ser. O puro em-si é contingente e absurdo em sua plenitude de ser e, quando transcendido, torna-se um nada, a nadificação da consciência, ao passo que o Ser almejado pelo para-si é aquele que é fundamento de si enquanto (consciência de) ser: uma consciência que seja fundamento de seu próprio ser-em-si pela consciência que toma de si.

Em termos estritamente ontológicos, esse limite que é desejado pelo para-si pode ser chamado "em-si-para-si". É um ser pleno, denso e idêntico a si mesmo, porém, consciente de si e não contingente. Na verdade, a explanação do significado ontológico desse "em-si-para-si" ultrapassa em muito as nossas capacidades. Há, no entanto, uma palavra conhecida por todos que pode facilitar bastante a compreensão do significado em questão: Deus. Se não, vejamos.

Dissemos que a realidade humana surge como falta, capta-se como ser incompleto sempre em presença de uma totalidade que lhe falta. Assim, é um perpétuo transcender a uma coincidência consigo mesma que jamais se dá. Nesse sentido, dirá Sartre, a segunda prova cartesiana é rigorosa: transcendemo-nos, enquanto seres imperfeitos, rumo à perfeição, rumo ao ser que, enquanto consciência de si, é absoluta positividade e causa de si. Com efeito, como mostra

CONSCIÊNCIA E MÁ-FÉ NO JOVEM SARTRE   **199**

Sartre em vários momentos de *O ser e o nada,*[6] trata-se de uma síntese impossível de fato; não obstante, desejamo-la por direito. Ora, sendo impossível ou não, a humanidade já criou e deu um nome a esse Ser que é a perfeição, a positividade, a densidade do Ser e, simultaneamente, o fundamento de si e do mundo enquanto consciência de si: Deus. Daí que, como afirma Sartre:

> Pode-se dizer, assim, que o que torna mais compreensível o projeto fundamental da realidade humana é afirmar que o homem é o ser que projeta ser Deus. Quaisquer que possam ser depois os mitos e os ritos da religião considerada, Deus é antes de tudo "sensível ao coração" do homem como aquilo que o anuncia e o define em seu projeto último e fundamental. E, se o homem possui uma compreensão pré-ontológica de ser Deus, esta não lhe é conferida nem pelos grandes espetáculos da natureza nem pelo poder da sociedade: é que Deus, valor e objetivo supremo da transcendência, representa o limite permanente a partir do qual o homem anuncia a si mesmo aquilo que é. Ser homem é propender a ser Deus; ou, se preferirmos, o homem é fundamentalmente desejo de ser Deus. (ibidem, p.653-4)

Não se deve inferir, porém, que esse desejo de ser Deus seja uma limitação da liberdade, como se, no fim das contas, fôssemos determinados (por uma "natureza humana", talvez) a propender a Deus. O projeto fundamental de ser Deus é uma estrutura abstrata, e delimitada em termos estritamente ontológicos, representada nos projetos fundamentais concretos, isto é, nos desejos fundamentais das pessoas, e não existe a título de "realidade concreta" (se nos é permitido abusar de tal redundância). Assim, no máximo, o projeto de ser Deus pode ser considerado (se assim podemos dizer) a "medida" do homem, aquilo que faz do homem um homem, isto é, a expressão abstrata e significante da comunhão com o outro.

---

6 Ver, por exemplo, o trecho em que Sartre (1943, p.123-4) argumenta contra a existência de Deus.

A liberdade, por sua vez, só é liberdade ante o Ser, é ser que se faz falta de Ser pela nadificação do em-si; logo, como reza a célebre frase de Sartre, é existência concreta que precede qualquer essência. Em suma, não pode haver uma natureza da liberdade. Porém, argumenta Sartre, na medida em que o desejo de ser Deus é aquilo que especifica a realidade humana que, por sua vez, traduz-se por liberdade, então, tal desejo pode ser considerado a "verdade" da liberdade, a significação abstrata e ontológica da humanidade. Ainda assim, como afirma Sartre, "se o *sentido* do desejo é, em última análise, o projeto de ser Deus, o desejo jamais é *constituído* por tal sentido, mas, ao contrário, representa sempre uma *invenção particular* de seus fins" (ibidem, p.654).

Desse modo, o projeto fundamental do qual realmente poderemos falar em termos mais "palpáveis", por assim dizer, será essa "invenção particular" (do desejo de ser Deus). Tal invenção será a maneira como, por uma escolha original, o Ser estará em questão no ser da consciência de um sujeito particular. Assim, tudo que falamos na seção anterior acerca da escolha original vale para esse projeto concreto fundamental, para esse desejo cujo fim faz surgir o mundo em que vivemos e ao qual Sartre se refere como "pessoa" ou "livre realização da verdade humana".

Segundo, porém, o filósofo, na manifestação das realidades humanas há ainda um terceiro nível no qual o termo "desejo" pode ser usado: para expressar as dezenas de diferentes desejos diários que procuramos realizar ao longo de nosso projeto fundamental. Sartre chama estes últimos de "desejos empíricos", pois são os únicos diretamente captáveis nos contatos humanos. Tais desejos, tomados pela Psicologia como irredutíveis, na verdade, simbolizam e se traduzem pelo desejo fundamental (a pessoa) que, por sua vez, exprime o desejo de ser em geral, isto é, aquela estrutura abstrata que representa o desejo de ser Deus, ou, em-si-para-si. De modo que, nas palavras de Sartre, "o desejo de ser sempre se realiza como desejo de maneira de ser. E esse desejo de maneira de ser, por sua vez, exprime-se como o sentido de miríades de desejos concretos que constituem a trama de nossa vida consciente" (ibidem, p.654).

CONSCIÊNCIA E MÁ-FÉ NO JOVEM SARTRE 201

Isso, contudo, não significa que o desejo fundamental concreto (a pessoa) não seja consciente, ao contrário: está em "toda parte", manifesta-se em cada um dos desejos empíricos e não pode ser captado a não ser nestes desejos. De modo que, para Sartre (ibidem, p.655), uma psicologia, mediante experiências, observações e induções, estará habilitada a nomear cada um desses desejos empíricos, com vistas a "indicar ao filósofo as relações compreensíveis que podem interligar diferentes desejos, diferentes comportamentos, clarificar certas conexões concretas entre 'situações' experimentalmente definidas [...] e o sujeito da experiência". No outro extremo, a ontologia assegurou-se de estabelecer a "verdade humana", o desejo de ser Deus. Nesses termos, entre Psicologia e ontologia será necessário, para interrogar, decifrar, estabelecer e classificar os desejos fundamentais, um método específico: a psicanálise existencial.

Vê-se, pois, que o papel da psicanálise existencial extrapola a simples função de um método hermenêutico psicanalítico. Ela parece realizar, ou ao menos se propõe a realizar, a histórica e tão problemática relação entre o "universal" e o "particular". Na medida em que ela leva em conta e procura relacionar os desejos empíricos e o desejo ontológico que caracteriza a universalidade do humano, a psicanálise existencial realiza a passagem da particularidade de cada sujeito até sua universalidade como desejo de ser Deus.

Como dissemos, entretanto, não estamos autorizados a adentrar nos detalhes da psicanálise existencial. O máximo que podemos dizer, por enquanto, é que os dados que uma tal psicanálise podem nos oferecer acerca de nós mesmos, de um ponto de vista de primeira pessoa, devem ser analisados com cautela. Lembremos o que foi dito acerca do "conhecimento" que o sujeito pode possuir de sua escolha: consciência total e absoluta. Para Sartre:

A psicanálise existencial rejeita o postulado do inconsciente: o fato psíquico, para ela, é co-extensivo à consciência. Mas, se o projeto fundamental é plenamente vivido pelo sujeito e, como tal, totalmente consciente, isso não significa em absoluto que deva ser ao mesmo tempo *conhecido* por ele, mas muito pelo contrário; nossos leitores talvez recordem o cuidado que tivemos em nossa Introdução para distinguir consciência de conhecimento. Decerto, como também vimos, a reflexão pode ser considerada um quase-conhecimento. Mas aquilo que ela capta a cada momento não é o puro projeto do para-si tal como se expressa simbolicamente – e, em geral, de várias maneiras ao mesmo tempo – pelo comportamento concreto que ela, reflexão, apreende: é o comportamento concreto mesmo, ou seja, o desejo singular e datado, no frondoso emaranhado de suas características. A reflexão capta ao mesmo tempo símbolo e simbolização; por certo; constitui-se inteiramente por uma compreensão pré--ontológica do projeto fundamental; ou melhor, na medida em que a reflexão é *também* consciência não tética de si enquanto reflexão, ela é esse mesmo projeto, do mesmo modo como a consciência não reflexiva. Mas nem por isso vem a dispor de instrumentos e técnicas necessárias para isolar a escolha simbolizada, fixá-la em conceitos e iluminá-la totalmente a sós. (ibidem, p.658)

A exagerada citação justifica-se, a nós, pelo preciso resumo que apresenta acerca da relação entre as noções de "consciência" e "reflexão". Como dirá Sartre, um trecho à frente, a psicanálise existencial não rejeitará os dados provenientes de uma reflexão sobre si. No entanto, vimos que a reflexão, quando não cristaliza a si mesma e insiste em fazer da consciência um objeto transcendente, presencia a própria desagregação tornando-se essa desagregação e, por isso, de certa forma, deixando de ser reflexão. Assim, aqueles dados servirão apenas de "materiais em bruto acerca dos quais o psicanalista deverá tomar a atitude objetiva".

O que importa, porém, verdadeiramente não são os métodos e objetivos da psicanálise existencial, os quais não foram sequer traçados satisfatoriamente aqui; o que nos importa é esse caráter paradoxal da consciência que, ao mesmo tempo em que desfruta de seu projeto fundamental, raramente o reconhece como tal e, quiçá, poderá conhecê-lo intuitivamente. Sem dúvida, essa dificuldade de conhecimento e reconhecimento se resume a um nada: será a própria consciência que se fará evanescente para si mesma. O fato é que essa dificuldade só pode efetivar-se por meio de uma conduta que nos esconda de nós mesmos aquilo que somos e, uma vez que o Ser da consciência é consciência de ser, essa conduta deverá ser fuga de si mesma como escolha original. Ora, já sabemos que tudo isso implica uma conduta de má-fé na vivência da escolha original; é preciso compreender como isso será possível.

A escolha pela má-fé

Segundo Sartre (1943, p.550), a escolha original "não é necessária nem frequentemente operada com alegria". Eis mais um mito herdado pela ilusão da eficácia das deliberações voluntárias. De fato, enquanto refletimos sobre nossos motivos e móbeis não há dúvida de que não pretendemos escolher a dor, o sofrimento, a infelicidade, e assim por diante; não obstante, em muitos casos, essa é a vida que levamos com resignação e, enfim, dizemos: "que mundo cruel". Mas aí Sartre pergunta: para quem "é" este mundo? Quem o faz surgir (entenda-se: "significar") como tal? Que escolhas iluminam tal coeficiente de adversidade e minimizam um outro? Que projetos colorem estas situações insuportáveis e descaracterizam aquelas outras?

Eis o convite desse filósofo: reparemos em nossos atos, no lugar que ocupamos nesta "realidade" que fazemos e chamamos do "nosso mundo", nas pessoas e coisas que nos rodeiam, nos alimentos que ingerimos, nas nossas roupas, doenças, preferências; vejamos o que somos, quais foram e são as nossas escolhas, e então veremos que, nas palavras de Sartre, "não há acidentes em uma vida" (ibidem, p.639). Por fim, resta-nos assumir a responsabilidade total por nosso ser,[7]

---

7 E, também, como dirá Sartre (ibidem, p.642), a responsabilidade de todo o mundo: "uma vez que tudo aquilo que nos ocorre pode ser considerado como uma *oportunidade*, ou seja, só pode aparecer-nos como meio para realizar este ser que está em questão em nosso ser, e uma vez que os outros, enquanto transcendências-transcendidas, tampouco são mais do que ocasiões, a responsabilidade do Para-si se estende ao mundo inteiro como mundo-povoado".

porque, como vai dizer Sartre, quase parafraseando o que dissera em suas obras psicológicas,

> As mais atrozes situações da guerra, as piores torturas não criam um estado de coisas inumano; é somente pelo medo, pela fuga e pelo recurso a condutas mágicas que irei *determinar* o inumano, mas esta decisão é humana e tenho de assumir total responsabilidade por ela. Mas, além disso, a situação é *minha* por ser a imagem de minha livre escolha de mim mesmo, e tudo quanto ela me apresenta é *meu*, nesse sentido de que me representa e me simboliza. (ibidem)

Basta, contudo, um rápido olhar à nossa volta e veremos, na expressão de cada um, aquele "estado inumano". Ao mesmo tempo, ninguém quer assumir a responsabilidade por esse estado que, para Sartre, cada um impôs a si mesmo. Para fugir desse encargo as opções são variadas: fala-se da vontade divina, da deter-minação inconsciente, da incompetência dos governantes etc. Assim, todos desejam, ao menos publicamente, a paz e a felicidade geral, porém, o esforço para tal deve ser o mínimo possível, pois a saída da penúria não depende de tais pessoas. O que não se cos-tuma observar é o fato de que, na esmagadora maioria dos casos, alguns desejos parecem contradizer o mundo em que cada um vive, isto é, sua escolha original, pois enquanto o sujeito afirma desejar a glória, ele vive na frustração. Nesse caso, dirá Sartre, a escolha ori-ginal poderá ser a da inferioridade e, se assim for, o sujeito deverá sempre estar pronto a fugir do que é e, com isso, realizar seu ser, sua escolha, pela fuga.

Lembremos daquele homem que deseja um emprego que nunca consegue. Diremos que sua escolha original é o sucesso? Sem dúvida, é isso que ele toma como motivação quando "para para pensar"; tenta se ver como um homem de grandes realizações, com grande superioridade ante os outros. Ele chega a perder a maior parte de seu tempo imaginando como serão seus futuros sucessos. E, ainda que o sujeito não consiga seu desejado emprego, ele diz, age "com o coração", orgulha-se de "não desistir nunca"; quanto mais fracassa

CONSCIÊNCIA E MÁ-FÉ NO JOVEM SARTRE   205

diariamente, mas deseja aquele emprego e, assim, acaba vivendo em um mundo de vergonha e frustração. Por fim, sofre e chora e, assim, vê-se naquele "estado inumano" de que falávamos há pouco.

Poder-se-ia dizer que, segundo a concepção psicanalítica de Adler, o sujeito é "movido" por um complexo de inferioridade que se "alimenta" na busca inconsciente por uma espécie de autopunição; e os fatos realmente parecem prová-lo. Mas onde e como agiria esse inconsciente? Se estivesse na consciência, tornar-se-ia objeto transcendente; se estivesse agindo fora dela, faria de sua espontaneidade pura passividade. Por fim, como vimos, o desejo de ser um trabalhador é uma deliberação voluntária motivada por móbeis que pressupõem uma prévia interpretação do mundo o qual, por sua vez, é o próprio sujeito, seus atos e as consequências desses atos.

Então, voltemo-nos a esses atos e às suas consequências reais. O homem nunca consegue o que deseja: quer um emprego específico cujos requisitos ele não possui nenhum. Quer ser um trabalhador da construção civil, por exemplo, mas não possui dotes físicos para tal, também não conhece a arte da construção civil. Além disso, se revolta por ter de acordar muito cedo (para um serviço que começa na alvorada) e envergonha-se diante dos outros por possuir um corpo demasiado esguio. Não obstante, uma vez no emprego, ele se motiva a ser o melhor entre os seus companheiros e, logo que lhe são exigidos serviços pesados ou habilidades na construção, sente o fardo de seu mundo: o ódio e a vergonha transbordam nesse mundo onde o sujeito é apenas uma vítima.

Ora, esse sujeito poderia muito bem desejar outra atividade, por exemplo, ser um garçom, afinal, a esse ofício não são exigidos dotes físicos nem conhecimentos na construção civil, e o trabalho é geralmente realizado à tarde ou à noite. Mas isso não poderia significar, salvo na permanência da má-fé, uma aceitação do destino: "nunca poderei ser um trabalhador de obras, só me resta ser garçom". Não se trata simplesmente de aceitar ou mudar um destino, mas de compreender que esse "destino" não é uma determinação *a priori*, mas uma significação que se constitui e efetiva na escolha original. A questão é o reconhecimento de uma escolha e do coeficiente de adversidade que lhe é constituinte. Entretanto, aquele homem prefere a dificuldade porque, dirá Sartre, aquele que escolheu a inferioridade insiste em certo tipo de trabalhos "árduos" pelos quais uma vontade de ser superior se choca com as exigências "invencíveis" de tais trabalhos, gerando o "mundo" da inferioridade. Ou seja, escolhendo na má-fé, ele precisa dissimular a inferioridade justamente para poder criá-la.

Para tanto, fará afirmações frágeis sobre suas qualidades, afirmações que denotarão uma vontade de ser superior perpassada por uma escolha original que decidiu precisamente sobre a fragilidade de tais afirmações para que a inferioridade se torne mais sensível, de modo que essa inferioridade só será criada com tais afirmações. Ou seja, ele só pode ser inferior em uma situação em que possa aparentar ser superior. Logo, a vontade de ser superior, as palavras e obras que afirmam esta superioridade servirão apenas de medida à sua inferioridade: quanto mais se motiva a ser um homem apto à construção civil, por exemplo, mais seu mundo lhe estampa sua inferioridade.

Assim, por meio daquelas afirmações ele precisa fugir para não reconhecer sua inferioridade, uma vez que o Ser da consciência é consciência de ser. A inferioridade, por sua vez, depende dessa fuga para ser. Por conseguinte, ele, como escolha da inferioridade, é fuga do que ele mesmo é. Ora, já vimos esses jogos de palavras antes: trata-se de uma conduta de má-fé, mas, mais do que isso, trata-se aqui de uma escolha original realizada na má-fé: trata-se de um sujeito que escolheu ser vacilante, que escolheu o mundo do inapreensível, da fuga. "Assim", concluirá Sartre,

> como se vê, nossa análise permite-nos aceitar os dois níveis em que Adler situa o complexo de inferioridade: como ele, admitimos um reconhecimento fundamental desta inferioridade, e, como ele, admitimos um desenvolvimento frondoso e mal equilibrado de atos, obras e afirmações destinadas a compensar ou dissimular esse sentimento profundo. Mas: 1º) Recusamos conceber o reconhecimento fundamental como inconsciente: está tão longe de ser inconsciente que chega a constituir a má-fé da vontade. Com isso, não estabelecemos

CONSCIÊNCIA E MÁ-FÉ NO JOVEM SARTRE **207**

entre os dois níveis considerados a diferença entre o consciente e o inconsciente, mas sim a que separa a consciência irrefletida e fundamental da consciência refletida, sua tributária. 2º) O conceito de má-fé – como estabelecemos em nossa primeira parte – parece-nos que deve substituir os de censura, repressão e inconsciente, utilizados por Adler. 3º) A unidade da consciência, tal como revela-se ao cogito, é demasiado profunda para que possamos admitir esta cisão em dois níveis, a menos que tal unidade seja reassumida por uma intenção sintética mais profunda, que conduza de um nível a outro e os unifique. (ibidem, p.552)

Afirma Sartre (ibidem, p.584), na escolha pela inferioridade, é a má-fé que conduzirá uma vontade, bem convincente ao outro, diga-se, de abandonar a situação de penúria, criando, se preciso for, meios que se realizam contra aquela escolha. Assim, por exemplo, se a tartamudez é uma manifestação espontânea da escolha de inferioridade, o sujeito poderá, por uma "vontade firme", empreender um esforço para ser comunicativo e extrovertido. E mais: ele procurará o terapeuta, o padre etc., para ser curado de sua excessiva timidez que, como diz Sartre, ele já não pode mais dissimular de si mesmo. De fato, saberá que "corre o risco de ser curado" e tudo isso não passará de mais um ato de má-fé: se recorre ao outro é somente para provar a si mesmo que é incurável, de que fez todo o possível para melhorar, mas de que este é seu destino. "Portanto", conclui Sartre,

enquanto estou "no" complexo de inferioridade, sequer posso conceber a possibilidade de sair dele, pois, mesmo que sonhe em sair, tal sonho tem a função precisa de colocar-me em condições de experimentar ainda mais a abjeção de meu estado, e, portanto, só pode ser interpretado na e pela intenção inferiorizante. (ibidem, p.585)

Vê-se, pois, que escolher-se como inferior é realizar a escolha original na má-fé, já que é preciso ser inferior sem reconhecê-lo, em suma, é preciso fugir do que se é. Mas na escolha original, essa "fuga" é singular: aqui a má-fé estará não apenas na reflexão impura, isto é, na mediação da consciência, mas estava já no imediato, em uma espontaneidade que se fez evanescente. Mas não nos enganemos; no que tange à escolha original, é preciso sublinhar: não escolhemos "a" má-fé, escolhemos "na" má-fé. Nas palavras de Sartre: "A consciência irrefletida, sendo projeção de si rumo às suas possibilidades, jamais pode enganar-se acerca de si mesma..." (ibidem, p.550).

Não obstante, a consciência pode escolher ser inapreensível para si mesma, como é o caso da escolha pela inferioridade, cuja realização pressupõe o "divórcio" entre a reflexão e o irrefletido ou, melhor dito, entre a vontade e a consciência espontânea, na unidade de uma mesma consciência. De modo que, se assim podemos dizer, o que realiza e mantém esse divórcio são as condutas de má-fé, instrumentos daquela escolha original pela inferioridade: não se escolhe a inferioridade; há, sim, uma entrega a uma série de condutas que, ao fim e ao cabo, espelham a inferioridade.

Assim, tal consciência precisará escolher-se na má-fé, isto é, ser consciência irrefletida (portanto, não posicional) de fuga, de um mundo que se constitui como mundo do inapreensível e, ao mesmo tempo, consciência reflexiva de "objetos psíquicos", tidos como móbeis (do tipo "vontade de vencer na vida") da ação, os quais serão eleitos precisamente para fazer brotar a inferioridade do sujeito. Daí a afirmação de Sartre segundo a qual uma consciência irrefletida realmente não deve enganar-se; porém, nós poderíamos completar, uma consciência cuja escolha original foi feita no regime da má-fé viverá no mundo da fuga e, por isso, fará de cada um de seus modos de ser uma estratégia de fuga. Nesse sentido pode-se dizer que se escolhe a má-fé.

Ora, e não é isso que vimos há pouco sobre a consciência emocional como estratégia da má-fé? Na emoção, dizíamos, a consciência irrefletidamente se arremessa a um mundo mágico, tal como aquela que adormecesse, e sair deste mundo é tão difícil quanto acordar a si mesmo. É, também, o que dizíamos (na segunda parte), mimetizando as palavras de Sartre (ibidem, p.108), quando afirmávamos que a má-fé "já estava lá" quando decidimos acreditar piamente em algo: "Foi preciso que, no momento mesmo em que me dispus a me

CONSCIÊNCIA E MÁ-FÉ NO JOVEM SARTRE   209

fazer de má-fé, já fosse de má-fé com relação a essas próprias disposições", afirma o filósofo. É, por fim, o que ocorre à *coquette* que, ao ser tocada, abandona sua mão: se essa atitude de má-fé foi refletida, a escolha de um mundo onde ser tocada implica uma série de desejos vergonhosos, por sua vez, é absolutamente irrefletida naquele momento, muito embora esteja presente em sua totalidade. Ou seja, a jovem só agiu de má-fé (ao "abandonar sua mão") porque, mediante uma escolha original não refletida e sim espelhada na totalidade da situação, ser tocada implica, no seu mundo, uma série de desejos vergonhosos que, apesar de prazerosos, eram, também, horríveis: daí o desejo de seu pretendente, daí a necessidade de "abandonar sua mão". Logo, havia já uma escolha não assumida, fugidia para si mesma.

Detenhamo-nos nessa relação entre irrefletido e reflexão na escolha original pela má-fé, dado que se trata de um momento central deste trabalho. Comecemos por um exemplo tipicamente sartriano. Se em determinada situação sinto que o outro espera que eu seja corajoso, então poderei afirmar que não o sou a título de uma negação externa, isto é, tal como nego que essa cadeira não é aquela mesa, dizendo: "afirmo de boa fé, não sou corajoso". Aí, um "Eu" e seu mundo petrificado podem coagular a indeterminação que transborda de meu ser para que eu possa, afinal, "ser-em-si" alguma coisa além dessa indeterminação. Em seguida, posso dissimular de mim mesmo aquela covardia, que imprimi ao meu ser, buscando razões para justificar por que tais circunstâncias me "transformaram" neste covarde que eu sou e do qual quero fugir sendo-o à maneira de não ser. Direi, por exemplo: "não sou covarde, mas minha mãe nunca me incentivou a ser corajoso". Estarei, então, fugindo da covardia sendo e não sendo corajoso, isto é, fugindo do ser e refugiando-se no eterno não-ser-o-que-sou para, novamente, pairar sobre essa plasticidade que imprimi ao meu ser.

Reparemos, porém: a estrutura da automentira já estava presente na afirmação de boa-fé – e é por isso que a má-fé desliza pela boa-fé e corrompe o ideal de sinceridade. Isso porque, de imediato, embora não possuindo nenhuma evidência para afirmar (sinceramente) que não sou corajoso, já estava tentando mentir a mim mesmo quando me determinei "ser covarde", enfim, enquanto tentava me convencer de que a essência de meu ser era a covardia, em meio àquela situação em particular em que me sentia apreensivo, situação na qual eu evitei a questão: "sou covarde?". Ora, trata-se aí (nessa situação apreensiva) de uma consciência "irrefletida", tomada pelo transcendente, e que evita o questionamento de si por meio de uma "verdade" imediata. Logo, a má-fé não se constitui apenas quando refletidamente tento escapar do ser-em-si da covardia, mas, antes, e sobretudo, quando "sem pensar" já me encerrava nessa covardia em-si da qual depois eu tentaria escapar, pois também nesse encerramento urge negar aquilo que, de fato, sou: uma questão para-si.

Isso, entretanto, não significa que essa negação não seja consciência "de ponta a ponta" e que, desse modo, a tentativa de mentir a si seja de natureza inconsciente. De imediato, sendo pré-reflexiva, minha consciência não pode conhecer o seu ato de má-fé, pois está implicada no objeto transcendente; no entanto, ela está em questão para si e pode angustiar-se em seu questionamento ou ignorá-lo. O conhecimento virá em seguida, e será "impuro", como chama Sartre, se perpetuar aquele ato ignorando esse "fazer-se-questão-a--si". Porém, se a má-fé já se anuncia naquele mundo imediato, então é também nele que deveremos defrontá-la; só que essa defrontação não será possível sem certo incômodo proveniente da incerteza gerada pelo questionamento.

Daí a conveniência de uma verdade imediata, o modo mais fácil de negar essa questão-para-si. É o que acontece quando, em situações inusitadas de dor, medo, ou súbita melancolia, nos entregamos ao sofrimento, ao desespero ou à tristeza, respectivamente. Tais reações "irrefletidas" visam, na má-fé, à persuasão imediata de que somos passivos em relação ao encontro com o mundo. Embora essa persuasão permita, como consciência emotiva, "abandono da responsabilidade", nas palavras de Sartre (1965, p.69), ela não é vivida como persuasão para si: não se trata de uma dissimulação, pois na emoção a consciência é "refém" de si mesma enquanto projetada no transcendente. Assim, se existe um projeto de negar a responsabilidade, ainda que esse projeto esteja sendo escolhido nesse "estou

CONSCIÊNCIA E MÁ-FÉ NO JOVEM SARTRE 211

sofrendo", ele não estará sendo conhecido para si, pois aí nada há
além desse entregar-se à situação melancólica, por exemplo.

Reparemos: não há circularidade aqui, pois a má-fé não causa
um projeto de fuga o qual, por sua vez, é a causa da má-fé. Em tese,
a conduta (de má-fé) precede a escolha que a reitera. No entanto,
nos termos de uma ontologia fenomenológica, não há diferença
entre o projeto e uma atitude particular no imediato e, tampouco, uma precedência temporal, uma causalidade ou um ponto
de origem dado em um instante infinitesimal. Há, sim, pulsando
em cada detalhe de um sujeito, a aparição de uma escolha original
que, enquanto não questionada para si, se reafirma nesses detalhes,
entre os quais, é claro, suas emoções. Ocorre que, como vimos, na
emoção o abandono da responsabilidade não é premeditado, mas
contemporâneo da escolha que o reitera, mediante uma postura
vacilante, à qual poderei recorrer quando a compreensão do projeto implicado nesta escolha tornar-se angustiante. Assim, choro
e compreendo que, nessa situação, escapo das exigências constituintes do mundo que meu projeto faz aparecer. Ora, compreensão
não é conhecimento, mas consciência, questão, angústia: na unidade de um mesmo ato (emotivo) posso escapar daquilo que me
faço ser desconhecendo meu projeto. Assim, aceito uma passividade (ou a absolvição que esta passividade me dá) a qual descubro
por atos os quais, após essa aceitação, podem ser ditos de má-fé.
Aqui, no momento em que tenho efetivamente a chance de abandonar essa passividade, enquanto uma reflexão "impura" ainda
não cristalizou a determinação de meu mundo imediato, ainda não
enumerou as "causas" de meu choro, enfim, enquanto meu ser está
em questão para si enquanto implica outro ser que não ele mesmo,
eu ignoro essa questão.

Mas, afinal, o que significa ignorar a questão que somos? Significa, no fim das contas, escolher tentar ignorar a própria ignorância,
e, sem embargo, essa é a escolha da má-fé. Ademais, não é sem razão
que usamos esse termo "tentar" aqui e sempre: trata-se certamente
de uma tentativa, diga-se, fadada ao fracasso, já que a consciência
não obtém sucesso em fazer-se em-si. Desse modo, é esse o fracasso

do qual, ao fim e ao cabo, a má-fé pretende se esquivar. Entretanto, como bem lembra Leopoldo e Silva (2003, p.51), comentando um texto de Sartre:[8] "Ignorar significa *saber que tudo está por saber*, e isto nos faz responsáveis pela nossa ignorância".

Podemos, portanto, "não saber", mas não podemos "não saber que não sabemos": a ignorância ignorada não é passividade não consciente, só pode ser escolha. Por exemplo, é cabível e bem frequente que desconheçamos as razões pelas quais não mudamos nossos hábitos, porém incabível que não constatemos esse desconhecimento. Isso porque, uma vez dado, pelo erro, pelo vício, pela carência, pelo outro, por nosso lugar, em suma, por um projeto que, em situação, constitui a facticidade que é a condição de sua liberdade, todo desconhecimento já é vivido como tal e, portanto, impossível de ser ignorado, a não ser por uma escolha. Não uma escolha premeditada qualquer, tal como se diz "escolhi mudar de vida", e sim original, não conhecida, mas espelhada em cada ato e sempre consciente.

Donde, não obstante a conduta de má-fé esteja "lá", na escolha original, ela também estará presente "aqui", em cada atitude, já que a escolha se atualiza livremente pelo comportamento diário: daí a chance de escapar dessa conduta a cada ato, uma vez que o sujeito se reconheça como e em sua escolha. Para tanto, deverá chegar o momento daquele "instante exorcizador" de que falamos: não se trata de um instante reflexivo, mas de uma situação em que a totalidade de meu Ser se faça desmoronar no exato momento em que um novo fim seja iluminado. A "morte" e a "ressurreição" dessa totalidade significarão, então, o instante em que toda uma forma organizada – o sujeito que "é-à-maneira-de-não-ser" seu passado, presente e futuro, seus "hábitos" e comprometimentos, enfim, todo o seu mundo – deve ser negada "internamente" e superada enquanto objeto de uma intuição reveladora.

Voltemos, então, ao nosso exemplo. Agora que já temos uma ideia de como aquele sujeito pode mudar, é preciso saber por que ele não muda e o que o leva a escolher a inferioridade. A nós, no entanto,

---

8 *Verdad y existencia* (México: Paidos, 1996).

CONSCIÊNCIA E MÁ-FÉ NO JOVEM SARTRE 213

nenhuma das duas questões é respondida por Sartre satisfatoriamente, ao menos não com o mesmo afinco que o filósofo nos conduz
a fazê-las. Sobre a primeira, por exemplo, são raros os momentos em
que Sartre discorre sobre as reais razões, para além das justificativas
dadas na má-fé, que nos impedem de abandonar nossas escolhas ori-
ginais. Falando sobre os sofrimentos impostos ao proletário de 1830,
Sartre (1943, p.510, grifo nosso) afirma que "ele não retrata seus sofrimentos como intoleráveis: acomoda-se a eles, não por resignação, mas
por lhe faltarem *cultura e reflexão* necessárias a fazê-lo conceber um
estado social em que tais sofrimentos não existam"

Tais palavras, porém, são um tanto problemáticas. Se faltam cultura e reflexão, podemos dizer que a responsabilidade é do sujeito
que não foi em busca de tais coisas; mas podemos dizer também que
cultura e reflexão só podem ser adquiridas com cultura e reflexão, o
que nos leva a um círculo vicioso e isenta, ao menos parcialmente,
aquele indivíduo da responsabilidade por não ser um homem culto.
Sabemos, também, por outro lado, que tais questões não serão igno-
radas por Sartre: ao contrário, tornar-se-ão seu objeto primeiro de
preocupações, não só em sua segunda grande obra, *Crítica da razão
dialética*, como na maioria de seus escritos depois da publicação de
O ser e o nada.

Já sobre a segunda questão, acerca do que leva um sujeito a escolher a inferioridade, podemos afirmar que, se aquele homem escolheu
a inferioridade, é porque escolheu a vergonha, o ódio, o desespero, e
tantos outros infelizes modos de ser que, descritos em termos psicológicos, estarão em questão em seu Ser. De fato, é o que Sartre quer
dizer quando afirma que a escolha original frequentemente não é
feita com alegria. Mas, em termos ontológicos, se escolheu esses
modos específicos de ser é porque encontrou neles e por meio deles
uma maneira de tentar se realizar como em-si-para-si, enfim, sua
maneira de vislumbrar a densidade e a onisciência divinas. De todo
modo, exceptuando-se o fato de que a inferioridade é uma conduta
ante o outro – fato que nos levaria às análises de Sartre acerca do ser-
-para-outro – conviria ressaltar a pertinência das razões (reveladas
pela psicanálise existencial) pelas quais a vergonha, o ódio e tantos

outros modos de ser tão ímpares parecem realizar em um homem em particular sua eterna síntese com o Ser. Ocorre que adentrar na temática dessa psicanálise, contudo, apesar de importante e intrigante, não nos é possível e nem compõe o rol de nossos objetivos. Miramos, sim, mostrar que além dos desejos empíricos serem constituídos na má-fé, também a escolha original pode sê-lo, e isso parece nos levar a uma conclusão que Sartre, aparentemente, ignorou ou não considerou necessário fazer, ou, de fato, não quis fazer. Trata-se de uma distinção entre dois tipos de má-fé que, apesar de estarem interligados na maioria dos casos, podem e devem ser entendidos em separado. Não falamos aqui da distinção (estabelecida na segunda parte) entre a má-fé e a sinceridade, projetos que podem ser englobados por um conceito geral de má-fé. Referimo-nos a dois conceitos gerais de má-fé que, na medida do possível, tentamos apresentar em separado neste trabalho.

Em um deles, a má-fé é um comportamento corriqueiro explicado por fatores morais. Trata-se de mascarar um fato desagradável ou apresentar como verdade um fato agradável, porém, em situações corriqueiras. Tratam-se, como geralmente se costuma falar quando outros autores abordam o tema da má-fé, dos típicos casos de hipocrisia.[9] Por outro lado, esses mesmo autores, tratando a má-fé como um simples mentir a si mesmo, não parecem dar vazão aos casos em que a má-fé torna-se um modo de vida, explicado em termos ontológicos, enquanto situa-se ao nível da escolha original e, como um câncer, se espalha pelo mundo inteiro de um sujeito, "contaminando" os modos de ser de sua consciência[10].

---

9 Embora, em um sentido lato dos termos, costuma-se chamar as condutas de má-fé de hipócritas, tecnicamente há uma grande diferença entre ambas: a hipocrisia aproxima-se mais do cinismo, já que se caracteriza pelo fingimento e dissimulação, ao passo que o agente da má-fé não tem conhecimento de sua conduta.

10 É bom lembrar que, tratando do tema da mesma automentira que podemos identificar na má-fé Arruda (2003) distingue duas modalidades de autoengano (o "valorizado" e o "proposicional"), as quais poderiam nos ajudar a compreender as formas de má-fé, embora Arruda não descarte uma perspectiva psicanalítica para compreender a automentira.

CONSCIÊNCIA E MÁ-FÉ NO JOVEM SARTRE   215

Obviamente, falamos dessa distinção em caráter essencialmente hipotético, e seriam necessários alguns adendos para que pudesse ela se sustentar em meio à trama dos conceitos de Sartre. Infelizmente, o filósofo não faz essa distinção ou, pelo que sabemos, sequer retoma uma análise mais rigorosa sobre a má-fé. Não há dúvida, no entanto, que esse conceito de má-fé como modo de vida possui conotações e consequências morais, trazendo à luz as preocupações éticas de Sartre. Porém, na medida em que, como acabamos de dizer, ele não dá seguimento às suas análises acerca da noção de má-fé, nós também não estaríamos autorizados a fazê-lo em seu nome, a não ser que assumamos as responsabilidades por nossas digressões em caráter conclusivo. Deixemos, então, para as "considerações finais" nossas apreciações sobre os dilemas éticos que envolvem tal noção. Cabe, por último, uma vez que os conceitos de "má-fé" e "consciência" estão estreitamente ligados aos temas da psicanálise, algumas últimas considerações sobre essa relação.

Perspectivas à psicanálise

Para aqueles que acompanham a leitura de *O ser e o nada*, do começo ao fim, há um desfecho que paira no ar: a obra parece terminar com um convite a uma análise mais elaborada no plano da psicanálise. Sartre, cujas preocupações extravasam o campo puramente teórico deste plano (e, pode-se dizer, sequer permanecem nele) e se situam à margem de uma análise moral, quer que essa psicanálise seja "existencial". Essa psicanálise, afirma Sartre (1943, p.720), "é uma descrição moral, já que nos oferece o sentido ético dos diversos projetos humanos".

Mas a psicanálise existencial não é uma simples descrição: é um método hermenêutico, e o termo "sentido" não aparece naquelas palavras por acaso. Não se trata simplesmente de determinar o valor, nem de achá-lo "pronto" em algum céu inteligível. Sou o "fundamento sem fundamento" dos valores os quais, enquanto estou em situação, apontam à minha escolha original. Só que essa escolha é representada ou, se preferirmos, simbolizada, desde as mais insignificantes condutas; está em cada gosto, em cada gesto, em cada ato. Uma vez que o objetivo da psicanálise existencial é desvendar aquela escolha, cumpre a interpretação de todas as condutas da realidade humana, as quais, como afirma Sartre, "não serão somente os sonhos, os atos falhos, as obsessões e as neuroses, mas também, e sobretudo, os pensamentos despertos, os atos realizados e adaptados, o estilo[11] etc." (ibidem, p.663).

Não há dúvidas, portanto, de que pode haver uma estreita relação entre Sartre e a psicanálise, e a prova cabal disso é a importância que o simbólico adquire no desfecho de *O ser e o nada*: "Muitos homens sabem", afirma Sartre (1943, p.721, grifo nosso), "que o objetivo de sua busca é o ser; e, na medida em que possuem este conhecimento, abstêm-se de se apropriar das coisas por si mesmas e tentam realizar a *apropriação simbólica* do ser-em-si das mesmas". Contudo, a referida relação não é assim tão "amigável". Em primeiro lugar, o termo "psicanálise" é amplo, quase impreciso, embora Sartre não pareça muito preocupado com isso. Urge definir a qual psicanálise as reflexões de Sartre nos deixam perspectivas.

Com a psicanálise freudiana, por exemplo, podemos dizer que Sartre cultiva uma relação de paixão e recusa. Recusa que vemos aflorar já nas páginas de *A transcendência do Ego* e que, passando por *Esboço de uma teoria das emoções* e *O imaginário*, parece atingir seu ponto de culminância em *O ser e o nada*; paixão que, ao contrário, só será admitida[12] muitos anos depois, quando o filósofo vai reconhecer suas dívidas com Freud.

Na verdade, da mesma forma que essa paixão sobrevirá somente depois que Sartre começar a se debruçar com mais afinco sobre o

---

11 Observe-se nessas palavras que Sartre não deixa de lado o "estilo", indo de encontro às exigências de Philonenko (cf. nossa segunda seção do Capítulo 6), embora este não o tenha notado.

12 Em entrevista intitulada "Sartre par lui-même" (Sartre, 1977). Entre as declarações de Sartre nessa entrevista podemos lembrar, por exemplo, aquela em que Sartre confessa que durante a redação de *O imaginário* e parte de *A náusea* passava por uma fase neurótica.

CONSCIÊNCIA E MÁ-FÉ NO JOVEM SARTRE   **217**

pensamento freudiano, aquela repulsa perdurará enquanto o filósofo interpretar esse pensamento com reservas. Não que Sartre
tenha definitivamente acertado as contas com Freud; mas, especialmente a partir da redação do roteiro cinematográfico sobre o
psicanalista,[13] parece ter-se proposto a entendê-lo. Entretanto, não
cabe aqui entrarmos nos pormenores do assunto, assim como não
cabe apontarmos de que modo Sartre erra e acerta em sua leitura do
pensamento freudiano; propomo-nos, sim, a perscrutar uma possível e verdadeira contribuição de Sartre à psicanálise.

Vejamos, em princípio, o que o filósofo tem a dizer sobre a psicanálise, e aqui será preciso cuidado, pois, se, por um lado, o jovem
Sartre foi bastante criticado por sua descuidada leitura da psicanálise,
por outro, é preciso refazer.o contexto dessa leitura e compreender
as críticas do filósofo para que a acusação de interpretação distorcida
não seja atribuída à nossa visão da letra sartriana.

Em primeiro lugar, já sabemos que seria um delito grave se igno-
rássemos que Sartre (1965, p.40-7; 1943, p.535-6), embora critique
duramente Freud, reconhece os méritos das observações deste, sobretudo a constatação de que há todo um mundo simbólico subjacente
ao comportamento humano, mundo esse que requer, portanto, um
método hermenêutico. De fato, diria Sartre (1943, p.545-6 e 560), uma
vez que a realidade humana é fazer-se, aquilo que já foi feito não se
deve ignorar, já que reflete o que o filósofo vai chamar de escolha original. Logo, também o passado, ou o que podemos chamar de a história
de um sujeito, é fundamental ao método da psicanálise existencial.[14]

Em segundo lugar, é preciso distinguir as críticas de Sartre ende-
reçadas à Psicologia daquelas à psicanálise,[15] a despeito da relação

---

13 *Le scènario Freud* (Paris: Gallimard, 1984 – escrito entre 1959 e 1960 e publicado postumamente).

14 Como mostrou Gonçalves (1991, p.280-92), o passado (no caso, de Flaubert)
será muito importante na análise psicanalítica que Sartre empreenderá em *O
idiota da família*.

15 Além disso, é conveniente distinguir tais críticas quando feitas na fase de *O ser
e o nada* e quando feitas na fase da redação das outras obras precedentes, já que,
como vimos, há mudanças nítidas entre essas fases.

218 MALCOM GUIMARÃES RODRIGUES

entre as duas, distinção que até o próprio filósofo parece ignorar vez ou outra. As primeiras, embora sejam encontradas dispersas nas outras obras do jovem Sartre, estão conglomeradas em *O imaginário* e, talvez, sejam sintetizadas na expressão "ilusão de imanência". Como vimos, caberá a uma "psicologia fenomenológica" desmistificar essa ilusão que nos faz conceber a consciência em termos espaciais, ou seja, conferir aos objetos da consciência as determinações espaciais que os objetos reais possuem, transformando-a (a consciência) em palco passivo de "estados" que nela e sobre ela agem. Nesses termos, opacidade e inércia seriam as vitais características de uma concepção psicológica de consciência que Sartre vai, na citada obra, rejeitar.

Quanto às críticas à psicanálise, também dispersas, embora mais organizadas em *O ser e o nada*, serão uma extensão dessa rejeição, voltando-se, em particular, sobre o "pacote" que parece acompanhar o que Sartre chama de inconsciente: determinismo, passividade e positividade. A cada um desses postulados a ontologia fenomenológica posicionar-se-á em diferentes "flancos de ataque", fato que viabilizará diferentes vias possíveis para uma mesma crítica que, por sua vez, fundamentar-se-á nas verdadeiras características da consciência: liberdade, espontaneidade e nadificação.

Assim, por exemplo, por uma "via fenomenológica" (a mais curta e direta para efetuar o ataque, diga-se de passagem) toda consciência é "consciência de...", o que faz dessa pura espontaneidade existência que precede essência. Há, tão somente, existência consciente de ponta a ponta, para usar os termos de Sartre, o que não deixa "espaço" para um *conatus* (libido, vontade de poder, e assim por diante), a não ser como consciência de *conatus*. Até mesmo, se há "espaço" na consciência, só pode ser para "acomodar" um nada, pois, ao fim e ao cabo, é justamente isso que somos. Mas aí já partimos para a "via existencial", pela qual se pode afirmar que a consciência é nadificação e, portanto, uma indeterminação nos limites da qual não pode haver uma sucessão indefinida de causalidade.

É isso, aliás, que garante a "via ontológica", segundo a qual aquilo que "é" não pode determinar o que "não é", pois o em-si não pode, em sua absoluta positividade, nadificar-se. Por conseguinte,

CONSCIÊNCIA E MÁ-FÉ NO JOVEM SARTRE   219

uma situação consumada (um "trauma" de infância ou a recusa do alcoólatra de beber "aquele trago") não pode motivar um comportamento futuro (uma "histeria" ou na recusa ou na fraqueza diante do próximo trago, por exemplo), porquanto já está dada no passado, empastada como coisa em-si, a não ser que seja retomada e vivificada sob um fim projetado. Mas, mesmo nesse caso, não se trata de uma determinação inconsciente ou de motivos e móbeis que causam a ação, e sim do posicionamento de um mundo onde "traumas", "fraquezas", "força de vontade" etc. possuem um significado à luz de uma escolha original.

A pergunta então é: será que a psicanálise se reduz àqueles postulados, determinismo, passividade e positividade, ou mesmo, será que os postula tal como Sartre pensa? O que temos de certo é que, à exceção de *L'imagination* (Sartre, 1936), em que as críticas de Sartre estão genuinamente aclimatadas à atmosfera da Psicologia clássica (de Taine a Spaier), em outras obras o filósofo parece fazer uso do arcabouço terminológico inerente àquela atmosfera para conceber os conceitos da psicanálise. Assim, nessas obras, o inconsciente é descrito em termos espaciais, é "coisificado" (para usar um termo do próprio Sartre), estático, regido por uma cega causalidade mecânica e sem uma relação detalhada com os chistes, atos falhos e sonhos.[16]

Destarte, até que ponto sua interpretação do pensamento freudiano é sensata, e até que ponto poderíamos ir além dela, é algo que precisaria ser avaliado. Sem dúvida, seria bastante salutar "testarmos" a eficácia da ontologia fenomenológica de Sartre perante algumas críticas dirigidas aos seus conceitos fundamentais, uma vez que é com base em tais conceitos que o filósofo interpreta a

---

16 Sartre (1996, p.210-30) faz uma análise psicológica do sonho, mas é preciso salientar que, em primeiro, o filósofo ainda não aprimorou o uso de conceitos como "crença" e "irrefletido" tal como serão concebidos em *O ser e o nada*; em segundo, que o próprio Sartre (ibidem, p.211) afirma que não tratará de fatores como a função simbólica das imagens do sonho ou o pensamento que sonha. Ora, é justamente sobre tais fatores que *A interpretação dos sonhos* (1900/1972) deverá se debruçar para pensar a ideia de inconsciente.

psicanálise. Será, por exemplo, que o argumento fenomenológico da intencionalidade-espontaneidade da consciência seria adequado para lidar com as "crises histéricas" das pacientes de Freud, haja vista que Sartre (embora trate de sentimentos profundos como a angústia e o sofrimento) volta-se para uma realidade humana em situações normais, completamente "mundanas", até banais?[17]

De uma forma ou de outra, é preciso notar que, ao desferir suas críticas diretamente à psicanálise, alguns conceitos-chave (como os de "transferência" e "sublimação") são ignorados por Sartre; outros conceitos que são lembrados, como o de "Ego" e o de "libido", são deslocados de suas conotações tal como estas aparecem nos textos freudianos. A libido é descrita por Sartre (1943, p.660) como um "termo abstrato e genérico" e o "Ego" da psicanálise parece ser confundido com algum tipo de "Ego" da Psicologia clássica, ou com a ideia de consciência, e até com algum tipo de "personalidade".[18]

Será, então, possível alguma conciliação entre Sartre e a psicanálise? Para responder, precisamos interrogar quem é o sujeito sartriano, pois esta conciliação é frequentemente inviabilizada pela ideia difundida segundo a qual aquele sujeito é absolutamente livre e transparente a si mesmo. Ora, nós não desvendamos exatamente o contrário, quer dizer, não descobrimos que a responsabilidade de que fala Sartre não se aplica a um "sujeito do conhecimento",

---

17 Embora não possamos esquecer que Sartre (1943, p.93) menciona *La femme frigide*, de Stekel, e também faz uma análise da "patologia da imaginação" (Sartre, 1996, cf. o cap. "A vida imaginária"). Caberia, neste momento, uma comparação mais detida com o que a psicanálise teria a dizer sobre tais pontos. Sobre o tema da utilização prática da psicanálise existencial ver Cannon (1993).

18 Para Freud (1972, v.V, p.641), a consciência é *"apenas um órgão sensorial para a percepção de qualidades psíquicas"*. Mas é preciso avaliar com cuidado essa "definição" de consciência. Nos Estados Unidos, em meados da década de 1950, observa-se em psicanálise o surgimento de uma *"Ego psychology"* (ver, por exemplo, Erikson, 1975), corrente vista com reservas por alguns psicanalistas (ver, por exemplo, Roudinesco, 1988). Sobre as formulações freudianas acerca do "Ego" psicanalítico e do *"Ich"* cf. Garcia-Roza (2000, p.196-8). Sobre a noção de "personalidade", Mezan (1990, p.138, n.3) nos lembra que, em carta a Jung, Freud a recusa.

CONSCIÊNCIA E MÁ-FÉ NO JOVEM SARTRE **221**

transparente a si mesmo e cuja liberdade é absoluta? De resto, se Sartre nega a existência de um Ego é, tal como vimos, para recusar a realização de um "Eu empírico", pretensamente fundamentado nas condições de possibilidade de um "Eu de direito" cuja delimitação será dada por Kant em sua *Crítica da razão pura*. Como vimos, dirá Sartre (1994a, p.47) já em sua primeira obra filosófica, um "Eu" unificador e individualizante é algo desnecessário a uma fenomenologia, pois "a consciência define-se pela intencionalidade".

Por sua vez, a ausência de um "Eu" unificador não implica, para Sartre, a ausência de um sujeito como "projeto fundamental", projeto que define e atualiza a realidade humana ao realizar-se em seus desejos e atos particulares e que, embora não se reduza a nenhum destes, só pode ser captado neles. Nesse sentido, afirma Sartre (1943, p.658), "se o projeto fundamental é plenamente *vivido* pelo sujeito e, como tal, totalmente consciente, isso não significa em absoluto que deva ser ao mesmo tempo *conhecido* por ele". É como se, lembrando da metáfora de Sartre, a consciência de si fosse atravessada por uma luz que a tudo permite ver, de tudo desfrutar, porém, uma luz tão forte que não permite distinguir as coisas que ilumina.

Assim, longe de defrontar a má-fé, um conhecimento de si constituir-se-á como a barricada de sua resistência. De fato, se existem possíveis analogias entre o desvelamento da má-fé e aquele próprio da técnica analítica,[19] uma delas é a de que também na má-fé há resistências a serem vencidas: a má-fé não só resiste como se renova por um tipo de conhecimento "impuro" de si, conhecimento cujos frutos estão latentes na própria conduta. É por isso que, falando de sua "psicanálise existencial", Sartre (1943, p.658) concluirá que

---

19 Particularmente interessante é a citação que Paul Ricoeur (1977, p.324) faz de um texto de Freud (*Psicanálise silvestre*, 1910), com base no qual o filósofo afirma que a questão da técnica analítica "não é substituir a ignorância pelo conhecimento, mas vencer resistências". Tais palavras poderiam ser usadas contra a pretensão de Sartre (1943, p.552) de substituir a má-fé pelo inconsciente não fosse o fato de que, também na má-fé, a resolução do problema não começa por meio de um conhecimento (pois a má-fé é um tipo de conhecimento), mas, sim, de uma conduta.

"o sujeito não está em posição privilegiada para proceder a essas investigações sobre si mesmo". De onde, se por um lado, na mediação, o sujeito reflexivo apenas reitera aquilo que, por esta reflexão, ele acredita confrontar, cristalizando cada vez mais sua figura no mundo, por outro, no imediato, no qual nada pode lhe garantir a certeza e a segurança (que ele espera) de um conhecimento de si, pois nesse momento não há reflexão e sim questão de um ser-para-si que é consciência do mundo, ele se entrega ao transcendente: age como um autômato. Aqui, é desbancada uma interpretação cartesiana que, não raro, recai sobre a pena sartriana: assim como consciência não se confunde com conhecimento, translucidez não deve confundir-se com transparência.

Não há, pois, um sujeito do conhecimento em Sartre, uma essência que possa ser desvelada. Em contrapartida, o ato primeiro de má-fé nos revela um ímpeto de definir, da maneira a mais supérflua possível, por meio de uma "evidência não persuasiva", essa essência que, de fato, não pode ser definida: a essência de nossa existência. Entende-se como, a despeito de sua translucidez, a consciência pode tentar ludibriar a si mesma: "O homem busca o ser às cegas, ocultando de si mesmo o projeto livre que constitui esta busca" (1943, p.721). Eis aí, em poucas palavras, o "sujeito" sartriano. O que isso quer dizer?

Em primeiro lugar, que o homem se faz "projeto". Ora, se um projeto visa um porvir, se é posicionamento de um fim, então os atos desse sujeito se explicam em vista do futuro. Eis aí a principal disparidade entre a psicanálise existencial de Sartre e o que faz a (interpretação da) psicanálise freudiana. A primeira visa elucidar uma escolha que se refaz, um projeto único e individual que, por estar sujeito à constante mudança, exige um método hermenêutico flexível. Já a segunda, por meio de leis genéricas e a partir de termos comuns e abstratos, como "vontade de poder", visa elucidar um estado que será determinado casualmente pelos "acidentes" que constituem a história do sujeito, e explicado segundo leis (como transferência e condensação) e classificações generalizantes que podem definir um homem. Para essa psicanálise, então, é o passado

CONSCIÊNCIA E MÁ-FÉ NO JOVEM SARTRE **223**

que determinará se tal "tendência" coagular-se-á sobre tal objeto ou experiência da infância, por exemplo. "Em consequência", conclui Sartre (1943, p.536):

> A dimensão do futuro não existe para a psicanálise. A realidade humana perde um de seus ek-stases e deve ser interpretada unicamente por uma regressão rumo ao passado a partir do presente. Ao mesmo tempo, as estruturas fundamentais do sujeito, que são significadas por seus atos, não são significadas *para ele*, mas para uma testemunha objetiva que usa métodos discursivos para explicar tais significações. Não se outorga ao sujeito qualquer compreensão pré-ontológica do sentido de seus atos. E isso é facilmente compreensível, pois, apesar de tudo, esses atos são apenas o efeito do passado – que, por princípio está fora de alcance – em vez de buscar inscrever seu objetivo no futuro.

Com efeito, a afirmação de Sartre que apresenta sua concepção de sujeito pode nos inspirar outras conclusões. Em segundo lugar, aquela afirmação nos diz que, sendo o homem uma busca, ele é falta. É verdade: não qualquer falta, mas, para usar as palavras de Sartre, "falta que tem-de-ser por si mesmo sua própria falta" (ibidem, p.248-9). Em terceiro lugar, a afirmação também nos mostra o que é a sua liberdade: não se distingue da escolha, é o Ser que se faz desejo de ser. Daí afirmarmos que a liberdade não é uma propriedade, mas o próprio surgimento da realidade humana: o ser humano é livre não para fazer o que quer, mas para escolher onde vai "encalacrar" sua liberdade. Em quarto lugar, dado que o projeto livre que vivifica a falta está oculto para si, a afirmação nos diz que aquele sujeito é (em algum sentido) desconhecido para si mesmo.

Ora, a despeito das diferenças entre Freud e Sartre, na perspectiva desse filósofo, como tentamos mostrar, devemos nos inspirar no método psicanalítico, e não vê-lo como algo "contra uma filosofia da consciência", ao reconhecimento de si como falta concreta. Daí o esboço de uma "psicanálise existencial". Haverá, então, alguma possibilidade de conciliação entre Sartre e a psicanálise?

Não há dúvidas de que, contra essa possibilidade e contra a concepção de Sartre, colocar-se-á, a partir da experiência psicanalítica que afirma a eficácia e a versatilidade da hipótese do inconsciente, o sujeito "cingido". Não obstante, muitos psicanalistas tentarão atribuir a esse sujeito determinado por seu inconsciente algum tipo de liberdade. Assim, em um primeiro momento, não parecerá haver conflito entre Sartre e a psicanalista Maria Rita Kehl (2002, p.31), segundo a qual "a psicanálise poderia dizer que o compromisso do sujeito com seu desejo [...], a aceitação da falta e do conflito como constitutivos de nossa condição, podem ter consequências éticas". Porém, em seguida, quando se trata de conciliar a consequente noção de responsabilidade implicada nas citadas palavras, Kehl constata que "responsabilidade difícil de assumir, esta – pelo estranho que existe em nós, age em nós" (ibidem, p.32). Nessa mesma esteira de pensamento coloca-se Roudinesco (2000, p.70), que fala da liberdade de "um sujeito habitado pela consciência de seu próprio inconsciente". Seriam essas psicanalistas vítimas da ilusão de imanência de que fala Sartre? Não ousamos responder, mas há de admitir que, por mais que tais concepções tenham sua razão de ser na reflexão e na clínica de suas autoras, sentimos a carência de uma estrutura teórica mais firme para sustentar suas afirmações.

Na verdade, mais do que uma querela terminológica sobre falar ou não em "inconsciente", estão em jogo aqui dois problemas cujas soluções caminham em conjunto e perpassam um terreno de interseção entre filosofia e psicanálise. Um dos problemas é filosófico e psicanalítico, e diz respeito não só ao que podemos chamar de "desconhecimento de si" de um sujeito psicanalítico, como também ao meio de acesso a essa parcela de si que está oculta a esse sujeito. E se falamos em "desconhecimento de si", é porque não pretendemos afirmar ou negar, de antemão, uma hipótese coerente acerca do estatuto do inconsciente. O segundo problema é prático e diz respeito à observação da conduta e à constatação da má-fé. Entre essas duas questões está a assunção de uma responsabilidade por parte daquele sujeito, ou seja, a questão dos limites de uma (possível) liberdade. De modo que, a partir do momento em que nos

CONSCIÊNCIA E MÁ-FÉ NO JOVEM SARTRE   225

debruçarmos sobre um desses problemas estaremos, também, nos debruçando sobre o outro.

E, aqui, vislumbramos onde começam as dificuldades que travam as relações entre Filosofia e psicanálise, pois no mesmo ritmo em que se discute a demarcação de seus limites, corre-se o risco de perder de vista o potencial de realizações que ambas possuem somente se trabalhando em conjunto: é somente em uma intersecção entre tais estudos que poderíamos forjar as ferramentas adequadas ao debate de uma ética da psicanálise, por exemplo. Decerto, se aquele potencial é perdido de vista, geralmente os que insistem na referida demarcação se entregam às imprecisões de um vago horizonte no qual os domínios aos quais eles se opõem são, frequentemente, descritos com desmedida displicência. Notem-se, por exemplo, as polêmicas afirmações de psicanalistas conhecidos, como Lacan,[20] em relação à Filosofia, seguidas pelas críticas de Sartre à psicanálise. De fato, frequentemente, quando "a" Filosofia é mencionada por alguns psicanalistas, ela parece reduzir-se a uma passagem da história da Filosofia moderna ocidental, em especial aos "sujeitos do conhecimento" oriundos das matrizes cartesiana e/ou kantiana. Da mesma forma, as críticas de muitos filósofos, dentre os quais o próprio Sartre, para "a" psicanálise deveriam remeter-se, na verdade, a uma interpretação discutível do "determinismo inconsciente" de Freud.[21]

Convém observar que não precisamos nos esforçar muito para vermos aí uma problemática polarização entre cogito e inconsciente, a qual, além de impedir uma demarcação entre Filosofia e psicanálise sem prejuízo a ambas, nos induz a confrontar em bloco "a" Filosofia (sartriana, por exemplo) com "a" psicanálise (lacaniana, por

---

20 Tome-se, por exemplo, a fatídica afirmação do já experiente Lacan (1980, sessão de 18.3.1980, apud Simanke, 2005, p.28), em que ele se intitula o "senhor A" e afirma: "Esse senhor A é antifilósofo. É o meu caso. Insurjo-me, pode-se dizer, contra a filosofia".

21 Quando, por exemplo, Sartre (1943, p.536) afirma que: "A dimensão do futuro não existe para a psicanálise", e Lacan (1991, p. 43, parênteses nossos), que: "Nenhuma filosofia, até então, levou as coisas tão longe nesse sentido (de questionar o estatuto da realidade)", caberia questionar a ambos a quais teorias eles se referem.

exemplo), como se isso fosse possível. Não obstante, trata-se de um problema recorrente e facilmente tomado como insolúvel. Tomem--se, por exemplo, os "Diálogos" (Derrida & Rudinesco, 2004, p.10 e 207) entre Derrida, para o qual "as grandes máquinas freudianas (incluindo o termo e o conceito de inconsciente) – não passam a meus olhos de armas provisórias, utensílios retóricos montados contra uma filosofia da consciência..." e Roudinesco, a qual critica em Sartre "seu humanismo do sujeito 'pleno' e transparente a si mesmo".

Antes disso, porém, Paul Ricoeur (1977, p.344) já parecia ter diagnosticado bem alguns dos sintomas dessa polarização quando afirmou: "O que nos estimula é a ausência mesma, no freudismo, de qualquer interrogação radical sobre o sujeito do pensamento e da existência". E que não se pense que Ricoeur, versado também pela fenomenologia, tenha tomado partido a favor dos filósofos. Veja-se, por exemplo, uma sua afirmação anterior, que expressa uma demarcação nítida entre Filosofia e psicanálise, de que "o inconsciente é o que é tornado acessível pela técnica analítica; ora, esse modo de escavação arqueológica não pode ser suprido por nenhuma fenomenologia" (ibidem, p.314).

Depreende-se daí que aquela polarização perdurará enquanto: de um lado, indisposta a discutir o estatuto do inconsciente nos termos da prática psicanalítica, por exemplo, a Filosofia se regozijar em não assumir hipóteses supostamente absurdas ou "cientificamente improváveis"; e, de outro, enquanto a psicanálise ignorar a reflexão filosófica sob a frequente alegação de que, em princípio, em razão de algum mecanismo defensivo inconsciente, por exemplo, ela já é fruto da torpe pretensão de um sujeito que afirma possuir absoluto conhecimento de si. Em poucas palavras, a polarização perdurará enquanto cada uma delas, partindo do pressuposto de que haja um verdadeiro conhecimento de si, assumir a si a tarefa de desvendá-lo.

Ora, o ponto de partira que nos seria sugerido por Sartre seria justamente esse questionamento, de categorias desgastadas da Filosofia, como esse "conhecimento de si", e das clássicas pretensões da psicanálise, como a busca por uma "verdade de si" recôndita no desejo

CONSCIÊNCIA E MÁ-FÉ NO JOVEM SARTRE 227

inconsciente. Mas a questão que nos deve interessar, na esteira do pensamento sartriano, não é a busca em si por uma verdade, e sim a suposição de que essa busca só se realizará com sucesso por um determinado método, cartesiano ou freudiano, por exemplo, de conhecimento. Afinal, se uma escolha original já coloca um mundo e limita nossa capacidade de vislumbrar outro, também uma metodologia já abarca os seus resultados, e toda estratégia já delimita uma trajetória e um objetivo, vetando a visualização de outros percursos e metas possíveis. É como o recrutado à guerra que vai perguntar ao padre, e não ao seu capitão, se Deus perdoaria sua deserção. Assim, antes de nos preocuparmos com a verdade desvelada, é preciso nos responsabilizarmos pelos meios desse desvelamento.

É por isso que nos inquietamos, por exemplo, com o que esperamos dessa busca, por um conhecimento e (que supostamente nos levará a) uma verdade. Incomodados pelo vazio em que o determinismo parece nos deixar (desde suas acepções mais genéricas e radicais até as mais complexas e estruturais), porém, passivos diante do mito no qual a liberdade parece ter se transformado (com os "avanços do saber", na Biologia, na neurociência, na Psicologia cognitiva etc.), esperaremos impetrar um sujeito do conhecimento ou do inconsciente? Definitivamente não, já que nos propomos a questionar tais categorias antes de nos apropriarmos delas.

Mas, sobretudo, inquietamo-nos com o significado que atribuímos àquela busca, já que uma coisa é situá-la em um horizonte de inúmeras possibilidades; outra bem diferente é limitar seus resultados a meras conjecturas pirrônicas; outra é outorgar a determinada instância, grupo ou pessoa os poderes para delimitar sua extensão; outra é tentar medir essa extensão por meio de uma análise histórica; e assim por diante. Vê-se que, antes de negar ou aceitar noções como "conhecimento de si", "verdade de si" e "sujeito", é preciso investigar por que nós sempre voltamos a elas: eis o que chamaremos de uma "inquietação ética", pois nos encaminha à responsabilidade pelo tipo de compreensão de si do qual nós julgamos ser possível acercar-se.

Assim, o "terreno" de intersecção de que falamos no início, em prol de um debate sobre a ética, entre Filosofia e psicanálise, é aquele no qual poderemos fazer uso tanto da reflexão filosófica (a qual não prevalecerá sobre a psicanálise, embora possa ser útil para esclarecer certa obscuridade que paira sobre a noção de inconsciente) quanto da experiência psicanalítica (que poderia desmistificar certas pretensões do cogito sem descaracterizar aquela reflexão), cujo trabalho, em conjunto, proporcionar-lhes-ia o questionamento de suas próprias metodologias ao tratamento do que se convencionou chamar de conhecimento de si. Indo diretamente ao ponto, nesse suposto conhecimento, interessa-nos menos qual será a verdade do que como se farão as perguntas. Por exemplo, podemos fazer tais perguntas esperando um saber presumivelmente realizado ou realizável pela ciência para que, enfim, possamos dizer: "Eu sou assim devido a tais fatores genéticos, etc."; ou, podemos fazê-las esperando um questionamento ético sobre si e cuja primeira consequência é a responsabilidade.

Com efeito, Leopoldo e Silva (2003, p.54) nos diz que "nunca se enfatizará suficientemente como essas duas dimensões – ética e conhecimento – estão unidas em Sartre". Nós queremos aclimatar essa afirmação ao debate ético na psicanálise. Se, antes de procurar um psicanalista, eu não me permito "ver" meus possíveis, sequer haverá momento a uma questão a si e, talvez, àquela disposição mínima de "se entregar" a uma análise psicanalítica. Caso contrário, se me reconheço enquanto falta que se atualiza, resta a mim escolher como vou elaborar essa falta e responsabilizar-me por essa escolha: eis aí uma ética da responsabilidade, diante de um (des)conhecimento de si, como condição de possibilidade.

CONSIDERAÇÕES FINAIS

*Nunca pois um homem se ofereceu tão alegremente
em holocausto a sua doutrina.*

(Lebrun, 2006)

Chegamos ao fim de nossas análises em torno dos conceitos de consciência e má-fé, a despeito de relutarmos em usar a palavra "fim". Há, de fato, um incômodo, tal como se nossas reflexões tivessem sido subitamente interrompidas. Que faltam muitas coisas a serem ditas, isso é evidente. Todavia, é mais provável que esse incômodo se explique pelo fato de que somos iniciantes na Filosofia como um todo e, em particular, na de Sartre; explicação que, se não quisermos agir de má-fé, não deve ser tomada como justificativa de nossos enganos.

Sobre o que não há dúvidas é a lacuna deixada por uma investigação acerca do "para-outro", tal como acerca da "psicanálise existencial" e, em larga escala, acerca das obras posteriores a *O ser e o nada*. Também ficou à margem de nossas reflexões uma discussão, aliás, muito pertinente, não só com os comentadores de Sartre, quanto, especialmente, com seus interlocutores, sobretudo Hegel e Heidegger; mas, também, se levarmos em conta outros filósofos (pouco mencionados por comentadores) que parecem ter deixado sua

230 MALCOM GUIMARÃES RODRIGUES

marca no pensamento sartriano, tais como Bergson, Scheler, Kierke-
gaard, Nietzsche, Kant e Espinoza, para ficarmos apenas com alguns;
sem contar com os gregos e com as influências literárias. Tudo isso
deveria ser levado em conta para uma análise mais apurada dos conceitos sobre os quais nos propomos estudar.

Feitas essas ressalvas, podemos passar a uma rápida reavaliação
dos temas aqui tratados, em particular, pensar na conduta que nos
permita escapar de uma escolha original feita no regime da má-fé.

Com efeito, na segunda parte, apresentamos algumas críticas de
Philonenko (1981) não só contra alguns conceitos sartrianos, como
o de má-fé e liberdade, mas, sobremaneira, contra uma inquietação
ética de *O ser e o nada*, qual seja, um compromisso à realidade humana
e à assunção de sua responsabilidade perante seus atos. Defende-
remos em caráter conclusivo – e isso significa que não pretendemos
imputar a Sartre palavras que não provieram de sua pena – que a referida inquietação sartriana procede, consideradas algumas reservas.
Há, isso não há como negar, uma proposta ética que desponta nas
entrelinhas daquela obra de Sartre; mas nada além disso. Quer dizer,
para sermos precisos, digamos que há, no máximo, a proposição de
uma "porta de entrada" a uma ética da responsabilidade.

Dito sem rodeios: pretendemos argumentar que a preocupação
principal de Philonenko, no artigo que analisamos (na Parte II), é
definitivamente destoante em relação à de Sartre em *O ser e o nada*. O
primeiro, na leitura dessa obra, parece inquietar-se com um (ausente)
estudo sartriano da moralidade com vistas a analisar e estabelecer
as bases de uma ética; quer encontrar a "coerência do estilo" para
que possamos fundar algum tipo de conceito de identidade e, assim,
tornar possível a avaliação moral da conduta humana. Ao passo que
Sartre se detém à porta de uma ética.

Em primeiro lugar, porém, precisamos concordar em relação
ao uso dos conceitos. Considerando duas definições bem gerais de
"ética"[1] – sendo a primeira "ciência do *fim* para o qual a conduta dos

---

1 Tais definições, de Abbagnano (1998, p.380), representam aqui apenas plataforma de comparação, a título puramente elucidativo.

CONSCIÊNCIA E MÁ-FÉ NO JOVEM SARTRE   **231**

homens deve ser orientada e dos *meios* para atingir tal *fim*, deduzindo tanto o fim quanto os meios da *natureza* do homem", e a outra uma "ciência do *móvel* da conduta humana e (que) procura determinar tal móvel com vistas a dirigir ou disciplinar essa conduta" – a proposta da ontologia sartriana não se conforma a nenhuma delas, se bem que se acomode com menos dificuldade à segunda.

De fato, aquela ontologia não deve determinar uma natureza humana ou, a partir daí, uma orientação para os seus meios e fins, nem, por outro lado, dirigir a conduta humana. Ainda assim, a mesma ontologia pode despertar, a partir de uma análise dessa conduta, uma reflexão sobre seus meios e fins e, nesses termos, permitir uma tomada de posição; esta última pode, possivelmente, rumar ao que caberia chamar de um "disciplinamento" (para usar o termo de Abaggnano) da conduta. Aqui, "disciplina" deverá implicar constante observação e (possível) reavaliação da significação dos valores. Ora, é pelo reconhecimento de que o significado do valor se reduz a meu Ser, e somente por mim é atribuído, que sou confrontado com a responsabilidade da conduta que o reflete em determinada situação.

Aí, entretanto, já teríamos extravasado os limites da mencionada ontologia. Esta não deve nutrir perspectivas morais, e com isso queremos dizer que a ontologia de Sartre não nos direciona a uma análise com vistas à escolha de valores, mas, no limite, permite a reflexão que vislumbrará a condição humana dessa escolha. É precisamente nessa passagem que se situa a diferença entre a ontologia de Sartre e a concepção de uma ética cuja tarefa é definir fins e meios, valores ou princípios de orientação da conduta humana, a partir ou não de uma natureza preestabelecida: a primeira, interrogando o Ser do valor, afirmará que a segunda só aparece depois que uma liberdade sem fundamento a reconhece como tal.

Assim, a ontologia, ou o que podemos chamar de reflexão ontológica, constituir-se-á com o questionamento daquela concepção dada de ética, enquanto questionamento de um "Sumo Bem", por exemplo. Daí, como afirma Sartre (1943, p.75), a "angústia ética": reconhecimento de que somos o Ser que está em questão para si, Ser que se constitui por uma "nadificação", enfim, Ser que é o

232 MALCOM GUIMARÃES RODRIGUES

fundamento sem fundamento dos valores. Ora, conclui-se, por mais que nos encoraje ao que podemos chamar de uma "reflexão ética", de forma alguma a pena sartriana se propõe a avaliar ou julgar uma "coerência de estilo", ou oferecer instrumentos de avaliação da conduta. É o que afirma Sartre:

> A ontologia não pode formular de per si prescrições morais. Consagra-se unicamente àquilo que é, e não é possível derivar imperativos de seus indicativos. Deixa entrever, todavia, o que seria uma ética que assumisse suas responsabilidades em face de uma *realidade humana em situação*. (ibidem, p.720)

É nessas poucas palavras que vislumbramos as razões pelas quais seu autor foi incansavelmente atacado por defender uma "ética vazia", uma "moral da gratuidade": se somos um Nada, uma desagregação constante, tanto faz "embriagar-se solitariamente ou conduzir os povos", como o próprio Sartre (ibidem, p.721) vai afirmar como que prevendo as impugnações que lhe seriam feitas. Observe-se, porém, que a acusação moral de gratuidade convém ao que Sartre chama de "espírito de seriedade", aquele que está acorrentado a um mundo transcendente de valores eternos e, de tal forma atrelado à materialidade das coisas, a ponto de deixar-se esmagar pelo Ser; aquele que vive em um mundo não mais de possibilidades, mas de necessidades e, por isso, leva sua vida na extrema rigidez de uma seriedade estúpida. Nesses termos, o julgamento de que Sartre nos conduz à gratuidade de valores só será levado a cabo de um ponto de vista moral, quando já se decidiu pela essência, ou pela natureza humana, quando se decidiu, sob o primado do conhecimento, por "uma" verdade: quando, por fim, já ultrapassamos há muito as fronteiras da ontologia.

Sartre, entretanto, não quer ultrapassar essa fronteira, ao contrário, quer permanecer nos limites da ontologia para nos fazer entender que os valores se reduzem ao nosso Ser, que a referida decisão (sobre a essência) é livre e que, antes da essência, não há e nem pode haver imperativos, apenas o que "é". O exame de tais imperativos nos convida, como apontam as palavras citadas, a uma reflexão

CONSCIÊNCIA E MÁ-FÉ NO JOVEM SARTRE   233

acerca de uma ética da responsabilidade, digamos assim, porém, em nada se compromete com perspectivas morais. Se não, vejamos. Tomemos esses conceitos de consciência e má-fé. É verdade que, como já dissemos, Sartre não se esforça muito para estabelecer e distinguir seu papel em termos morais e em termos ontológicos. A descrição daqueles conceitos oscila, frequentemente, entre esses dois extremos: em um momento descreve-se o julgamento moral do homossexual que precisa mentir a si mesmo conscientemente para escapar desse julgamento; em outro, descreve-se a desagregação do para-si que visa uma fuga no em-si a partir dessa mesma desagregação, à maneira de não-ser-o-que-se-é. Ontologia e moralidade se confundem na análise sartriana da má-fé, conceito que parece ser um divisor de águas entre os dois polos. Só que esse conceito tem um papel diferente em cada um dos domínios.

Em termos morais a má-fé oferece a justificação (moral) de nossos atos; a isenção da responsabilidade pelo que escolhemos ser; uma "consciência limpa". Em termos ontológicos, por sua vez, a má-fé possui uma função específica na cadeia argumentativa de Sartre. Dado que, em sua estrutura "interna", o para-si é, pela nadificação do em-si, pura desagregação de si, cumpre identificar uma conduta instantânea e original cuja condição necessária seja essa desagregação. Eis a má-fé. Assim, a ocorrência dessa prova que o para-si, no seio de sua desagregação, é um Ser que *"é o que não é e que não é o que é"*, uma vez que, se essa desagregação não existisse, também a má-fé não seria possível. E, afinal, não poderia ser de outra forma já que a má-fé é fuga de si mesma. Por conseguinte, a "estabilidade-instável" da má-fé só é possível de se perpetuar na consciência porque a própria realidade humana é instável, é um "fazer-se". Do contrário, como afirma Sartre:

> Se eu fosse um homem triste ou covarde assim como este tinteiro é tinteiro, sequer seria concebível a possibilidade de má-fé. Não apenas não poderia escapar ao meu ser, como sequer poderia imaginar poder escapar. Mas, se a má-fé é possível a título de simples projeto, é porque, justamente, não há diferença tão incisiva entre ser e não ser, quando se trata de meu ser. (ibidem, p.106)

234   MALCOM GUIMARÃES RODRIGUES

Não nos enganemos, porém: a má-fé não quer reconhecer essa desagregação, mas, tão somente, aceitá-la imediata e passivamente, mediante uma evidência "não persuasiva", visando o modo de ser dos objetos, isto é, modo de ser em-si. Dito resumidamente: enquanto conduta a má-fé se sabe e se quer fazer uma fé mal convencida. Aqui, vemos, já passamos do plano ontológico ao plano moral e é justamente essa passagem que Philonenko parece ter perdido. Dessa feita, fica impossível traçar uma linha imaginária entre duas categorias de afirmações que, não raro, constituem uma única sentença em *O ser e o nada*. Em uma dessas categorias Sartre fala de estados, qualidades, atos, móbeis, desejos concretos, de mentir a si mesmo, enfim, de toda uma vida que pode ser objeto do psicólogo e que pode ser classificada moralmente como boa ou má, certa ou errada, sincera ou insincera, e assim por diante. Em outra categoria, temos os elementos de uma ontologia que, por sua vez, não visa perspectivas morais, na medida em que tais elementos foram traduzidos a termos irredutíveis a um moralismo: eis a tarefa da psicanálise existencial.

Assim, na mesma medida em que todo um conjunto de atos se traduz por uma escolha original, também ocorre que todo um conjunto de móbeis se traduz por uma motivação objetiva à luz de um projeto original, todos os desejos específicos se traduzem na condição do ser-para-si que é sua própria falta: no plano ontológico, consciência, escolha, projeto e falta não se prestam a um julgamento moral, e sim à descrição daquela cisão do Ser de que Sartre (1943, p.34) fala ao fim de sua Introdução.

Devemos concluir então que, do ponto de vista da proposta de *O ser e o nada*, se é que ela se compromete majoritariamente com termos ontológicos, não faz sentido falarmos da oposição entre bem e mal, pois tais coisas só aparecem depois de uma escolha. Parece-nos que Philonenko quis retomar nos moldes kantianos, sob a perspectiva do primado do conhecimento, diga-se, o problema moral da possibilidade do "mal radical" a partir dos conceitos de Sartre. Mas aquela "liberdade que só é para o mal" que ele impugna à filosofia de Sartre, tornando-a tributária de um inconformismo gratuito, opõe-se à absoluta liberdade caracterizada na esteira da ontologia, a qual

CONSCIÊNCIA E MÁ-FÉ NO JOVEM SARTRE **235**

se define como o Ser do homem, e não como uma sua propriedade que se manifesta nas condutas de má-fé.

Vislumbra-se aqui um tropeço de Philonenko: ao tomar o conceito ontológico de liberdade em uma perspectiva moral, ele julga a filosofia sartriana incapaz de um comprometimento real com uma ética, incapaz de mostrar-se "engajada", uma vez que a liberdade só existiria para se fazer de má-fé. Ocorre que, a rigor, não podemos esperar engajamento dos conceitos de uma ontologia; da mesma forma, só pode haver uma fé "má" quando já se decidiu o que é uma fé "boa" (lembremos as palavras do próprio Philonenko: "Só sabemos onde está o Polo Norte se situarmos o Polo Sul"), o que subentende um valor preestabelecido servindo de fundamento à realidade humana, uma essência vindo antes da existência, o certo e o errado na esteira da moralidade. Mas, então, qual seria a "maldade" da má-fé?

O problema em delimitar essa "maldade" reside no fato de que, como fuga de si mesma, a má-fé se caracteriza como um tipo de automentira, e não por uma intenção fingida de dizer a verdade, uma dissimulação ou um cinismo; logo, fica difícil afirmarmos que se trata de uma má intenção. Isso porque essa maldade da má-fé não se diz como tal: vem antes da moralidade, por assim dizer, pois está no fato de ignorar o questionamento angustiante da escolha de certos valores, por exemplo, e não no fato de que essa foi uma escolha perversa. Em certo sentido, a má-fé não poderia ser julgada como má à luz de uma verdade ou um estilo, mas, talvez, como uma "má predisposição" – contanto que aí não se veja uma atuação inconsciente –, na medida em que o sujeito da má-fé está predisposto a assumir verdades, estilos etc. para justificar seus atos; predisposto a assumir uma essência para justificar uma existência.

Sendo assim, se todo julgamento de conduta depende de um valor preestabelecido, tomado como essência que precede a existência daquele que é julgado, então toda crítica à conduta de má-fé corre o risco de tornar-se ela mesma de má-fé, se essa crítica, fundando-se naquele valor, livrar o sujeito da responsabilidade inerente à escolha de um estilo, por exemplo. Destarte, podemos julgar um homem afirmando sua conduta de má-fé, apontando a responsabilidade que ele não quer assumir por sua ignorância ignorada; mas reprovar sua atitude e apontar o caminho (o valor, o estilo, o saber etc.) "correto" a ser escolhido abriria precedentes à sua confissão, à sua absolvição, enfim, à isenção de sua responsabilidade.

Nada, portanto, nos impede de questionar os valores, verdades ou estilos que seguimos, ainda que como autômatos: mesmo que não saibamos o porquê, sabemos que não abandonamos certos hábitos, por exemplo. Ignorar esse saber é uma escolha de má-fé. Assim, se há na conduta de má-fé uma "maldade", essa só pode ser apreendida na ignorância ignorada, e esse é, precisamente, o único julgamento que a ela podemos interpor: não podemos julgar essa conduta por negar uma tábua de valores ou assumir outra escrita há dois mil anos, por exemplo, mas, tão somente, por negar a constatação de que a significação desses valores se reduz ao nada de ser do sujeito.

Com efeito, se a má-fé é a ignorância ignorada, e se somente aí apreendemos a sua maldade em "estado puro", por sua vez, a liberdade será a ausência de uma determinação que impeça o sujeito de reconhecer que ignora a sua ignorância acerca de si. Daí que, se podemos escolher e julgar a má-fé, em contrapartida, não podemos escolher se seremos ou não livres, ou julgar a liberdade: a liberdade não pode ser para o mal ou para o bem porque ela é a condição da escolha do que é o mal ou o bem, por exemplo. Mas se quisermos partir da definição acerca do que é uma fé má, ou boa, precisamos de um valor preestabelecido servindo de fundamento à realidade humana, uma essência precedendo a existência.

Ora, ao cobrar de Sartre um parâmetro de avaliação moral, uma "coerência do estilo", Philonenko parece limitar-se a esse plano das essências (o qual apelidamos de "psicológico/moral"), solidificar o ser da realidade humana no "estilo". Aqui, temos já uma cristalização e, portanto, um meio sutil de driblarmos a angústia de nossa responsabilidade; basta que se diga: "Agi em conformidade com meu estilo". Nesses termos, a decisão, a partir de uma definição preestabelecida acerca do que é uma fé "boa", sobre quando poderá e quando não poderá haver uma "coerência do estilo", por exemplo, será, na esteira do pensamento sartriano, uma decisão de má-fé, pois,

CONSCIÊNCIA E MÁ-FÉ NO JOVEM SARTRE   237

justificando-se pelo que já estava dado, pode isentar-se da responsabilidade pelas consequências de si mesma.

Donde a imprecisão da crítica de Philonenko a Sartre: considerando o que fora afirmado por este último, a coerência de um estilo deve, em situação, ser reconhecida como gratuita, pois não pode oferecer justificação dos atos ou garantia de sinceridade, a não ser pela má-fé. Como foi dito, Philonenko parece tomar o conceito ontológico de liberdade em perspectiva psicológica/moral, ao passo que, a rigor, não podemos cobrar engajamento ou julgamentos da ontologia sartriana; no limite, buscar aí uma reflexão ética cujo vislumbre é a liberdade à qual estamos condenados. Assim, exigir de Sartre que nos revele o que é "ser autêntico", por exemplo, talvez nos resguarde de uma inevitável aguilhoada angustiante, isentando-nos (da liberdade) de reinventar a autenticidade e por ela nos responsabilizarmos.

Desse ponto de vista, o mais importante não é se vamos, quando bem nos convir, ignorar uma tábua de valores ou assumir uma já escrita há dois mil anos, mas, sim, que façamo-lo com pleno conhecimento de que nada nos determina a escolher. Não se pode dizer, portanto, que Sartre extinga a possibilidade de uma moral, torne-a obsoleta ou gratuita, ou que rejeite os valores e a possibilidade de uma ética afirmando que estamos condenados aos jogos de má-fé. Ainda que deveras universal e secular, uma moral é sempre "inventada", pois são as nossas escolhas que lhe trazem vida e morte, lhe imputam uma interpretação ou uma deturpação: eis um dos legados de *O ser e o nada*.

No caso, porém, da deturpação ou da destruição de uma moral, uma outra deverá surgir, uma vez que, como projeto, o para-si é a própria "demonstração" da existência dos valores: não pode haver uma pura rejeição desses justamente porque nós somos a sua fundamentação. Com efeito, enquanto estamos em situação, estamos comprometidos com algum valor; ainda que escolhamos a abnegação, a anarquia, o eremitério ou o suicídio, cada escolha reflete um ideal. O problema, então, não está em haver ou não um estilo, mas em haver, por meio dele, a justificação de ideais, de palavras sinceras ou insinceras, saberes verdadeiros ou falsos, atos bons ou maus, valores certos ou errados etc.

Vem a calhar, aqui, um caso narrado por Sartre (1973, p.10) acerca de um de seus alunos que, angustiado em certa situação, viera perguntar-lhe se deveria partir à guerra ou ficar e dar atenção à sua mãe enferma; e que, por fim, esperou que seus sentimentos guiassem sua escolha. Ora, pergunta Sartre: "O que é que constitui o valor do sentimento que ele tinha por sua mãe? Precisamente o fato de que ele permanecera, por ela" (ibidem, p.11). Ou seja, o jovem esperou que o valor de seus sentimentos o levasse a agir, mas essa espera foi a sua escolha, e foi somente depois desse ato que o valor surgiu. Eis aí as reticências, das quais falávamos no início, da pena sartriana: esta transcende um plano psicológico-moral e nos deixa, no plano otológico, à beira de uma ética, o encargo da responsabilidade. Desse ponto de vista, o mais importante não é se vamos seguir ou não um estilo, e sim que o façamos cientes de que nossa existência não se reduz a essa essência.

De resto, valeria notar como algumas das melhores intenções daqueles que, em defesa de uma liberdade, negam a ideia de liberdade sartriana (talvez por se decepcionarem perante a injustificável situação à qual essa ideia nos conduz), podem realizar-se na má-fé. É frequentemente com "boas intenções" que exigimos de nós e do outro a sinceridade, e é de boa-fé que buscamos seguir certos valores "inquestionáveis", tais como aqueles que nos dizem que "todos devem ser livres"; mas, sem dúvida, os atos mais perversos já se justificaram em nome de tais valores. Quando esses são tomados como preeminentes em relação à realidade humana, uma essência vem preceder a existência, e a vida é subjugada em nome de um valor, de uma verdade ou mesmo de um estilo. Eis contra o que o humanismo de Sartre se coloca: como, afinal, conceber um mal-estar nesse humanismo? Uma questão que, com todo respeito, gostaríamos de remeter a Philonenko.

Por fim, deparamos com o que podemos chamar de uma "reflexão ética" cujo propósito primordial não é emitir juízos de valor ou, tampouco, guiar o comportamento, mas, sim, devolver-nos nossa

CONSCIÊNCIA E MÁ-FÉ NO JOVEM SARTRE   239

responsabilidade e, logo, nossa liberdade, sempre que "esquecemos" de reclamá-las. No entanto, ao que nos parece, essa reflexão ética não pode evitar o julgamento alheio, afinal de contas, enquanto comprometido com minha situação posso cobrar do outro a responsabilidade por seus atos e, para tanto, ao menos por um instante, precisarei eleger certos valores como critério de meu julgamento. Contudo, esse julgamento deve possuir um limite: não pode, sob risco de incorrer em má-fé, visar à alienação da liberdade alheia, pressupor tais valores como transcendentes e uma atitude moralmente "reprovadora".

Com efeito, se pratico esse questionamento ontológico em uma situação, para tomar decisões específicas e, portanto, após questionar meus valores preciso eleger, ao menos por um momento, um princípio norteador de minha conduta, temos o que pretendemos chamar de reflexão ética. É verdade que, nesse ponto, a liberdade está encerrada; uma essência já poderá ter sido momentaneamente definida; no entanto, para que a reflexão ética efetive-se duas condições serão necessárias: a disposição de presenciar e reconhecer, em meio às exigências imediatas do mundo, essa historicidade que a realidade humana faz de si mesma, e a disposição de sustentar uma escolha precedida por tal reflexão ontológica.

A reflexão ética reclamará, portanto, uma reflexão ontológica e a ética, isto é, efetuar-se-á entre a constatação de que somos o Ser pelo qual os valores vêm ao mundo e a eleição, à luz dessa constatação, de um valor específico, princípio norteador de uma conduta propriamente dita, em determinada situação. Aqui, reiteramos, já não estamos mais na ontologia, mas no limiar de uma hipótese chamada "reflexão ética", quando aquela conduta datada deverá espelhar os valores escolhidos perante a reflexão ontológica, a qual, por sua vez, reconhecendo-se nessa escolha, possibilitará sempre uma reavaliação desses valores.

REFERÊNCIAS BIBLIOGRÁFICAS

ABBAGNANO, N. *Dicionário de filosofia*. Trad. Alfredo Bosi. São Paulo: Martins Fontes, 1998.

ALAIN, E. C. *Système des beaux-arts*. Paris: NRF, s. d.

ARRUDA, A. T. M. Identidade pessoal: papel social e autoengano valorativo. In: BROENS, M. C.; MILIDONI, C. B. (Orgs.) *Sujeito e identidade pessoal*. São Paulo: Cultura Acadêmica, 2003.

BERKELEY, G. *Tratado sobre os princípios do conhecimento humano*. São Paulo: Abril Cultural, 1973. (Col. "Os pensadores").

BERGSON, H. *A intuição filosófica*. São Paulo: Abril cultural, 1979. (Col. "Os pensadores").

BORNHEIN, G. *Sartre*. São Paulo: Perspectiva, 2000.

CANNON, B. *Sartre et la psyichanalyse*. Paris: PUF, 1993.

DERRIDA, J.; ROUDINESCO, E. *De que amanhã...* Rio de Janeiro: Jorge Zahar, 2004.

ERIKSON, E. H. *Identidad, juventud y crisis*. Buenos Aires: Prado, 1975.

FREUD, S. A interpretação dos sonhos. In: _____. *Edição standard brasileira das obras psicológicas completas*. 3.ed. Rio de Janeiro: Imago, 1972. v.IV e V.

GARCIA-ROZA, L. A. *Freud e o inconsciente*. Rio de Janeiro: Jorge Zahar, 2000.

GONÇALVES, C. S. *Historicidade, psicanálise e desilusão na reflexão filosófica de J.-P. Sartre*. São Paulo, 1991. Tese (Doutorado) – Faculdade de Filosofia, Letras e Ciências Humanas, Universidade de São Paulo.

242 MALCOM GUIMARÃES RODRIGUES

HEGEL, G. W. F. *Fenomenologia do espírito*. 6.ed. Petrópolis: Vozes, 2001.

HEIDDEGGER, M. Sobre a essência do fundamento. In: _____. *Conferências e escritos filosóficos*. São Paulo: Abril Cultural, 1984a. (Col. "Os pensadores").

_____. Que é metafísica? In: _____. *Conferências e escritos filosóficos*. São Paulo: Abril Cultural, 1984b. (Col. "Os pensadores").

HUME, D. *Investigação sobre o entendimento humano*. São Paulo: Abril Cultural, 1973. (Col. "Os pensadores").

HUSSERL, E. *Méditations cartésiennes*. Paris: Vrin, 1953.

_____. *Méditations cartésiennes*. Paris: Vrin, 1968.

_____. *L'Idee de la phénomènologie*. Paris: PUF, 1985.

_____. *Ideas*. New York: Collier Masmillan, s. d. (a)

_____. *Meditações cartesianas – Introdução à fenomenologia*. Porto: Rés Editora, s. d. (b)

_____. *A ideia de fenomenologia*. Trad. Artur Mourão. Lisboa: Edições 70, s. d. (c)

KANT, I. Analytique Transcendantal. In: _____. *Critique de la raison pure*. Paris: PUF, 1963.

KEHL, M. R. *Sobre ética e psicanálise*. São Paulo: Cia. das Letras, 2002.

LACAN, J. *A ética da psicanálise (Seminário VII)*. Rio de Janeiro: Jorge Zahar, 1991.

LEBRUN, G. As palavras ou os preconceitos da infância. In: MOURA, C. A. R.; CACCIOLA, M. L. M. O.; KAWANO, M. (Orgs.) *A filosofia e a sua história*. São Paulo: Cosac Naify, 2006. p.37-51.

LEOPOLDO E SILVA, F. Conhecimento e identidade histórica em Sartre. *Trans/form/ação*, São Paulo, v.26, n.2, p.43-64, 2003.

MEZAN, R. *Freud, pensador da cultura*. 5.ed. São Paulo: Brasiliense, 1990.

MORIN, E. *Os sete saberes necessários à educação do futuro*. 4.ed. São Paulo: Cortez; Brasília: Unesco, 2001.

MOURA, C. A. R. *Crítica da razão na fenomenologia*. São Paulo: Nova Stella, 1989.

PERDIGÃO, P. *Existência e liberdade*. Porto Alegre: L&PM, 1995.

PHILONENKO, A. Liberte et mauvaise foi chez Sartre. *Revue de Métaphiysique et de Morale*, Paris, n.2, p.145-63, 1981.

RICOEUR, P. *Da interpretação*. Rio de Janeiro: Imago, 1977.

ROUDINESCO, E. *História da psicanálise na França*. Rio de Janeiro, Jorge Zahar, 1988. v.II.

_____. *Por que a psicanálise?* Rio de Janeiro: Jorge Zahar, 2000.

SARTRE, J.-P. *L'imagination*. Paris: F. Alcan, 1936.

_____. *La transcendence de l'ego*. Paris: Recherches Philosophiques, 1937.

_____. *L'imaginaire*. Paris: Gallimard, 1940.

_____. *L'être et lê Néant*. Paris: Gallimard, 1943.

_____. *Critique de la raison dialectique*. Paris: Gallimard, 1960.

_____. *Esboço de uma teoria das emoções*. Rio de Janeiro: Jorge Zahar, 1965.

_____. *Situações I*. Lisboa: Europa-América, 1968.

_____. *O existencialismo é um humanismo*. São Paulo: Abril Cultural, 1973. (Col. "Os pensadores").

_____. Sartre par lui-même. In: *Sartre*. Paris: Gallimard, 1977.

_____. *A transcendência do ego*. Lisboa: Edições Colibri, 1994a.

_____. *Consciência de si e conhecimento de si*. Lisboa: Edições Colibri, 1994b.

_____. *O imaginário*. São Paulo: Ática, 1996.

_____. *O ser e o nada*. Petrópolis: Vozes, 1997.

SIMANKE, R. T. Nem filósofo, nem antifilósofo: notas sobre o papel das referências filosóficas na construção da psicanálise lacaniana. *Natureza Humana*, v.7, n.1, p.9-58, jan./jun. 2005.

SOBRE O LIVRO

Formato: 14 x 21 cm
Mancha: 23,7 x 42,5 paicas
Tipologia: Horley Old Style 10,5/14
Papel: Offset 75 g/m² (miolo)
Cartão Supremo 250 g/m² (capa)
1ª edição: 2010

EQUIPE DE REALIZAÇÃO

Coordenação Geral
Marcos Keith Takahashi

Impressão e acabamento